HISTOIRE DE BOURGTHEROULDE

ET DE

SA COLLÉGIALE

Publiée sous le Patronage de la Municipalité de cette Commune

PAR

P. DUCHEMIN

PONT-AUDEMER

IMPRIMERIE ADMINISTRATIVE

1888

HISTOIRE

DE

BOURGTHEROULDE ET DE SA COLLÉGIALE

HISTOIRE

DE

BOURGTHEROULDE

ET DE

SA COLLÉGIALE

Publiée sous le Patronage de la Municipalité de cette Commune

PAR

P. DUCHEMIN

PONT-AUDEMER

IMPRIMERIE ADMINISTRATIVE

1888

NOTE DE L'AUTEUR

Lorsque nous exposions, au commencement de cette année, à la municipalité de Bourgtheroulde l'idée que nous avions conçue de publier cette histoire, nous nous engagions de lui donner un ouvrage intéressant, débarrassé d'une foule de petits faits et de détails plus ou moins historiques et qui non seulement ne sont d'aucun intérêt, mais encore ne servent le plus souvent qu'à établir une confusion aride d'où le lecteur a peine à sortir. Elle dira si nous avons tenu notre promesse.

Et maintenant un devoir nous reste à remplir. Nous ne saurons jamais trop remercier l'Administration et le Conseil municipal de Bourgtheroulde de la bienveillance qu'ils nous ont témoignée dans cette circonstance. Maire et Commission ont rivalisé de zèle et d'activité dans l'accomplissement de la tâche difficile qu'ils s'étaient assignée. Nous les prions de bien vouloir accepter tous nos remerciements et nous faisons le vœu qu'ils trouvent de nombreux imitateurs.

P. DUCHEMIN.

Rouen, 1er juillet 1888.

CHAPITRE PREMIER

Origines de Bourgtheroulde. — Theroulde, son premier seigneur. — Donation du comte d'Eu a l'abbaye du Tréport.

Le magnifique et coquet bourg de Bourgtheroulde qui avait acquis, dans les dernières années qui précédèrent la Révolution, une prépondérance marquante due au rang et à l'influence de ses seigneurs, remonte aux premières années du xie siècle. A cette époque, tout le pays formant aujourd'hui le territoire de cette commune était la propriété d'un grand seigneur de la cour du duc Robert qui l'avait choisi pour être le précepteur de son fils Guillaume, le futur conquérant de l'Angleterre. C'est du moins l'opinion la plus généralement admise, car les ténèbres planent encore quelque peu sur la vie et les antécédents du fondateur de Bourgtheroulde, et les généalogistes, loin d'éclairer la question, l'ont comme il leur est souvent arrivé, plutôt encore embrouillée.

Suivant les uns, Theroulde serait ce même personnage qu'Orderic Vital désigne sous le nom de *Turquetil*, de Neufmarché, et que Guillaume de Jumièges appelle *Turold*. Turquetil ne serait alors qu'un diminutif de Turold. Ce qui semble confirmer cette opinion, c'est que nous voyons Lesceline, fille de Turquetil, hériter du domaine de Bourgtheroulde, et Lesceline est bien le nom que portait la fille de Theroulde.

D'autres ont confondu le précepteur de Guillaume le Bâtard avec *Turulphus*, sire de Pont-Audemer. D'ailleurs, les Turolt, Turouf ou Theroulde se rencontrent en grand nombre dans nos annales, et il serait difficile, même avec l'appui de tous nos généalogistes, de désigner d'une manière certaine quel est celui qui donna son nom à Bourgtheroulde.

Au milieu de cette confusion de noms et d'origines, Toussaint Duplessis nous ramène vers celle que nous croyons être la vraie, que la tradition d'ailleurs a consacrée et qui est admise par les écrivains que le grand désir de tout prouver n'a pas conduits à quelque labyrinthe d'où ils n'ont jamais pu sortir. Toutefois son interprétation n'est pas encore totalement exacte et la preuve qu'il donne est loin d'être concluante. Ainsi d'après ce savant auteur, Theroulde ou Thorholt, ou Turholt, était le connétable de Guillaume le Bâtard, lorsque ce prince entreprit la conquête de l'Angleterre. Là il y a une erreur considérable, comme nous le démontrerons plus loin. Voici, d'ailleurs, sur quel document il fonde son opinion :

Sur une ancienne tapisserie de l'église de Bayeux, que l'on croit avoir été faite par ordre de la reine Mathilde, femme du Conquérant, pour représenter les circonstances principales de cette mémorable expédition, on lit distinctement le nom de Turold à côté d'un des ambassadeurs que Guillaume avait envoyés au comte de Ponthieu. Suivant Duplessis, ce Turold serait le fondateur de Bourgtheroulde.

Mais telle n'est point l'opinion de Montfaucon (1) qui croit que ce nom est celui d'un nain qui tient deux chevaux en bride derrière les ambassadeurs, et il ajoute que ce nain était fort connu à la cour du duc de Normandie. Voilà qui détruirait toute l'argumentation de Duplessis ; mais cette opinion est loin d'être admise. On avoue, d'ailleurs, que si c'est ce nain qui doit s'appeler Turold, il devait tenir à la cour de son prince un rang distingué, sans quoi on n'aurait pas pris la peine de le désigner par son nom dans la tapisserie. On avoue encore que le nom de Turold est placé là de manière qu'on peut à la rigueur le donner au nain aussi bien qu'à l'un des ambassadeurs, et comme le nain est appliqué à tenir deux chevaux en bride, on a pu en conclure enfin que c'est bien là le connétable dont les titres de l'abbaye de Fécamp nous ont appris le nom.

Toutefois une remarque importante est à signaler. Le nain est

---

(1) *Antiquités de la Monarchie française* (t. 2, p. 7).

très mal habillé, il a son bonnet sur la tête et tourne le dos au comte de Ponthieu, pendant que les deux ambassadeurs noblement vêtus regardent ce prince en face et lui parlent découverts : trois circonstances qui ne peuvent convenir ni au connétable du duc, ni à toute autre personne de distinction qui aurait tenu compagnie ou fait cortège aux ambassadeurs. Pour nous aucun doute ne nous semble possible. Si le Turold de la tapisserie de Bayeux est le connétable ou l'ancien précepteur du duc Guillaume, ce n'est pas le nain, et si le nom de Turold appartient réellement à celui-ci, ce n'est pas là le fondateur de Bourgtheroulde. Enfin, il est à remarquer que Turold de Bourgtheroulde étant mort vers 1040 n'avait pu prendre part à l'expédition d'Angleterre. L'argumentation de Toussaint Duplessis pécherait donc par sa base et la tapisserie ne peut être d'aucun secours dans le sujet qui nous occupe. Nous continuerons donc à croire que le fondateur de notre bourg était l'ancien précepteur et non l'ambassadeur du Conquérant de l'Angleterre.

C'est environ vers 1025 que Theroulde qui venait d'hériter de son père, suivant les uns, ou à qui le duc Robert, père de Guillaume, venait de donner ce domaine en récompense de ses bons soins pour son fils, suivant les autres, songea à jeter les premiers fondements du bourg auquel il va donner son nom. L'endroit, d'ailleurs, était bien choisi : au milieu d'un magnifique plateau et à proximité d'une ancienne grande voie romaine, de *Suindinum* et de *Noriomagus* à *Rothomagus*, ou plus simplement de Lisieux à Rouen. On avait cru tout d'abord que cette grande artère passait par Bourgtheroulde et que c'était un des motifs qui auraient fixé le choix de l'emplacement du nouveau bourg ; mais de nouvelles recherches ont permis de rectifier cette assertion.

A partir de Pont-Authou la direction de la voie romaine est encore suivie jusqu'au Nouveau-Monde, hameau de Saint-Denis-des-Monts, où on l'a détournée pour la rattacher à la route de Caen, par Brionne. Avant cette déviation la voie romaine tendait en droite ligne jusqu'à Infreville, à peine à un kilomètre du bourg de Bourgtheroulde. Son tracé ne subsiste plus aujourd'hui, mais on en conserve le souvenir, et en exploitant des bois dépendant d'Infreville on a plusieurs fois reconnu les traces d'un chemin encaissé (1).

Le nouveau bourg prit en quelques années une grande extension, des foires et marchés y furent établis et il devint bientôt un centre commercial très important.

En 1031, Theroulde, qui portait le titre de chevalier, signe une charte de Saint-Wandrille immédiatement après le duc Robert, Mauger et Galeran de Meulan. En 1033, il conduisait son jeune élève à l'abbaye de Préaux pour y déposer sur l'autel les donations de son père; l'année suivante, son nom figure au bas d'une charte de Saint-Wandrille après la famille ducale et le connétable Osbern de Crépon, et avant Achard, dont M. Le Prévost pense qu'il était frère, Toustain et Raoul de Tancarville, principaux officiers du duc Robert.

En 1035 le duc de Normandie, partant pour la Palestine, laissa son jeune fils Guillaume aux soins de Theroulde; mais cette mission délicate devint funeste au fondateur de Bourgtheroulde. Il fut assassiné vers 1040 probablement en même temps que le sénéchal Osbern que Guillaume de Montgommery fit égorger dans la chambre même du jeune duc « par de perfides traîtres à leur patrie, » suivant l'expression de Guillaume de Jumièges.

Theroulde avait laissé pour héritière sa fille Lesceline ou Asceline qui avait épousé Guillaume, comte d'Eu, fils de Richard Ier duc de Normandie, ce qui suffirait à indiquer quelle haute situation occupait Turold à la cour ducale. Guillaume mourut en 1046 et c'est alors que devenue veuve Lesceline fonda l'abbaye de Saint-Pierre sur-Dives, puis un couvent de bénédictines à Lisieux. A sa mort ses trois enfants: Robert comte d'Eu, Guillaume comte de Soissons et Hugues évêque de Lisieux, se partagèrent sa succession. Robert, comte d'Eu, eut en partage la seigneurie de Bourgtheroulde.

Robert, seigneur de Bourgtheroulde, prit part au combat de Mortemer en 1054, et de concert avec sa femme Béatrice fondait en 1059 l'abbaye de Saint-Michel du Tréport dans laquelle il voulait être

---

(1) Canel. *Essai sur l'arrondissement de Pont-Audemer.*

inhumé. Il donna à la nouvelle abbaye l'église de Bourgtheroulde avec toutes les dîmes et trente-cinq acres de terre. Dans la charte de fondation, Robert prenait soin d'ajouter que ni lui ni ses successeurs ne pourront exiger des moines ou de leurs hommes aucunes redevances, aucunes aides coutumières, aucunes tailles ou cueillettes, aucunes prestations pécuniaires quelconques.

Quelques historiens ont prétendu que la fondation de l'abbaye du Tréport et la donation de Robert avaient eu lieu en 1036. M. de Kermaingant qui a publié le cartulaire de cette abbaye opine pour cette date. Mais alors il faudrait admettre que Robert ait fait la donation des dîmes de Bourgtheroulde et de l'église avant la mort de son père, arrivée comme on l'a vu vers 1046. Le fait nous parait contestable. D'ailleurs il n'a que peu d'importance pour le sujet qui nous occupe.

Robert, comte d'Eu et seigneur de Bourgtheroulde, accompagna son suzerain et maître Guillaume duc de Normandie dans sa conquête de l'Angleterre et fut, dit la chronique, un de ceux qui l'ont le mieux servi. Il reçut comme récompense et pour sa part du butin Hasting et de vastes domaines dans le comté de Sussex. A son retour en France en 1070, Robert assista au plaid de Gisors où l'abbaye de la Croix vit condamner ses prétentions sur le prieuré de Saint-Ouen ; il y prit parti pour Guillaume le Roux et mourut vers 1090.

Son fils aîné, Guillaume II du nom, prit part à la conspiration de Richard de Montbray qui voulait placer sur le trône Etienne comte d'Aumale au lieu du roi Guillaume. Mais les conjurés furent battus en 1096 et Guillaume d'Eu fait prisonnier fut mutilé et eut les yeux crevés.

Que devint alors la seigneurie de Bourgtheroulde. Ici une lacune se produit. Toutefois il y a lieu de croire que la plus grande partie, sinon la totalité, revint à Robert d'Harcourt fils d'Anquetil et neveu de Lesceline, et entra ainsi pour quelque temps dans cette puissante maison.

Dans une charte de confirmation de privilèges en faveur de l'abbaye du Tréport, charte datée de 1107, on lit : Guillaume, surnommé

Brito, de Bourgtheroulde, concéda à l'église Saint-Michel du Tréport tout ce qu'il avait le droit de réclamer sur la terre des Faulx (*in terra de Falcis*). Une autre charte du même cartulaire nous apprend que cette terre des Faulx avait été donnée en toute seigneurie et propriété à l'abbaye du Tréport par le duc Guillaume et qu'elle était située tout proche Bourgtheroulde.

En 1145 Hugues III d'Amiens, archevêque de Rouen, confirmait de nouveau toutes ces donations; et cette fois il est question d'un moulin situé à Bourgtheroulde, lequel moulin aurait été également donné à l'abbaye.

En 1150, nouvelle confirmation des biens cédés à l'abbaye du Tréport. Enfin, en 1185, dernière confirmation, par le pape Luce III, de l'église de Bourgtheroulde, avec les terres ci-devant données, dîmes et toutes ses dépendances.

Si l'on en croit les chroniqueurs du temps, les environs de Bourgtheroulde auraient été au onzième et au douzième siècle témoins de deux combats. Le premier d'ailleurs ne semble pas donner lieu à discussion. Il aurait eu lieu peu de temps après l'assassinat du fondateur de Bourgtheroulde, entre Roger de Beaumont et Roger de Tosny. Dans cette rencontre, les deux fils du châtelain de Conches auraient trouvé la mort. C'était l'époque où les seigneurs se faisaient entre eux une guerre continuelle et acharnée, qui désolait et ruinait le pays.

Le second aurait eu lieu en 1124, entre Galeran de Meulan, seigneur de Beaumont-le-Roger, et les gouverneurs de Bernay et de Pont-Authou. D'après Orderic Vital, Galeran partant de son château de Vatteville pour se rendre à Beaumont, fut atteint à *sa sortie* de la forêt de Brotonne par ses ennemis qui le battirent aux environs de Bourgtheroulde, et le firent prisonnier.

Ces mots : à *la sortie* de la forêt de Bretonne, ont fait supposer qu'il y avait erreur dans l'indication du nom du lieu où s'est livré ce combat, Bourgtheroulde se trouvant à près de quatre lieues de cette forêt. De là, on en a conclu qu'Orderic Vital avait dû confondre la ville de Beaumont avec le château de Beaumont, et Bourgtheroulde avec Bourneville, territoire sur lequel se trouvait ce petit castel. De plus, ce Beaumont se trouve juste à *la sortie* de la forêt et en face Vatteville.

Ce raisonnement est spécieux, et quoique d'autres historiens nous aient indiqué la voie romaine que suivait Galeran, laquelle passait aux environs de Bourgtheroulde, à Boissey-le-Châtel, qu'on nous donne même comme l'endroit précis où se livra le combat, il méritait considération, et nous-mêmes l'avions accepté. Mais en parcourant la chronique de Robert Thorigni, voici ce que nous y trouvons concernant ce combat : *in valle videlicet juxta Borthorodi, in itinere munitionis castelli de Vatterilla* (dans la vallée tout près de Bourgtheroulde, sur le chemin conduisant aux remparts du château de Vatteville.

Voilà qui est précis et qui donne raison à ceux qui admettent que ce combat s'est livré sur la voie romaine dans la vallée de Boissey-le-Châtel. D'ailleurs Thorigny était à cette époque moine à l'abbaye du Bec, bien à portée par conséquent de connaitre les évènements qui se passaient dans cette contrée ; son récit semble donc mériter toute confiance. Nous nous y tiendrons.

CHAPITRE II

La famille de Ferrières. — Echange entre l'abbaye du Tréport et l'abbaye du Bec. — Bourgtheroulde au XIIIe siècle.

La seigneurie de Bourgtheroulde, devenue la propriété de la famille d'Harcourt, appartint successivement à Guillaume, puis à Robert II d'Harcourt et enfin à Jean Ier ainsi que nous le rapporte l'histoire de cette fameuse maison. Nous ne nous arrêterons pas à raconter les faits et prouesses de ces beaux chevaliers, ils n'ont d'ailleurs aucun rapport avec l'histoire de Bourgtheroulde. A sa mort Jean Ier laissa cette seigneurie à sa fille Alice qui épousa Jean, baron de Ferrières. De ce mariage naquit un fils Henri, qui, à la mort de son père, hérita de la seigneurie de Bourgtheroulde.

Au commencement du XIIIe siècle, le nom de Bourgtheroulde se trouve dans deux lettres du roi Jean. Voici la première, le roi écrit à Geoffroy Loutrel :

« Nous vous mandons de livrer sans retard aux sergents de notre aîné et féal Pierre de Stokes, notre château de Moulineaux et les Essarts (sans doute les Essarts à Infreville) qui se trouvent entre la Londe et le Bourgtheroulde, *Buteraldum*, puis vous demeurerez en ce lieu afin de protéger les travaux. — 28 juin ». En même temps, le roi donnait l'ordre au bailli de la Londe de se tenir aux ordres de Pierre de Stokes pour ce qui concernait la baillie et la forêt de la Londe.

La seconde lettre est ainsi conçue : le roi s'adresse à Guillaume Mortemer.

« Sachez que nous avons accordé un dédommagement à Pierre de Stokes, en échange de la terre, sise entre le Bourgtheroulde et la Londe, que nous avons donnée à Henri de la Ferrière, c'est pourquoi nous lui mandons de la lui mettre entre les mains. — Morfaville, 25 novembre. »

Ainsi, au commencement du xiiie siècle, les Essarts d'Infreville qui, comme leur nom l'indique, venaient d'être défrichés aux dépens de la forêt de la Londe, étaient donnés par le roi à la famille de Ferrières qui avait ainsi agrandi ses domaines de Bourgtheroulde.

Au moment des guerres de Philippe-Auguste avec Jean sans Terre duc de Normandie, en 1204, le fameux Lambert Cadoc acheta ou reçut à Bourgtheroulde deux rentes qu'il donna l'année suivante à la collégiale de Gaillon dont il était gouverneur. L'une de ces rentes de 14 l., était due par les héritiers Lambert, l'autre de 6 l. était à prendre sur la prévôté de la ville de Bourgtheroulde et payable à Pâques par le prévôt de Henri de Ferrières.

En 1207 Berthe de Ferrières, fille de Henri, donnait au prieuré des Deux Amants 5 sous de rente également sur la prévôté de Bourgtheroulde. Cette donation se trouve mentionnée dans une charte de l'archevêque de Rouen Gautier en faveur de ce prieuré.

Dans le même temps l'abbaye du Bec recevait aussi diverses rentes et héritages à Bourgtheroulde. En 1203, Thomas Breton lui donnait un héritage entre Bourgtheroulde et la forêt avec deux acres de terre y adjacentes près la Mare, qu'on croit être aujourd'hui la mare Tibert.

En 1211, Henri de Ferrières mourait laissant plusieurs enfants mineurs qui furent placés sous la garde du roi. Celui-ci, ne voulant pas se charger de l'administration des revenus de la seigneurie de Bourgtheroulde, en fit bail à Richard d'Harcourt. Nous voyons ce seigneur intérimaire présenter comme curé de Bourgtheroulde un prêtre nommé Georges qui fut admis par l'archevêque Robert. Cette présentation à la cure est un droit tout nouveau que s'arrogeaient les seigneurs de Bourgtheroulde et que Henri de Ferrières avait très probablement exercé le premier, en l'usurpant sur l'abbaye du Tréport, trop éloignée pour pouvoir profiter utilement des prérogatives qu'elle possédait à Bourgtheroulde. D'ailleurs ce droit de présentation à la cure donna également lieu dans la suite à nombreuses controverses et à procès.

Les Ferrières blasonnaient : « *de gueules à un écusson d'hermine à un orle de fers à cheval d'or.* »

Au commencement du xiiie siècle, Bourgtheroulde avait déjà acquis une véritable importance puisqu'il était devenu depuis un certain temps même le chef-lieu d'un doyenné du diocèse de Rouen. En 1224 le doyen de Bourgtheroulde, Richard, fut choisi comme juge dans une contestation entre l'abbaye du Bec et Jean, curé de Bosguerard, au sujet des dîmes de cette paroisse. Ce même doyen, Richard de la Campagne, fut, la même année, témoin d'une charte de Jean de Bosbénard en faveur du prieuré de Bourg-Achard.

En 1227 un habitant de Bourgtheroulde donnait aux religieux du Bec la plus grande partie des dîmes de Thuit-Hébert.

On a vu que l'abbaye du Tréport, malgré ses titres authentiques à possession, ne pouvait jouir d'une manière parfaite des divers droits et revenus que lui avait concédés le comte d'Eu à Bourgtheroulde. La famille de Ferrières s'était emparée du patronage et du droit de nomination à la cure, les rentes et revenus lui étaient peu ou point payés, et peut-être en serait-il bientôt comme du patronage. L'abbaye du Bec, qui possédait alors à Bourgtheroulde quelques rentes et plusieurs terres, se trouvait exactement dans la même situation pour des biens qu'elle avait à Montreuil près Saint-Victor-l'Abbaye. Les deux couvents s'entendirent pour faire entre eux un échange qui eut lieu en 1229.

Dans cet acte les religieux du Bec « livrent et concèdent aux religieux, abbé et couvent du Tréport *pour tenir à ferme perpétuelle et sans aucun trouble,* en vue d'être utile au couvent » tout ce qu'ils possèdent à Montreuil. De son côté l'abbaye du Tréport déclare donner en échange « *à ferme perpétuelle* » tout ce qu'elle possédait à Bourgtheroulde, tant en dîmes qu'en revenus, terres, hommes et pensions de l'église ainsi que toutes autres choses « que nous gérerons, — disent les religieux du Bec — en toute liberté, ainsi qu'ils — les moines du Tréport — tiendront et géreront tout ce qu'ils tiennent de nous. »

Aux termes même de cette charte l'échange conclu entre les deux abbayes n'aurait porté que sur la jouissance « à ferme perpétuelle » : *ad firmam perpetuam.* La propriété du fond semblait être réservée aux premiers propriétaires. Toutefois, soit qu'un nouveau contrat ait eu lieu par la suite, soit que l'habitude de jouissance ait valu complète possession, chaque abbaye conserva en toute propriété les biens échangés et en disposa à son gré.

L'abbaye du Bec vit s'augmenter bien vite ses revenus à Bourgtheroulde par différentes donations et achats. En 1235 Guillaume Floric vendait à l'abbaye une terre sise à la Couture de Bourgtheroulde.

En 1248, Hugues de Ferrières cédait au Bec ses droits au patronage de l'église Saint-Laurent de Bourgtheroulde, droits que lui ou ses prédécesseurs avaient usurpés à l'abbaye du Tréport : ce n'était donc qu'une restitution puisque le Bec jouissait maintenant des privilèges de celle-ci. Mais il en sera de cette donation ou restitution comme celle du comte d'Eu, les seigneurs de Bourgtheroulde imiteront bientôt les premiers Ferrières et s'empareront à nouveau du droit de présentation. Les Ferrières d'ailleurs regrettèrent bien vite cette concession, car d'après le pouillé d'Eudes Rigaud, archevêque de Rouen, Guillaume de Ferrières, seigneur de Bourgtheroulde, à la mort de Georges, curé de cette paroisse, présentait à la nomination du prélat qui l'agréait, le curé Pierre.

Cette note du pouillé ajoute, toutefois, que ce droit de présentation donnait lieu au moment même à un procès aux assises de Pont-Audemer. Comme l'archevêque ne pouvait laisser la paroisse sans curé tout le temps que durerait ce procès, il avait accepté la présentation du seigneur de Bourgtheroulde, après que le bailli de Pont-Audemer lui eût certifié que ce droit était en litige entre le seigneur et l'abbaye du Bec et donnait lieu à une enquête.

Dans cette même note, Eudes Rigaud constate que Bourgtheroulde était au patronage de l'abbaye du Bec — par erreur on a écrit Tréport — suivant la donation de Hugues de Ferrières. La cure valait 50 livres et les paroissiens étaient au nombre de 80 chefs de famille, ce qui lui donnerait à peu près les mêmes chiffres de population que de nos jours.

La même année 1248, Vauquelin de Ferrières, probablement frère de Hugues, donnait à l'abbaye du Bec tout ce qu'il avait au Bourgtheroulde, savoir 40 sols de rente sur l'église, 2 sols sur la seigneurie et la terre des Faulx, avec la dîme de tout le village, excepté les fiefs de Bos-Béranger et de l'Epinay. La terre des Faulx allait enfin appartenir tout entière à l'abbaye du Bec. Jean de la Londe, de son côté, lui cédait tous les droits et coutumes qu'il percevait sur le manoir des Faulx. Cette terre des Faulx se trouvait à cette époque tout entière sur le territoire de Bourgtheroulde ; mais depuis, et à différentes époques, le territoire de cette paroisse eut à subir plusieurs morcellements, les uns en faveur d'Infreville pour la terre des Faulx, les autres en faveur du Bosc-Roger pour la Queue-Bourguignon.

Le 18 septembre, Eudes Rigaud venant de l'abbaye du Bec, coucha à Bourgtheroulde « à ses frais. » Il en repartit le lendemain pour Rouen.

Au mois d'avril 1252, un nommé Jehan Davy donnait, du consentement de Nicole sa femme, pour le salut de leurs âmes, à Dieu et à Notre-Dame de Bonport, 2 sous de rente assis en la ville de *Boreteroude* sur une masure que tient de lui Nicolas Lespex, laquelle masure est située entre la maison de Jehan Le Barbier d'une part, et la *Maison-Dieu* d'autre part. Les religieux tiendront et possèderont cette rente sans aucune réclamation possible de sa part ou de celle de ses héritiers. Et il ajoutait : « Il sera permis aux dits religieux de disposer comme ils le jugeront convenable de cette masure *sur laquelle ils exerceront la justice* à moins que le revenu n'en soit entièrement payé à Noël. » Ce qu'il faut sans doute interpréter ainsi : « Si les rentes ne sont pas payées à Noël les religieux auront le droit de saisir et vendre. » Enfin Jehan Davy déclarait choisir l'abbaye de Bonport pour le lieu de sa sépulture.

Il y avait donc déjà en 1252 un hôpital à Bourgtheroulde; les termes en sont formels dans la charte : *Domum Dei*. Déjà, au siècle précédent, il y existait, comme d'ailleurs dans la plupart des grandes paroisses, une léproserie; il en est fait mention dans le pouillé d'Eudes Rigaud. L'hospice n'était sans doute qu'une transformation de cette ancienne léproserie. Pendant les deux siècles qui vont suivre, l'hôpital du Bourgtheroulde acquit une certaine importance, comme on le verra plus loin, pour bientôt disparaître à la suite d'évènements dont nous n'avons pu trouver nulle trace.

Le 10 août 1253, le doyen de Bourgtheroulde se trouvait à l'abbaye du Bec, lorsque l'archevêque Rigaud accepta la résignation que firent de leurs cures Hélie, curé de Bosc-Regnoult, et Roger, curé de Saint-Paul de Fourques. A cette époque, et ainsi qu'il en fut d'ailleurs jusqu'à la Révolution de 1789, le doyen n'était pas toujours le curé du chef-lieu de chaque doyenné. La plupart du temps c'était un curé d'une quelconque des paroisses, qui devait ce titre soit à son mérite, soit à son âge ou à son temps de présence dans le doyenné; mais le titre de doyen n'était pas comme il l'est de nos jours attaché à la cure du chef-lieu. Les doyens ruraux de Bourgtheroulde n'ont donc que de très faibles rapports avec la cure de ce bourg.

En 1255, Alice, femme de Thomas du Jardin-Heslebout, de la paroisse de Bourgtheroulde, cédait à l'abbaye du Bec des droits qu'elle avait à Sandouville.

Au mois de mai 1258, Ameline, dite Baschac, donne aux religieux de Bonport, pour le salut de son âme et celui de son défunt mari, douze deniers de rente que Simon, dit de Marivale, était tenu de lui payer pour une pièce de terre située à la *Poterie* du Bourgtheroulde, entre la terre d'Alexandre Gautier et celle d'Onfroi Sirende. Ces 12 deniers de rente devront être possédés par voie de succession par les moines et leurs successeurs sans qu'il y ait de la part du donateur ou de ses héritiers aucune réclamation, tous droits seigneuriaux étant réservés. En même temps, Ameline, pour elle et ses héritiers, s'obligeait à garantir aux religieux et à leurs successeurs, sur son propre héritage en tous lieux et circonstances, ledit revenu qui leur sera servi même en valeur de change si la nécessité l'exige.

Les témoins de cette charte sont : Hébert Tessier, Richard Lambert l'ancien, Robert Lambert le jeune, Jean Le Cauchois et Robert Le Franc.

Le 18 mai 1263, Eudes Rigaud vint de Bourg-Achard coucher à Bourgtheroulde. Le lendemain, il prêcha et donna le sacrement de confirmation, puis il s'en alla le soir à son château de Pinterville, près Louviers.

L'année suivante 1264, Robert Hamon, du Bourgtheroulde, et Nicolas, du Thuit, vendirent aux Templiers de Sainte-Vaubourg tout ce qu'ils tenaient dans le fief du Temple à Bosc-Roger en Roumois.

Le 23 Avril 1265, Eudes Rigaud réunit à Thuit-Hébert tous les prêtres des quarante-trois paroisses du doyenné de Bourgtheroulde, au nombre desquelles se trouvaient Elbeuf et Brionne, et leur adressa une sévère admonition. Ils doivent sans retard réformer leur conduite qui est, pour certains, scandaleuse. Ainsi, pour n'en citer que quelques-uns, le curé de Malleville est un « malhonnête homme » ; le curé de Saint-Denis-des-Monts qui est anglais — chose à remarquer — a des relations avec sa nièce également anglaise ; le chapelain du Vivier ne veut pas résider et est en vagabondage continuel ; le curé de Bos-Robert étale son immoralité avec la femme de son clerc, un nommé Bigre, anglais. Les Anglais étaient alors, comme on le voit, nombreux dans notre contrée.

Cette même année, le doyen de Bourgtheroulde assistait au synode d'été tenu à Rouen ; Michel, curé de Saint-Etienne d'Elbeuf, et Jean, chapelain de la léproserie d'Orival, y avouèrent leurs torts et promirent de mener une vie édifiante. En 1266, Guillaume, clerc de Bourgtheroulde, fut admis aux ordres mineurs ; l'année suivante, Guillaume de Guiseniers — probablement le même que le précédent — fut élevé au diaconat pour le service de M° Guillaume de Ferrières, seigneur de Bourgtheroulde.

Ce Guillaume de Ferrières, à la fois prêtre et seigneur, ce qui n'a rien de particulier à cette époque, est sans doute ce « Mgr Guillaume de Ferrières » qui figure comme premier témoin d'une charte de Robert de Fresne, pour le prieuré de Capelle, en 1234. Nous avons parlé plus haut du différend qu'il eut avec l'abbaye du Bec, relativement au patronage de l'église de Bourgtheroulde et de l'enquête qui fut faite à ce sujet.

L'année suivante, le Guillaume de Ferrières qui contribua avec Henri de Ferrières, son neveu, à la fondation du prieuré de Bosc-Morel, prenait le titre de seigneur de Bourgtheroulde, quoique cette seigneurie fût à cette époque indivise entre plusieurs. C'était d'ailleurs de coutume au moyen âge ; chaque héritier ayant droit à une part de la seigneurie n'hésitait jamais à en prendre le titre. De la sorte, il n'est pas rare de trouver, en même temps, deux, trois ou même quatre frères, portant tous le titre de seigneur de la même paroisse, ce qui n'a pas été sans causer de grandes erreurs aux généalogistes.

En 1267, suivant Charpillon, 1297 suivant M. Passy, Robert de Thibouville donnait aux religieux de Saint-Pierre-sur-Dives « une des semaines de la dîme des centimes qu'il percevait dans la ville de Bourgtheroulde ». La même année Pierre de Ferrières, seigneur en titre comme chef de famille, approuvait cette disposition et donnait lui-même aux religieux de Saint-Pierre 60 sous de rente annuelle sur le cens du même pays. Ce Pierre de Ferrières est cité comme témoin des chartes de Guillaume et Henri de Ferrières, pour le Bosc-Morel.

Deux ans plus tard, Henri de Ferrières, chevalier, donne à sa sœur Marguerite, à l'occasion de son mariage avec Jean de Mauguenchy, 100 l. de rente (1). Ce généreux frère assistait, en 1272, aux assises de Pont-Audemer.

A cette même époque, les religieux du Bec et le curé de Bourgtheroulde étaient en procès relativement aux dîmes. Ces procès entre moines et curés étaient alors de chaque jour, et cette sorte de revenus, outre qu'elle était pour le pauvre paysan l'impôt le plus vexatoire et le plus odieux, fut toujours entre les bénéficiers un sujet de discorde et de procès; on plaidait pour la dîme d'une pièce de terre nouvellement défrichée et dont les dîmes désignées sous le nom de *norales* avaient donné lieu à différentes réglementations aussi peu claires les unes que les autres; on se disputait les menues, grosses, vertes et sèches dîmes, c'était une querelle sans fin dans laquelle de part et d'autre on se lançait des épithètes qui n'avaient rien de bien monacal; mais on était Normand avant d'être moine, et la chicane avant tout.

En 1276, les religieux du Bec et le curé de Bourgtheroulde mirent fin à leur différend par une transaction. Le curé reconnut que l'abbaye avait le droit de percevoir 30 s. de rente sur la cure du lieu, et de plus la dîme dans toute la paroisse, les dîmes du blé, de l'avoine, de l'orge, de la vesce, des fèves, des pois, des garances, du lin, du chenevis, etc.. Le curé de Bourgtheroulde en était alors réduit à ce que l'on appelait la *portion congrue*, c'est-à-dire une rente que l'abbaye était tenue de lui faire, avec quelques vertes dîmes. Au moyen âge, le chiffre de cette « portion congrue » était laissé à la volonté des abbayes qui ne donnaient que le moins qu'elles pouvaient, souvent même promettaient et ne payaient pas; les pauvres curés qui avaient le malheur d'avoir pour patron une abbaye étaient dans la plus affreuse misère, tandis que leurs voisins, seigneurs laïques, percevant toutes les dîmes, vivaient dans l'opulence. Au dix-huitième siècle, la portion congrue était de 300 l.

Dans le fief du Quesnay à Bos-Normand l'abbaye n'avait seulement que le tiers de la dîme de tout ce qui croissait dans les champs

---

(1). Note de M. Réautey.

et courtils. La dîme du fruit des arbres était en entier au curé qui avait encore son tiers sur deux autres terres désignées au contrat (1).

Au mois d'août 1286 Philippe le Bel, roi de France, accordait par lettres patentes datées de Gisors à Henri de Ferrières, seigneur de Bourgtheroulde, divers droits, privilèges et usages dans la forêt de la Londe pour lui et ses hommes. Les successeurs du seigneur de Bourgtheroulde les ont conservés jusqu'à la Révolution.

Vers 1250, vivait à Bourgtheroulde un certain Ives dit du Bourgtheroulde qui possédait 8 s. de rente à Evreux et dont les moines de la Noe avaient fait l'acquisition avant 1280.

Au milieu de la confusion qui règne dans la plupart des généalogies et vu le peu d'actes authentiques qui nous sont parvenus, il est presque impossible de donner d'une manière certaine les noms des seigneurs de Bourgtheroulde. A la fin du treizième trois familles importantes semblent se disputer cette terre : les Ferrières, les Thibouville et les Tournebu, qui toutes trois d'ailleurs s'en qualifiaient seigneurs. Il est certain toutefois qu'elles y avaient des possessions. C'est ainsi que nous trouvons Robert de Tournebu, chevalier, seigneur de Marbeuf, donner au Bec, en 1291, 30 sous de rente sur sa part et portion de la seigneurie de Bourgtheroulde.

Voici d'ailleurs, à titre de document, les renseignements que nous fournit Lachenays-Desbois sur cette ancienne famille des Ferrières:

Guillaume de Ferrières, fils de Henri de Ferrières, chevalier banneret à la cour de Philippe-Auguste, avait épousé une fille de la maison de Tancarville. De ce mariage naquirent trois fils : Huc, Vauquelin et Hugues, le fondateur du prieuré de Bosc-Morel.

Huc, baron de Ferrières, avait épousé la fille du comte d'Evreux et en eut Jean, baron de Ferrières, qui s'allia à Alix d'Harcourt, et de laquelle il eut Vauquelin, baron de Ferrières, qui épousa la fille du comte de Vendôme.

De ce mariage naquit Jean II de Ferrières, chevalier, qui fit le voyage d'Allemagne et fut reçu à Carantan avec huit écuyers le

---

(1) *Vidimus* de l'abbaye du Bec.

1er novembre 1387 et épousa Jeanne de Préaux dont il eut Jean III de Ferrières.

Nous ne pousserons pas plus loin cette généalogie qui n'offre, comme on le voit, que bien peu d'intérêt et dont l'authenticité permet encore bien des doutes. Sont-ce bien même ces Ferrières qui ont possédé, à partir de Henri et de Guillaume qui eux nous ont laissé des titres, la seigneurie de Bourgtheroulde, nous n'oserions l'affirmer.

CHAPITRE III

Les Thibouville. — Les Tournebu et la famille d'Harcourt. — Bourgtheroulde aux XIVe et XVe siècles.

Pendant tout le cours du quatorzième siècle et une partie du quinzième la seigneurie de Bourgtheroulde continue à être la possession des trois familles : Les Thibouville, les Ferrières et les Tournebu. A quel titre et comment la possédaient-elles ? c'est ce qu'il nous serait bien difficile de préciser. Ce qu'il y a de certain, c'est que ces trois familles en jouissaient en commun, ce qui indiquerait qu'il y aurait là le fait d'alliances entre les trois maisons. Ainsi un document authentique (1) nous apprend que le 12 août 1364 Robert du Mont, vicomte de Pont-Audemer, prenait à ferme la prévôté, c'est-à-dire les revenus et impôts indirects de ce bourg, moyennant 154 l. qu'il s'obligea de payer à messire Robert de Thibouville et à messieurs de Ferrières et autres seigneurs qui étaient participants aux rentes de la ville de Bourgtheroulde.

Pour satisfaire à des demandes incessantes de Charles-le-Mauvais, roi de Navarre et comte d'Evreux, le roi de France, dont il était le gendre, lui concéda, par un accord fait à Mantes le 22 février 1383, le chastel, ville et vicomté de Pont-Audemer, avec six fiefs à sa volonté. Parmi ces fiefs désignés plus tard se trouvait le fief

---

(1) Titres du Bec.

ville et terre du Bourgtheroulde, autrement dit la haute justice à exercer sur ce fief.

En 1360, le roi ordonna qu'il fût procédé à un état des biens qu'il possédait et composant son domaine en Normandie. Nous y voyons qu'à Bourgtheroulde il y avait quatre acres et demie de terre valant 44 livres et y percevait 16 galons de vin valant 16 livres, 2 chapons, 14 pains valant 14 livres et une oie. Toutes ces choses étaient affermées à Guillaume Longueville pour 4 l. 4 s. de rente.

De cette note il ressort ce fait qu'au xiv° siècle la vigne était cultivée en grand à Bourgtheroulde et que le vin formait sinon la boisson ordinaire des habitants, du moins celle de la classe riche. Il en était d'ailleurs à peu près de même dans toute cette contrée, ce n'est guère qu'au siècle suivant que nous voyons apparaître le pommier.

Au xiv° siècle, la mesure de Bourgtheroulde était en usage dans les pays circonvoisins; ainsi un curé de Houllebec louait, en 1364, son bénéfice à la condition de deux boisseaux de pois blancs à la mesure de Bourgtheroulde. En 1344, le setier de Bourgtheroulde était estimé 12 boisseaux. Ce bourg était aussi à cette époque un des centres de la production du poiré, d'un usage commun pour la classe pauvre qui, d'ailleurs, était de beaucoup la plus nombreuse.

Il existait au xiv° siècle, à Rouen, une association de commerçants, connue sous le nom de *Compagnie normande*, qui prétendait avoir la jouissance d'une foule de privilèges, entre autres celui d'être pour son commerce franche de tous impôts en Normandie et sur la Seine, dans certaines limites, et libre de commercer en gros et en détail dans tout le royaume de France. Il était défendu aux étrangers de trafiquer avec Rouen, d'y mettre leurs marchandises à couvert et de les y charger pour la France; toutefois ce privilège pouvait être levé en faveur de l'étranger qui payait à la ville un droit appelé *hanse*, c'est-à-dire droit d'association.

En vertu de ce monopole, la *Compagnie normande* prétendait pouvoir trafiquer dans tous les bourgs de Normandie sans payer les droits de péage. La plupart des pays intéressés protestèrent contre cette prétention, et les seigneurs encore plus intéressés, puisqu'ils touchaient la totalité ou du moins la presque totalité de ces droits, se refusèrent à admettre en franchise les commerçants rouennais. De là une foule de procès. En 1395, le duc d'Harcourt qui possédait alors Bourgtheroulde plaidait pour le péage de ce bourg ainsi que pour Routot, Bourg-Achard, Brionne, Harcourt et Sauchay. Il fondait ses prétentions sur le droit prétendu qu'a tout seigneur propriétaire ou même engagiste d'établir tels péages qu'il jugerait convenable dans ses terres. Malgré les bonnes raisons que dut invoquer le duc d'Harcourt il perdit son procès, et les commerçants de l'*Association normande* purent sans crainte venir trafiquer librement et en toute franchise aux marchés et foires de Bourgtheroulde, ainsi que dans les autres bourgs (1).

En cette même année 1395, Louis de Tournebu, seigneur de la Londe et en partie de Bourgtheroulde, accordait à Jean Pécot et à ses héritiers le droit de tenir une forge dans cette localité moyennant une rente annuelle de 12 fers à roussin et 12 fers à palefroi avec les clous.

Cette famille de Tournebu était originaire de Marbeuf, dont elle possédait la seigneurie. Elle blasonnait *d'argent à la bande d'azur*. On possède d'elle peu de titres authentiques : citons seulement un contrat passé devant les tabellions de Pont-Authou, le 16 janvier 1348, par Me Robert de Tournebu, relatif à des droits de pleine franchise dans la forêt de la Londe.

D'ailleurs, l'histoire de la seigneurie de Bourgtheroulde est, à cette époque, des plus ténébreuses. Les renseignements qui nous en sont parvenus se contredisent pour la plupart, et dans ces conditions on ne peut que passer rapidement. Ce qu'il y a de certain, c'est qu'à la fin du xive siècle, la seigneurie de Bourgtheroulde était la propriété de Jean VII, comte d'Harcourt et d'Aumale, vicomte de Chatellerault, sire d'Elbeuf, de la Saussaye, et cette assertion est prouvée par un compte de la terre de Bourgtheroulde que Monteil possédait dans sa bibliothèque. Ce Jean VII d'Har-

---

(1) Bibliothèque de Rouen (manuscrit).

court joua un rôle important à la cour de Charles VI ; il fut fait prisonnier à la bataille d'Azincourt en 1415, et mourut le 18 décembre 1452 à l'âge de 82 ans. Il avait épousé Marie d'Alençon, morte en 1418.

Parmi les faits dignes de mention, citons encore le suivant : Le 27 mars de l'année 1395, un nommé Jean Dubosc, clerc marié, est condamné à l'amende pour esclandre par lui causée dans la cathédrale de Rouen lorsqu'il s'y était réfugié, afin de se soustraire à la réclamation d'un paysan du Bourgtheroulde auquel il avait pris la lettre d'absoute de l'official, le vendredi avant les Rameaux (1).

En 1400 on rédigeait le *Coutumier des Forêts* de Normandie. Ce précieux registre qui nous a été en partie conservé — de nombreuses pages ont été déchirées par des mains profanes dans lesquelles il était tombé — contient le passage suivant concernant le fief des Faulx : Les abbés et religieux du Bec ont en la forêt de la Londe, à cause de leur fief et terre des Faulx, de trois ans en trois ans, tout le bois nécessaire à la réparation de leur parc et manoir du dit lieu, le paturage en la dite forêt pour les bêtes dudit manoir, et le pannage quand il y a, le bois sec en estant et le bois vert en gisant, sans câble, sans amende, hors deffens, la branche jusqu'au coupel, hors deffens ; tout mort bois sans essart, lequel essart est entendu quand il y a une contenance de une perche de mort bois, — le bouleau, le tremble, le fresne, etc. Pour ces privilèges, les religieux étaient assujettis à diverses rentes envers le roi.

Les privilèges du seigneur et des manants de Bourgtheroulde qui étaient à peu près les mêmes, comme on le verra d'ailleurs plus loin, ne figurent plus au registre ; ils se trouvaient sans doute dans sa partie concernant la forêt de la Londe que l'on voit avoir été déchirée.

Le XVᵉ siècle fut, pour le Bourgtheroulde comme d'ailleurs pour la plupart des paroisses de la haute Normandie, une époque de désastre. On pourra en juger quand on saura qu'en 1422 le doyenné de Bourgtheroulde ne produisait pas même quelques sous pour la taxe des calendes. D'après les comptes de l'archevêché de 1441, le doyenné

---

(1) Archives de la Seine-Inférieure. G. 3373.

était inhabité et il n'y demeurait personne, *passé* à six ans, c'est-à-dire depuis six ans (1). D'ailleurs, les Anglais, maîtres de toute la contrée, y avaient répandu de telles ruines que les hommes, n'osant plus sortir, tout commerce avait disparu; et les chemins n'étant plus fréquentés, les broussailles les avaient envahis.

Cette même année 1441, un combat entre Anglais et Français eut lieu dans ce bourg et jusque dans l'église même. Une *réconciliation* de cette église fut ordonnée par l'archevêque.

Jean VII d'Harcourt ayant perdu son fils à la bataille de Verneuil en 1424, n'avait plus pour héritières de ses vastes domaines que deux filles; l'une porta une partie de cette riche succession dans la maison de Lorraine, et l'autre dans la maison de Rieux.

Jeanne, la seconde, épouse en 1414, Jean III, sire de Rieux; elle hérita du comté d'Harcourt dont Bourgthéroulde faisait alors partie comme on le verra bientôt; elle mourut vers 1456 et fut enterrée au couvent des Cordeliers d'Ancenis qu'elle avait fondé avec le sire de Rieux son premier mari, mort en janvier 1431. Elle avait épousé en secondes noces Bertrand de Dinan.

Du mariage de Jean III de Rieux et de Jeanne d'Harcourt, naquit, le 11 août 1418, François qui fut sire de Rieux et de Rochefort, comte d'Harcourt, baron d'Ancenis, etc., et qui eut en partage la seigneurie de Bourgthéroulde. Conseillé et chambellan de François, duc de Bretagne, il fut un des seigneurs qui jurèrent, en 1448, le traité d'alliance du duc de Bretagne avec le roi Charles VII contre les Anglais, assista aux Etats tenus à Vannes le 25 mai 1451, reçut le collier de l'ordre de l'Hermine du duc de Bretagne au mois de janvier 1454, fut chambellan de Louis XI encore dauphin en 1458 et mourut le 20 novembre de la même année. Il fut enterré dans l'église de Notre-Dame de Rieux. Il avait épousé le 11 février 1442 Jeanne de Rohan, fille d'Alain, vicomte de Rohan, et de Marguerite de Bretagne.

De ce mariage naquit cinq enfants. A l'aîné, Jean IV, revint la seigneurie de Bourgthéroulde.

Jean IV de Rieux occupe une place distinguée dans l'histoire de

---

(1) Fallue. *Comptes de la fabrique de la Métropole.*

son temps. Né le 27 juin 1447, il fut placé à la mort de son père sous la tutelle de sa mère et du duc de Bretagne qu'il suivit dans la guerre du Bien-Public en 1464, et souscrivit le traité de paix qui se fit ensuite entre le roi de France et le duc de Bretagne. Celui-ci le nomma lieutenant-général de ses armées et capitaine de la ville de Rennes ; mais le duc ayant mécontenté ses officiers, le sire de Rieux fut un des principaux seigneurs qui se liguèrent contre lui en 1484.

L'année suivante, étant rentré dans le devoir et la jouissance de ses emplois dont il avait été dépouillé, il commanda à l'avant-garde de son prince à la journée de Saint-Aubin du Cormier, le 28 juillet 1488, contre le roi Charles VIII, et sauva les débris de l'armée à Dinan. Le duc, avant sa mort, arrivée peu de temps après cette bataille, l'institua tuteur et gardien de ses deux fils par acte du 24 octobre de la même année, et dans lequel le sire de Rieux est qualifié « haut et puissant seigneur, chevalier, maréchal de Bretagne, son proche parent. » Ce fut par son entremise que le mariage de la jeune duchesse Anne de Bretagne fut conclu avec Charles VIII qu'il suivit dans toutes ses expéditions ; par sa valeur il facilita l'entrée des troupes françaises à Naples.

Sa sœur, Louise de Rieux, avait été mariée dès le 24 novembre 1455 avec Louis II de Rohan, baron de Guemenée, mais le contrat ne fut ratifié que le 12 juin 1464, lorsque Louise eut atteint 18 ans ; ce fut alors qu'il lui donna douze fiefs dans le Roumois, entre autres celui de Bourgtheroulde. Louis de Rohan-Guemenée jouissait en effet de ces fiefs en 1474, 1480 et 1483. Le 4 avril 1487 il rendait aveu en la chambre des comptes de Paris pour ses fief terre et seigneurie de Bourgtheroulde. Dans cet aveu il est fait mention du droit de coutumiers, chauffage et bois à brûler que le seigneur de Bourgtheroulde possède pour lui et ses hommes dans la forêt de la Londe.

Les Rohan blasonnaient : *de gueules à 9 macles d'or.*

Le partage des biens des d'Harcourt entre les maisons de Lorraine et de Rieux, commencé en 1483, donna lieu à un long différend qui ne se termina que par une transaction en 1496. La baronnie d'Elbeuf fut adjugée à Réné, duc de Lorraine; mais Jean de Rieux déclara ne pouvoir rendre les douze fiefs dont Bourgtheroulde faisait partie attendu que donnés en mariage à sa sœur ils étaient détenus par des tiers (1).

En 1499 Louis de Rohan ou ses héritiers vendirent la seigneurie de Bourgtheroulde à Guillaume Le Roux dont la famille allait donner pendant deux cents ans un si vif éclat au vieux bourg et immortaliser son nom par une de ces magnifiques constructions, véritable chef d'œuvre de sculpture, dont on trouvera plus loin une courte description.

A cette époque l'hôpital de Bourgtheroulde existait toujours. En 1470 l'archevêque approuva des quêtes en sa faveur. Les archives de l'archevêché font également mention de différentes nominations d'aumôniers pour cet hôpital.

CHAPITRE IV

La famille Le Roux. — L'Hotel du Bourgtheroulde. — Décimes et dons gratuits.

Guillaume Le Roux, en même temps que Bourgtheroulde, avait encore acheté les terres de Tilly (2) Lucy et Sainte-Beuve. A peine le parlement de Normandie ou Echiquier perpétuel fut-il créé en 1499 par Louis XII, que le nouveau seigneur de Bourgtheroulde s'empressa d'y acquérir un siège. Un des membres de la nouvelle haute cour, Baptiste Le Chandelier, lauréat des Palinods, célèbre par ses poésies latines et françaises qu'on a peine à trouver de nos jours, consacre à chacun des magistrats qui s'y sont succédé pendant un demi-siècle tout un poème ou plutôt une revue en vers latins. Le Roux de Bourgtheroulde y est loué pour n'avoir point regardé ses immenses richesses comme un titre pour se dispenser d'un religieux accomplissement des devoirs de sa charge.

---

(1) Histoire de la maison d'Harcourt.

(2) A Boissey-le-Châtel.

Guillaume Le Roux fit faire dans ses nouveaux domaines de magnifiques bâtiments. Ce fut lui qui commença à Rouen l'hôtel du Bourgtheroulde dont nous parlerons ci-après. Il avait épousé, le 27 juin 1486, Jeanne Jubert fille de Guillaume, seigneur de Vesly, d'une famille ancienne et illustre; on lui attribue la reconstruction ou du moins une sérieuse réédification de l'église de Bourgtheroulde; il commença l'établissement de la collégiale, dont on trouvera plus loin un historique complet, établissement que son fils et ses successeurs achevèrent; enfin il contribua à la restauration de l'église de Louviers où il fonda la chapelle Saint-Nicolas. L'image de ce saint et les armes de Guillaume et de Jeanne Jubert se voient encore dans cette église. En 1511 il était tuteur de Jacques Daniel de la famille de Bois-d'Ennemets. Il mourut en 1520 laissant quinze enfants. Il blasonnait *d'azur au chevron d'argent accompagné de 3 têtes de léopard d'or*.

Guillaume Le Roux, l'aîné de cette nombreuse famille, a surtout bien mérité de Bourgtheroulde. En 1506 il était abbé d'Aumale et du Val Richer que le cardinal d'Amboise, archevêque de Rouen et légat du pape, lui permit de posséder bien qu'il n'eût pas encore l'âge prescrit par les canons; la dispense qu'il obtint, datée du 8 mars 1507, est fondée entre autres choses sur l'ancienne noblesse de la famille. François Ier l'employa dans la négociation du fameux concordat avec le pape, en 1516; il acheva, en 1522, la collégiale que son père avait commencée dans l'église Saint-Laurent du Bourgtheroulde; la chapelle de Sainte-Claude qui existait dans cette église fut, à sa requête, partagée en quatre portions pour quatre titulaires, qui, plus tard avec le doyen, prirent le nom de chanoines.

Au décès de Guillaume Le Roux, le fief du Bourgtheroulde eût dû être recueilli par son fils aîné Guillaume. Mais ce dernier tout à ses devoirs religieux et en raison des nombreuses dignités dont il était investi : abbé d'Aumale, commandataire du prieuré d'Auffay, chanoine de Gaillon, curé de Saint-Samson-sur-Risle et d'Aubevoye, avait par acte passé devant les notaires de Rouen, le 28 juillet 1515, fait donation à son frère cadet Claude, écuyer, « pour l'augmentation de son bien et honneur, et afin qu'il soit pourvu en mariage, des fiefs, terres et seigneuries de Lucy et de Maupertuis, sis au bailliage de Caux, qui reviendront audit abbé se il survit à son dit père, comme son fils aîné, mesme la terre et seigneurie du Bourgtheroulde. »

Cette donation avait eu lieu de l'accord et consentement de Guillaume Le Roux père, présent à l'acte. L'abbé d'Aumale y déclare faire cette donation en considération « qu'il estoit bien pourvu à l'église par son entretien des études et pouvant vivre bien et honorablement selon son estat. »

Ainsi, il est donc certain que du vivant même de son père, Guillaume Le Roux, l'abbé d'Aumale, s'était dessaisi de ses droits à la seigneurie de Bourgtheroulde, en faveur de son frère cadet Claude, nommé conseiller au parlement de Normandie en remplacement de son père, par ordonnance de François Ier du 25 mai 1520.

Suivant quelques auteurs, c'est l'abbé d'Aumale qui aurait fait achever le célèbre Hôtel du Bourgtheroulde, à Rouen. Il avait assisté, disent-ils, à la fameuse entrevue du Camp du Drap d'Or, et les magnificences qui y avaient été déployées lui suggérèrent l'idée de les faire représenter dans la cour de son hôtel. Mais cette opinion ne peut être admise comme la seule exacte, et il y a tout lieu de croire, au contraire, que l'abbé d'Aumale ayant pour ainsi dire abandonné à Claude, son frère cadet, son droit d'aînesse, c'est ce dernier qui aurait continué l'œuvre de son père et fait achever l'hôtel. Ce qui est certain, c'est que cette splendide demeure n'était pas sa propriété particulière, comme l'ont également affirmé ces mêmes auteurs, mais celle de Claude.

L'hôtel du Bourgtheroulde, véritable chef-d'œuvre de la Renaissance, a donné lieu à de nombreuses descriptions.

« De toutes les habitations particulières, élevées dans le courant du XVIe siècle, il n'en est pas une, dit M. Palustre dans *Rouen Illustré*, qui, pour la richesse et l'intérêt des parties décoratives, puisse être comparée à celle connue à Rouen sous le nom d'Hôtel du Bourgtheroulde. A proprement parler, l'architecture disparaît sous une multiplicité de bas-reliefs véritablement extraordinaire, en sorte que l'on serait tenté de se demander si ces derniers ne constituent pas la raison d'être de tout l'édifice au lieu d'en demeurer un accessoire obligé ».

Au point de vue historique, cette splendide construction a donné lieu à nombreuses controverses. Tandis que l'abbé Noël estime que les magnifiques bas-reliefs représentant l'entrevue du Camp du Drap d'Or furent faits apparemment pour faire plaisir au roi, en lui retraçant une fête que ce prince avait eu fort à cœur, lors du voyage de François Ier à Rouen, et dans lequel hôtel ce prince serait même descendu, d'autres contestent absolument le séjour du roi dans ce palais, et mettent en doute le surplus de l'assertion de l'abbé Noël. M. d'Hura va même jusqu'à prétendre que ce magnifique édifice a dû être achevé par le roi lui-même, qui l'aurait acheté de la famille Le Roux pour lui ou pour Diane de Poitiers, ce qui est absolument faux ainsi que le prouvent tous les titres de la famille Le Roux.

Quoi qu'il en soit et sans nous arrêter davantage aux conjectures émises sur les diverses vicissitudes par lesquelles est passée la construction de l'hôtel du Bourgtheroulde, nous allons donner ici, d'après Palustre, un simple aperçu très sommaire de ce chef-d'œuvre de l'art de Renaissance.

L'hôtel du Bourgtheroulde est, comme chacun sait, situé place de la Pucelle, autrefois place du Marché aux Veaux. La porte principale s'ouvrait jadis entre deux lourds piliers surmontés de statues, et son aspect assez sombre alors est devenu aujourd'hui encore plus maussade grâce aux mutilations des hommes et du temps.

Chaque pierre de la cour intérieure mérite d'attirer l'attention. De la base au sommet, du moins, dans la partie qui n'a pas été remaniée vers la fin du XVIIIe siècle, c'est une véritable broderie dont tous les motifs reproduisent soit des scènes historiques, soit des compositions presque populaires. Nulle part, croyons-nous, semblable richesse ne s'est étalée.

L'auteur de l'*Entrevue du Camp du Drap D'or* a saisi le moment où Henri VIII et François Ier, à la tête d'une brillante escorte de fantassins et de cavaliers, viennent de se rencontrer dans la plaine qui sépare les deux villes d'Ardres et de Guines et se saluent en tenant leurs chapeaux élevés. L'un et l'autre sont montés sur des coursiers magnifiques qui disparaissent à moitié sous des housses semées de fleurs de lys pour le roi de France, de léopards et de rosettes pour le roi d'Angleterre. C'est du reste principalement à ces signes que les deux souverains sont reconnaissables.

Toute cette composition de cortèges formait six bas-reliefs dont les premiers ont entièrement disparu. On comprendra que nous ne fassions pas une description minutieuse de ceux qui nous sont conservés, nous ne décrirons pas non plus les magnifiques sculptures qui couvrent en entier l'un des six pans d'une grande tourelle à moitié engagée entre la petite galerie et le grand corps de logis; ce sont des scènes champêtres et pastorales terminées par le jeu de la main chaude avec cette inscription :

PASSE TEMPS LÉGERS. . . . . . silz ne sont d'argent.
NOUS VALENT ARGENT. . . . . . ils sont de bergers.

Ces magnifiques sculptures de l'hôtel du Bourgtheroulde ont donné lieu parmi nos savants à de vives discussions, mais à l'exception des cinq bas-reliefs inférieurs de la petite galerie, elles ne sont, d'après M. Palustre, que la reproduction des tapisseries admirées par Guillaume Le Roux lors de la célèbre entrevue du Camp du Drap D'or. C'est ce qui explique la juxtaposition de sujets qui n'ont aucun rapport entre eux et cette sorte de désordre que l'on remarque dans l'ornementation générale, ce mélange inattendu de bergeries et de triomphes.

Nous avons emprunté à peu près textuellement ces courts extraits au savant auteur de *Rouen Illustré*. Grâce à ses habiles et patientes investigations il a pu nous donner une description précise de ces magnifiques sculptures et bas-reliefs et des sujets qui y sont représentés. Avant lui, M. de la Quérière et M. Prevost nous avaient déjà initiés aux beautés de ce splendide hôtel, mais leur travail laissait dans l'ombre certains points historiques que Palustre a, lui, élucidés. Nous ne parlerons de l'ouvrage de M. d'Hura que pour en signaler les magnifiques gravures représentant les bas-reliefs de l'hôtel de la place de la Pucelle. Nous avons dit notre opinion sur la partie historique.

Guillaume Le Roux, abbé d'Aumale, mourut en 1532 et fut inhumé dans sa chère église de Bourgtheroulde. Voici, d'ailleurs, la partie essentielle de son testament (1).

« Veuil que mon corps soit inhumé dedans le cœur de l'église du Bourg-Théroulde au tombeau de mes père et mère, lequel on trouvera estre massonné et voulté et capable pour recueillir beaucoup de corps sus de gros barreaux de fer qui sont au travers des murailles pour soustenir les coffres où sont ensepulturés les dits corps... au meilleur du cœur,... prière de faire incontinent agréer l'église de toutes choses; veut que sur la tombe soit mis : « *Et avec iceulx gist le corps de maistre Guillaume Le Roux, presbtre, chanoine de Rouen, leur fils aisné, lequel deceda tel jour, tel an. Priez Dieu pour le repos de leurs âmes.* »

« Je veuil que le jour de ma mort on donne au cimetière Saint-Mor, aux pauvres qui s'y trouveront 50 mines de blé en pain et 4 poinssons de vin. — Aux petits enfants, fondez en l'église de Bourg-Théroulde par mon père, je leur donne et à leurs maistres 10 mines de blé, mesure de Rouen, et la moitié de tout le sildre et péré qui sera trouvé dans ma cave. Je veuil que sur mes meubles soit prinsse la somme de 2,500 livres pour la fondacion de 2 enfants adjoustez aux 4 que mon père a fondez en la dite église.

» Je donne à la chapelle Notre-Dame, mère de Dieu de Sainte-Espérance, fondée et construite par M. de Lespreyier, près son manoir, hors la ville de Lovyers, bénite par feu Mgr l'évêque de Vérience, un grand tableau où est l'image de la dicte dame estant sur des fiches de fer en ma petite gallérie, et oultre je donne à la dicte chappelle ce que m'apporte Brocquet de N.-D.-de-Lorette. »

Guillaume Le Roux faisait en outre différents legs : au prieur des Jacobins, son confesseur; aux paroissiens de Saint-Sébastien de Préaux, dont il était seigneur, pour leur aider à relever la nef de leur église; à Jean de la Rue, maçon à Rouen, à Martin

---

(1). Archives de la Seine-Inférieure. G. 3135.

Guilbert, son hûcher, à maitre Jacques Layne, curé de Puchay, et maitre Raoul Doublet, curé de Bourgtheroulde. Ses anciens précepteurs auront tels habits de deuils comme ses exécuteurs.

Ce testament porte la date de l'année 1530.

Le 21 février de la même année 1532, Martin Bretel, prêtre, qui possédait la chapelle Saint-Eloi suivant les uns, Saint-Nicolas suivant les autres, de l'*Hôtel-Dieu* de Bourgtheroulde, l'échangea avec Jacques Fortin contre la cure de Saint-Germain de Rugles; mais le 10 mai suivant les deux échangistes, peu satisfaits, reprenaient chacun leur place. Cette chapelle était encore en titre en 1546, ce qui indique que l'hôpital subsistait toujours; mais depuis cette dernière date nous n'en trouvons plus mention. Dans quelles circonstances et à quelle époque cet hôpital fut-il supprimé? Nous l'ignorons.

Les biens de la succession de Guillaume Ier Le Roux restèrent indivis jusqu'au 28 octobre 1528. Le partage en fut fait entre ses cinq fils devant Alexis Sannier et Jean Hurel, notaires à Bourgtheroulde, et la seigneurie du lieu fut attribuée à Claude Le Roux, le second des fils.

Claude avait épousé en premières noces Jeanne de Chalenge, dame de Cambremont et d'Infreville et héritière du président de Chalenge. Cette dame mourut le 1er décembre 1531 et Claude Le Roux épousa en secondes noces Madeleine Payen, d'une ancienne famille du pays de Caux, laquelle devenue veuve à son tour se remaria avec François de Murillac, et en troisièmes noces avec Jacques de Prunelé.

Jeanne de Chalenge avait été inhumée à Saint-Etienne des Tonneliers de Rouen. Voici l'inscription qui était sur son tombeau: « Gist dame Jeanne Callenge femme de N. H. Claude Le Roux, conseiller en la cour du Parlement, sieur du Bourgtheroulde, laquelle décéda le 1er décembre 1531.

Claude Le Roux lui aussi était mort jeune: « *Invenem Parca extirguit* » dit le poète Le Chandelier. De son premier mariage il laissa quatre enfants : Claude, Robert, Jean, Marie qui épousa Nicolas de Quièvremont ; ils étaient tous mineurs et leur garde noble fut donnée à leur oncle Nicolas Le Roux, par ordonnance de François Iᵉʳ en date du mois de mars 1537.

Enfin le partage de la succession de Claude Le Roux eut lieu le 29 août 1554 devant les notaires du Bourgtheroulde, et il fut opéré entre les trois fils ci-dessus nommés devenus majeurs : Claude alors conseiller de la cour des comptes de Paris, Robert conseiller au Parlement de Rouen, et Jehan prieur commandataire du Mont-aux-Malades. Les trois frères composèrent trois lots de leur héritage en présence de Jean Quièvremont leur oncle. On fit entrer dans le premier lot attribué à Claude Le Roux la terre et le fief du Bourgtheroulde avec toutes leurs dépendances ainsi désignées par les notaires.

« Le fief, terre et seigneurie du Bourgtheroulde qui est un plain fief de haubert tenu du roy à cause de sa chatellerie de Pont-Autou et Pont-Audemer avec ses appartenances et dépendances sans rien en réserver, consistant en manoir, maisons, granges, estables, colombier et parc, étangs, viviers, domaine fieffé et non fieffé, bois taillis, prés, pasturages, plants, coustumes et marchés avec les droitures et prééminences, à présenter à la cure, chapelle, hôpital et aultres bénéffices dudi lieu du Bourgtheroulde touttes fois qu'ils écherront, vassaulx, reliefs, treiziémes, rentes en deniers, grains, œufs, oysaulx et aultres espèces de rentes avec toutes les aultres maisons, jardins et masures estant dedans ledit bourg et paroisse dudit lieu de Bourgtheroulde pour autant qu'il en appartenait audit défunt sieur du Bourgtheroulde et généralement tous les prouffets revenus et esmolumens d'iceluy fief avecque les terres retirées par clameur et puissance de fief par led. maistre Claude aisné et le quatrième du Bourgthouroulde acquis du roi par ledit sieur du Bourgtheroulde. »

Aux termes de ce même partage le troisième lot resté par son choix à Jehan le Roux, le dernier des enfants, se composait entre autres biens de l'hôtel du Bourgtheroulde ainsi désigné :

« La grande maison édifices et tennements que tenait led. deffunt sieur du Bourgtheroulde assis au Marché à Vaulx et estant ès paroisses de Saint-Michel et Saint-Eloy de Rouen avecque toutes les maisons et louages adjacentes et contigus de lad. maison du pays, lad. maison où pend pour enseigne « les Gens de Mer » jusques et y compris la maison qui fut appelée la maison Costayne, joignant la porte de derrière dud. grand logis. » (1).

Ce partage de succession constatait encore, comme on l'a vu, que Claude Le Roux dont les fils se partageaient les riches patrimoines était remarié en secondes noces à Mathilde Payen qui lui a survécu, et que le douaire de celle-ci devait s'exercer entre autres sur la grande maison « assise en la place du Marché aux Vaulx » ; enfin qu'en cette qualité de douairière Mme Le Roux du Bourgtheroulde avait donné à bail cette grande maison à Claude Le Roux, l'ainé des fils de son mari par acte du 5 août 1548.

A ce sujet il nous faut relever une erreur commise par MM. Charpillon et Caresme lorsqu'ils disent que dans le partage de la succession du Président Le Roux effectué en 1528, entre ses enfants, la seigneurie de Bourgtheroulde échut à Nicolas et que celui-ci était marié à Jeanne de Chalenge. Mais le partage du 29 août 1554 et la donation du 28 juillet 1513 constatent que Guillaume Le Roux fut remplacé par Claude son fils décédé avant 1537, et que celui-ci eut pour successeur dans la seigneurie de Bourgtheroulde Claude IIe du nom, son fils ainé, marié à Marie Pottier, fille du seigneur de Blancmesnil.

Robert Le Roux, frère de Claude II, fut l'auteur de la branche de Tilly d'où sont sortis les Le Roux d'Esneval, barons d'Acquigny. Jean, sieur du Hamel, fut prieur d'Auffay et du Mont-aux-Malades.

Le 3 novembre 1550, Robert Le Roux fut expulsé du Parlement comme calviniste avec une demi-douzaine de ses collègues, entre autres Jean de Quièvremont. Il fut rétabli dans sa charge après la paix de Saint-Germain en 1570 (2).

Vers 1540, l'église de Bourgtheroulde qui depuis longtemps menaçait ruine s'écroule en partie. C'est du moins ce qui résulte de ce passage de M. Fallue dans son *Histoire de la Métropole*.

---

(1) A Cécile, *Revue de Normandie*.
(2) Hardy, — *Histoire du protestantisme en Normandie*.

« En 1541, Robert Becquet, charpentier de la cathédrale de Rouen, critiquant un plan présenté pour la flèche, dit que le clocher proposé par ses rivaux ne saurait tenir debout et qu'il *pourrait tomber en bref comme a fait l'église du Bourgtheroulde.* »

Le 23 juin 1556, Claude Le Roux donnait décharge avec Robert son frère devant les notaires de Paris à Nicolas Le Roux, leur oncle et tuteur, troisième fils de Guillaume Ier, par conséquent frère de l'abbé d'Aumale, et qui était lui-même doyen de la cathédrale. Claude II avait eu deux fils et plusieurs filles ; Claude l'aîné, fut seigneur de Sainte-Beuve ; le second, Nicolas, eut la seigneurie de Bourgtheroulde.

Nicolas Le Roux, qui plus tard fut seigneur de Bourgtheroulde et de Saint-Aubin, porta les armes dans sa jeunesse et, après la mort de son frère aîné, fut revêtu de la charge de conseiller au Parlement de Bretagne, puis conseiller au grand Conseil, maître des requêtes et président à mortier au Parlement de Rouen. Il avait épousé, le 10 février 1586, Catherine Ollivier, petite fille de François Ollivier, chevalier de France, et fille aînée de Jean, seigneur de Leuville, et de Suzanne de Chabannes.

A cette époque, la principale et même là seule industrie des habitants de Bourgtheroulde était la fabrication des draps qui avaient même, si nous en croyons un document de l'époque, une certaine réputation. D'après le *Coutumier* de la Vicomté de l'Eau de Rouen, les draps du Bourgtheroulde ne pouvaient entrer dans cette ville que par la porte du pont Onfroi, par devers Sainte-Catherine. Les droits d'entrée qu'on y percevait appartenaient à la ferme de la prévôté de Darnétal.

Pour combattre l'hérésie qui menace d'envahir toute la France, Charles IX demande des subsides au clergé, et les prélats s'empressent de mettre à contribution tous les couvents, communautés et abbayes, et jusqu'aux pauvres curés des paroisses dont le revenu est si modique qu'ils ont peine à vivre. Bientôt ce *don gratuit*, comme on l'appelait alors, d'exceptionnel qu'il était, devint une contribution permanente et même si permanente que, sans autorisation et sans qualité, les officiers des armées ne se gênèrent nullement pour l'imposer d'eux-mêmes selon leurs besoins et les nécessités où ils se trouvaient. Les curés qui payaient déjà d'autre part se récrièrent. Ainsi voyons-nous le curé de Bourgtheroulde, député du clergé à l'assemblée générale du diocèse en 1568, remontrer, dans la séance du 9 février, « que les juges et officiers royaux de Pont-Audemer avaient fait une cotisation pour soudoyer 50 soldats de pied levés à la ville de Pont-Audemer, et que dans cette cotisation ils avaient compris tous les bénéficiers ecclésiastiques de leur ressort, que lui-même avait été coté pour son bénéfice de peu de valeur à la somme de 100 sous. »

Le clergé s'adressa à M. de Carrouges, qui commandait pour le roi dans cette contrée, afin de faire cesser cette cotisation, « attendu le contrat du roi avec le clergé, et par lequel celui-ci est exempt de ces sortes de contributions (1).

Mais les désordres allaient grandir, et les besoins du roi s'augmenter. La guerre contre les hérétiques, n'était-ce pas là un merveilleux prétexte pour obtenir du clergé tout l'argent nécessaire, afin de remplir les coffres du roi toujours vides, et les *dons gratuits* ou *décimes* vont devenir si lourds, si écrasants que, dit de Bourgeville, bon nombre de pauvres curés et vicaires vont préférer abandonner leur bénéfice et leur paroisse et s'enfuir, dans la crainte qu'ils étaient d'être emprisonnés, ne pouvant payer une contribution bien au-dessus de leurs ressources. C'était une nouvelle époque de désastres et de ruines qui commençait pour la France; Bourgtheroulde ne fut pas une des paroisses les moins éprouvées, et les guerres de la Ligue surtout allaient, comme on va le voir, lui être particulièrement néfastes.

CHAPITRE V

La Ligue et les Ligueurs a Bourgtheroulde.

Claude II Le Roux était resté fidèle à la royauté légitime; les ligueurs qui avaient acquis dans toute cette contrée une si grande influence s'en montrèrent irrités et résolus à tirer de sa résistance

---

(1) Archives de la Seine-Inférieure. G. 8110.

une vengeance éclatante. Sentant qu'il n'était plus en sécurité dans son manoir de Bourgtheroulde, il l'abandonna au mois de juin 1589 et se réfugia à Caen où le Parlement de Normandie avait été transféré au mois de mars précédent.

Depuis cette époque jusqu'au mois de juin 1590, ce ne furent plus à Bourgtheroulde que mouvements de troupes, pillages, exactions en tous genres. Le château d'abord, les habitants ensuite. Grâce à deux manuscrits de l'époque, rédigés à la suite d'une enquête ordonnée par le Parlement et qu'un heureux hasard a préservés de la destruction au moment de la Révolution, nous pourrons suivre à peu près au jour le jour les ligueurs dans leur œuvre de vandalisme et de destruction (1).

Aucun des deux manuscrits ne nous donne la date exacte à laquelle commencèrent ces scènes de désordres, mais il est permis de croire qu'elles eurent lieu peu de temps après le départ du seigneur de Bourgtheroulde. C'était l'époque où étaient entreprises les expéditions dirigées par les ligueurs contre les villes ou châteaux de Saint-Philbert-sur-Risle, Pont-Audemer, Quillebeuf et Touques, sous la conduite du vicomte de Tavannes. En revanche, ils nous font un récit détaillé de la manière dont s'y prirent les ligueurs pour s'emparer du château de Bourgtheroulde, alors sous la sauvegarde de l'intendant de Semo.

La première troupe qui s'y présenta faisait partie de la compagnie Vallage et était sous le commandement du lieutenant Lesmontz. Il paraît que le château seigneurial n'était pas décidé à se soumettre, car le sieur de Lesmontz, malgré ses 60 hommes, dut faire enfoncer les portes pour s'en rendre maître. De Semo fut fait prisonnier et traité avec la dernière rigueur. Le pistolet sous la gorge il lui fallut indiquer, sans en rien omettre, sous peine de mort, tout l'argent qui était en sa garde et appartenant au sieur de Bourgtheroulde ; ils le contraignirent ensuite à parcourir avec eux la chambre et le cabinet de son maître et même la sienne propre,

---

(1) Un de ces manuscrits, *Sommaire Declaracion*, a été publié en 1870 par M. Marc-Guernet, qui l'avait fait précéder d'un court historique des faits révoltants commis par les ligueurs.

puis mirent tout au pillage. Ils trouvèrent « grande quantité d'or et d'argent » provenant des recettes des redevances seigneuriales, et des fermiers ainsi que de la vente des grains, soit environ 270 écus qu'ils emportèrent.

Jusqu'au 13 avril suivant, nous ne trouvons aucune trace de passage de troupes à Bourgtheroulde, du moins le manuscrit n'en dit rien ; mais à cette date les exactions vont recommencer de plus belle. La compagnie des gens à cheval du sieur d'Amfreville, comprenant cinquante hommes, conduits par le sieur de Pierrecourt, escalade les murailles, veut enfoncer les portes qui résistent solidement, et parviennent enfin à se les faire ouvrir. Pierrecourt et ses hommes s'installent alors au château et y séjournent pendant deux jours « avec une excessive despense de toutes sortes de vivres pour hommes et chevaulx et de bois brûlé. » Ils emportent des armes, brisent des écrins, s'emparent de tout l'argent qu'ils contiennent et que le sieur Semo y avait laissé pour le payement de plusieurs ouvriers qui travaillaient au château. Et comme cela ne suffisait pas encore à satisfaire ses caprices, ils vont aux écuries, brisent coffres et bahuts, lacèrent les harnais, tuent un cheval de prix « de plus de cinquante écus, dit le manuscrit, emportent épées, hallebardes et tout le linge qu'ils peuvent trouver.

Au mois de mai suivant, nouvelle invasion des ligueurs. Comme le château de Bourgtheroulde ne pouvait plus offrir rien de bien séduisant, c'est à celui de Tilly, appartenant aussi à Guillaume Le Roux, qu'ils s'attaquent. Il y avait cette fois vingt-deux compagnies de gens de pied conduites par le vicomte de Tavannes en personne. Ils avaient traversé Bourgtheroulde pour aller attaquer la Mésengère qu'ils prirent par composition ; c'est à la suite de ce siège qu'ils se rendirent à Tilly qui leur ouvrit ses portes. Ce château n'eut pas un sort plus heureux que celui de Bourgtheroulde. Tout y fut enlevé ou saccagé, malgré la promesse faite par le sieur de Tavannes ; une tapisserie de haute lice « façon de Paris et d'une valeur de plus de 300 écus » que le sieur de Bourgtheroulde y avait fait porter, fut volée, ainsi qu'une foule d'autres meubles que le sieur Le Roux y avait mis. Certains manuscrits mêmes ne purent trouver grâce.

Pendant tout le mois de mai les mouvements de troupe sont continuels à Bourgtheroulde et il y a tout lieu de croire que les habitants n'étaient pas plus ménagés que le seigneur. Parmi les nombreuses compagnies qui stationnèrent dans ce bourg, nous voyons celle du capitaine Pierrecourt, dit Dragon, conduite par lui-même, et qui s'empare d'un cheval de harnais, puis quinze autres compagnies de gens de pied dont six furent logées dans le bourg; celle du capitaine Le Mercyer logea au château, dont elle s'était emparée par escalade. Tous ces soldats occupèrent ainsi le manoir et le bourg du 7 au 12 mai et y firent des dépenses considérables de toutes sortes de vivres et de bois. Malheureusement pour les pauvres habitants, ces gens-là n'avaient pas l'habitude de payer, et on peut se faire une idée de la triste situation où se trouvaient les paysans, sans cesse pillés et rançonnés par des gens avides de butin et n'ayant à redouter les sévérités d'une discipline qui n'existait pas, plutôt même encouragés dans leurs exactions par leurs chefs qui, souvent, ne craignaient point de leur montrer l'exemple. Dans cette même semaine, un nommé Graveron, qui commandait dans une de ces compagnies, étant du régiment du sieur de la Londe, fit pêcher aux étangs du seigneur de Bourgtheroulde une quantité considérable de poisson d'une valeur de plus de trente écus; enfin, pour ne pas manquer aux habitudes, ces bons soldats de la ligue emportèrent à leur départ tout ce qu'ils purent trouver en meubles et effets.

A Tilly, une garnison avait été mise dans le château par le vicomte de Tavannes; les soldats s'emparèrent du troupeau de moutons et amenèrent le berger qui ne put recouvrer sa liberté que quelques jours plus tard, grâce à la sollicitation d'un gentilhomme, en même temps qu'on rendait aussi quelques moutons volés, mais après avoir eu soin de garder les meilleurs.

Le 28 mai, à deux heures du matin, les sieurs de Tavannes, Pierrecourt, Perdriel et plusieurs autres arrivent au Bourgtheroulde et logent au manoir; ils y font, comme leurs devanciers, « une trez grande despence de toutes sortes de vivres et de boys. »

Dans les derniers jours de mai, le régiment complet du sieur de la Londe conduit par le sergent-major Collombier, avec 20 chevaux d'artillerie, arriva au Bourgtheroulde et fut logé au château. Les chevaux d'artillerie y restèrent seulement deux jours, mais les compagnies, qui s'y trouvaient assurément bien, y restèrent cinq. L'intendant de Semo qui n'exécutait pas sans doute assez promptement les ordres de « messieurs les soldats » et voulait s'opposer à leurs déprédations, fut fait prisonnier et mis sous la surveillance de plusieurs soldats qui certes ne devaient pas lui faire une existence agréable. Le malheureux intendant pour recouvrer sa liberté dut avoir recours à l'intercession de quelques gentilshommes, amis de la ligue, *ce qui lui occasionna, dit-il, de grands frais jusqu'à la valeur de cinquante écus.* On connaissait déjà à cette époque le système des petits présents qui rendent des petits services.

De la fin de mai au commencement d'octobre 1590, nous ne voyons plus de ligueurs à Bourgtheroulde. C'était d'ailleurs l'époque où le duc de Montpensier tenait la campagne avec son armée, et Tavannes qui s'était avancé jusqu'à Orbec avait été obligé de rétrograder. Et, d'ailleurs, que seraient-ils venus faire à Bourgtheroulde. Le château était à sac et le malheureux manant complètement ruiné, la désolation était extrême dans toute la contrée. Bourgtheroulde eut donc un moment de tranquillité; mais hélas ! ce ne devait être qu'un moment d'accalmie.

En effet, le 8 octobre, le sieur de Vellage reparaît au Bourgtheroulde avec cinquante cuirasses. Tout le monde loge au château et pendant une journée et demie on y fait grande dépense. Le 12, nouvelle venue de Vellage accompagné du capitaine Fieffort avec une soixantaine de cuirassiers. Pendant trois jours ils mènent grande vie au château « avec une extresme despence, dégast et profusion de tous vivres et biens tant homes que chevaulx, sans la perte de beaucoup de meubles. »

Le 2 novembre, arrivent au manoir de Bourgtheroulde le capilaine Beaunaiz avec Lesmontz et un autre capitaine et soixante cuirassiers. Ils y séjournèrent trois jours pendant lesquels ils se firent délivrer tous les vivres que leur caprice ou leur fantaisie leur commandait. A leur départ ils emportent toute la volaille qui restait dans la basse-cour et emmènent une jument que le sieur de Semo parvint à racheter à prix d'argent.

Le 7 décembre, trois régiments du sieur de la Châtre arrivent à Bourgtheroulde ; ils sont conduits par les capitaines La Croix, La Fosse et Bouteillers. Les portes du château sont fermées. On escalade. L'intendant de Semo était malade. Les capitaines et les soldats profitèrent de cette circonstance pour donner libre carrière à leurs désirs de destruction. Tout ce qu'ils purent trouver fut ravagé ou pillé. Dans le grand grenier il y avait dix grands bahuts et quatre coffres de bois pleins de meubles d'une valeur importante : tapisseries, habillements, linge, toile, vaisselle d'étain toute neuve, vaisselle de valeur, armes de diverses sortes, poudre à canon et livres. Tous ces coffres et bahuts furent effondrés, brisés, rompus ; les buffets, les armoires et même les vitres ne trouvèrent pas davantage grâce devant ces vandales. Un autre bahut qui se trouvait dans la chambre des filles fut également brisé ; il renfermait une soixantaine de livres appartenant à une servante de la maison, et que ces soldats odieux n'eurent pas honte d'emporter. Pendant trois jours qu'ils passèrent au château tout fut examiné et ce qui avait quelque valeur emporté.

Immédiatement après le départ de ces trois beaux capitaines, arriva, le lundi 10, le vicomte de Tavannes avec toute son armée venant d'Elbeuf. Bourgtheroulde n'était pas au bout de ses malheurs, car cette fois ce fut le bourg qui dut loger la plus grande partie de ces troupes ; une compagnie seulement avec Tavannes occupa le manoir. Ils y demeurèrent trois jours pendant lesquels ils continuèrent le pillage depuis si longtemps commencé et emportèrent le peu qui restait, entre autres : « partye de la tappisserye de fustaine jaulne, ung mathelas et castelongue, vaisselle d'estaing et une bonne partie des meilleurs livres qui étaient restez des mains des volleurs précédentz » des charrettes, des essieux de fer. Ils commettent dégâts sur dégâts, s'emparent de la plus grande partie du blé, de l'avoine, des pois, vesce et autres grains restant encore dans les bâtiments, brûlent une énorme quantité de bois pour alimenter les douze ou quinze feux qu'ils avaient établis, pour le seul plaisir de détruire, dans la cour et les jardins. Après s'être gorgés de tout il leur faut encore autre chose. Voici ce qu'on lit dans la requête adressée par le sieur de Bourgtheroulde au Parlement, après ces tristes évènements : «..... le chevalier Picard et les siens ..... ont exercé toutes espèces de cruautés jusques à forcer toutes les femmes qu'ils ont trouvées en ladite maison, voire celles qui avaient l'aage de soixante et dix ans. »

Le 24 décembre, les compagnies du sieur de La Croix et autres, reviennent à Bourgtheroulde et pendant trois jours logent au manoir. Leur conduite est toujours la même, mais n'ayant plus rien à piller, il leur faut bien modérer leurs appétits.

Le 6 janvier, les trois capitaines La Croix, Bouteillers et La Fosse, reviennent encore avec leurs compagnies loger au manoir de Bourgtheroulde et renouvellent leurs mêmes actes de violence et de pillage. Cette fois, les choses furent poussées si loin que l'intendant de Sémo qui, jusque là, était resté fidèle à son poste, se vit contraint d'abandonner la maison à cette horde de soldats pillards et voleurs, pour aller retrouver son maître à Caen. Tous les domestiques et ouvriers furent renvoyés, et les ligueurs maîtres absolus du manoir s'y livrèrent à tous les désordres et emportèrent tout ce que leurs précédentes déprédations y avaient laissé. Ce fut du reste leur dernier séjour à Bourgtheroulde. N'ayant plus rien à piller, leurs incursions devenaient inutiles.

Le bourg n'avait pas moins souffert que le château. Ils avaient brûlé tous les étaux de la halle-boucherie et autres halles appartenant au sieur de Bourgtheroulde ; ces étaux qui avaient 18 pieds de longueur, un pied et demi de largeur et quatre pouces d'épaisseur, servaient aux bouchers, poissonniers, drapiers, cordonniers et autres. Pendant quelque temps, le marché ne put se tenir ; les marchands n'ayant plus d'étaux refusèrent d'y porter leurs marchandises. Quelques maisons qui se trouvaient près de ces halles et appartenaient au sieur Le Roux, furent abattues par les soldats et brûlées, et si notre manuscrit, ne s'occupant que du château, ne nous dit rien des déprédations en tous genres commises chez les malheureux habitants, il est facile, à la lecture de ce récit, de s'en faire une idée. Et voilà les hommes qui combattaient, disaient-ils, pour une cause sacrée !

D'ailleurs, il n'y avait pas qu'à Bourgtheroulde où les ligueurs se conduisaient de la sorte. Partout où on les trouve, on a à retracer les mêmes scènes de pillage et de vandalisme. Les châteaux d'Harcourt et du Neubourg, entre autres, furent soumis aux mêmes violences que celui de Bourgtheroulde.

Lorsqu'après les défaites de la Ligue et la ruine complète de ses projets, le seigneur de Bourgtheroulde put rentrer dans son manoir, il n'y trouva absolument rien, tous les meubles sans distinction avaient été enlevés, le pillage avait été complet. Dès le mois de décembre 1590, c'est-à-dire au moment même où les Ligueurs achevaient leur odieuse besogne par les plus ignobles forfaits, Claude Le Roux avait adressé au Parlement, alors à Caen, une requête tendant à être indemnisé des pertes qu'il subissait.

A l'appui de cette requête, le sieur du Bourgtheroulde présenta au Parlement un état détaillé des dévastations commises par le fait des « Ligueurs et rebelles de la ville de Rouen, cappitaines, soldats emploiez par eux, » en sa maison de Bourgtheroulde. Cet état ou « *sommaire déclaracion* » comme il l'appelle, fut dressé suivant le témoignage de ses domestiques et autres personnes qui avaient l'habitude de fréquenter son château ; il nous fournit de curieux renseignements sur le château lui-même et le mobilier d'une richesse incomparable qui le meublait et l'ornait. Le détail en serait fastidieux, nous nous contenterons des grandes lignes.

La « sallette » et la grande salle du manoir ne renfermaient aucun objet de grand prix, quoique pourvues d'un mobilier considérable, nous citerons seulement : une espinette et un manicordium (1) ; il en est de même de la chambre à coucher du seigneur

---

(1) Instrument de musique fait en forme d'épinette, qui a 40 ou 50 ou 70 cordes. Il est plus ancien que le clavecin et l'épinette.

de Bourgtheroulde ; mais celle d'après nommée la « chambre des filles » renfermait, entre autres objets précieux, un grand coffre de cèdre et un grand bahut de garde-robe, plein de pièces de toile de 35 aunes environ chacune. Il y avait cinq pièces de lin fort délié, valant un demi écu l'aune. Ensuite venait la garde-robe de cette chambre dans laquelle se trouvaient de grandes armoires renfermant un grand nombre d'accoutrements ; toutes ces armoires ont été brisées, et robes et manteaux de soies enlevés.

Au bout de cette garde-robe il y avait un cabinet où étaient entassés une foule d'objets précieux que bien entendu le sieur de Bourgtheroulde ne retrouva pas. C'est là que se trouvaient les grands bassins et la vaisselle « de la façon de messire Bernard-Palissy de diverses couleurs fort exquises, » valant plus de 150 écus, laquelle vaisselle fut volée ou brisée, là aussi étaient accrochés les portraits des rois et reines de Navarre. La petite chapelle ne fut pas plus respectée. Tous les ornements furent enlevés ou déchirés.

Au-dessus de la grande salle se trouvait la grande chambre ornée d'un riche mobilier : broderies de velours jaune cannetille d'or, crépine et rideaux de taffetas cramoisi, tapisserie de Beauvais ; à côté une autre garde-robe, puis la chambre habitée par l'intendant de Semo.

A l'un des bouts de la haute galerie, encore une autre garde-robe avec de grandes armoires renfermant une grande quantité de linge de toutes sortes. Puis venait la chambre du pavillon bas, proche la galerie basse, garnie d'un luxueux mobilier. Au bout de cette galerie, une « despences » dans laquelle se trouvait une grande quantité de vaisselle en tout genre, puis la chambre du pavillon d'en haut avec sa garde-robe, la chambre aux « aiz » au bout de la grande chapelle, la chambre de dessus le pavillon d'en haut, la chambre aux « Eaues », la chambre d'étude du sieur de Bourgtheroulde où se trouvait une très belle bibliothèque riche en volumes de théologie, de droit civil et de droit canon, médecine, humanités, histoire, livres d'architecture et agriculture. Tous ces livres avaient une grande valeur, une pareille bibliothèque à la fin du seizième siècle était d'ailleurs chose très rare. Dans ce même cabinet d'étude, on voyait les portraits des rois François Iᵉʳ, Henri II et de leurs enfants, au nombre de dix, ceux de la reine d'Angleterre, du cardinal de Lorraine, du connétable de Montmorency et autres princes de France, avec une infinité de bibelots de toute sorte et de grand prix. Enfin, dans un cabinet situé près de la dite étude, se trouvaient renfermés, dans de grandes armoires, vingt-quatre liasses de titres concernant les seigneuries de Bourgtheroulde, Infreville, Sainte-Beuve, Maupertuis, les revenus de la maison de Rouen et des biens d'Andely et des environs. Les ligueurs poussèrent le vandalisme jusqu'à s'emparer de tous ces documents précieux et les jetèrent dans le puits. Le sieur de Bourgtheroulde nous parle en outre d'une grande armoire neuve fermant à neuf guichets qui se trouvait dans ce cabinet et « dans laquelle il y avait plusieurs choses singulières », d'une fontaine artificielle en albâtre avec chandeliers et coupes de la même matière.

Dans le grenier, il avait été fait une *cache* qui, malheureusement, fut découverte par les ligueurs, et dans laquelle il y avait de grands bahuts pleins de tapisseries, accoutrements, linge et autres beaux meubles, et d'autres plus petits pleins de titres d'acquisitions de terres et rentes foncières, avec les titres des droitures que le seigneur de Bourgtheroulde avait dans les forêts de la Londe et de Lucy, les inventaires et chartriers, papiers terriers, aveux, dénombrements faits au roi en sa chambre des comptes, etc., qui « sont d'une perte inestimable au sieur Le Roux. »

Le bâtiment neuf était à peine meublé, deux chambres seulement étaient garnies. Le mobilier de la cuisine n'offre rien de bien remarquable.

Le mobilier de ferme était considérable et un des plus beaux de tout le Roumois, suivant la déposition d'un témoin.

Dans les trois écuries il y avait onze chevaux, une haquenée servant au sieur Le Roux, deux juments, une mule, un mulet. Les greniers étaient abondamment pourvus de toute espèce de vivres qui ont été consommés entièrement par les chevaux des ligueurs. Les bergeries abritaient trois cents moutons, cinquante bêtes portières et cinquante agneaux. Dans les étables il y avait quatorze belles vaches et quatre génissons; les greniers de ces bâtiments renfermaient plus de deux mille gerbes de vesce.

La grande grange contenait plus de cinq mille gerbes de blé pouvant donner environ mille boisseaux valant un écu le boisseau, et tout fut totalement pillé par les soldats. Il y avait en outre dans ladite grange cinq cents gerbes d'avoine qui eussent rendu 1,140 boisseaux et qui ont subi le même sort que le blé. La grange aux pois en renfermait 3,500 gerbes.

Dans la cave, se trouvaient cinq ponçons de bon vin, cinq tonneaux de cidre pur valant plus de cinquante livres le tonneau, deux grands lardiers dans lesquels il y avait dix grands pourceaux gras valant chacun huit écus, plus douze moyens de quatre écus pièce; tous ont été mangés par les gens de la Ligue durant leur séjour au château, avec une grande quantité de beurre qui se trouvait dans le même bâtiment. Le cellier contenait plusieurs autres tonneaux pleins de cidre avec deux grandes tonnes contenant chacune dix tonneaux pleins; les ligueurs ont tout bu ou tout perdu.

Le bûcher n'était pas moins bien garni que les autres bâtiments, surtout en bûche de hêtre provenant, suivant les témoins de l'enquête, de l'achat de quatre arpents de bois dans la forêt, tant pour l'usage de sa maison que pour faire cuire de la brique. Les ligueurs ont tout réduit en cendres. Enfin, dans le grand grenier il y avait plus de cents boisseaux de blé battu et trois cent cinquante boisseaux d'avoine dont le sieur de Bourgtheroulde n'a rien retrouvé.

Sur la dénonciation de pareils exemples de brigandages, faite par le sieur Le Roux, le Parlement ordonna une enquête; mais comme les ligueurs tenaient encore la campagne et étaient maîtres de tout le pays — c'était l'époque où Henri IV faisait le siège de Rouen — cette enquête ne put avoir lieu qu'à la fin de l'année 1591. Elle commença le 5 décembre pour ne finir que le 3 janvier suivant, et révéla tout d'abord la haine profonde qu'avaient les ligueurs pour le sieur de Bourgtheroulde. Ils avaient décrété que toutes ses terres seraient ruinées et saccagées. En celle de Sainte-Beuve près de Neufchatel, louée 233 écus un tiers, toutes les maisons de la basse-cour, granges pleines de grains, étables, four et autres édifices ont été brûlés par le duc du Maine lorsqu'il marcha sur Dieppe. Le conseil de la Ligue avait aussi mis l'interdit sur tous ses revenus, et perçu ceux de son hôtel de Rouen et des maisons adjacentes, *sises au marché aux veaux* louées 400 écus par an. Ce même conseil va jusqu'à faire saisir la garde robe qu'il avait dans le petit pavillon, qu'il s'était réservé dans son hôtel de Rouen et à la mettre en vente par un sieur Valdory.

De son côté le sieur de Villars, gouverneur du Havre, lui retire la jouissance de sa terre de Maupertuis près de Fécamp, évaluée à 400 livres de revenu, et en donne la jouissance à un homme d'armes, Antoine Noël, de la compagnie du chevalier d'Oyse, son frère. Antoine Noël s'intitule alors seigneur de Maupertuis.

En ce qui concerne plus spécialement le château de Bourgtheroulde l'enquête nous donne des renseignements très complets sur la valeur des meubles et des approvisionnements de toute sorte qui se trouvaient en abondance dans cette somptueuse demeure ; tous les témoins entendus sont d'ailleurs unanimes dans leur sentiment d'admiration ; leur dires ne varient guère ; nous ne citerons de toutes ces dépositions que les deux suivantes qui ont une réelle importance en ce qu'elles constatent : l'une le passage de Charles IX au Bourgtheroulde, l'autre le peu de sécurité dont jouissaient à cette époque les habitants des campagnes obligés, à la moindre alerte, de faire transporter dans une ville fortifiée leurs meubles les plus précieux.

1° Claude Allain, bourgeois de Bourgtheroulde, dit qu'il est né dans ce bourg proche la maison du sieur Le Roux, que dès ses premiers ans il a ordinairement hantée, laquelle il a toujours vue meublée de beaux et riches meubles en grande quantité et de toutes sortes, comme aussi il dit qu'il en était bien besoin pour les grandes et fréquentes compagnies qu'il a vu arriver souvent au manoir du dit sieur : il dit avoir vu plusieurs fois de grands seigneurs et princes et même le roi Charles IX dernier décédé, que Dieu absolve.

2° Pierre Martin, dit Berthin, serviteur domestique du sieur de Bourgtheroulde, dit que depuis le temps qu'il est au service du dit sieur, il a maintes fois été aux salles et chambres du manoir, soit pour aller parler audit sieur pour lui rendre raison des affaires de son labour, d'autant qu'il voulait savoir et connaître tout ce qui en dépendait, que pour aider à porter au manoir quelques meubles de bois, tapisseries ou autres choses, et lesquelles salles et chambres il a dit avoir vues tellement parées et meublées que, pour quelque venue qui arrivât au dit manoir, de princes ou autres seigneurs, comme il y en a vu arriver assez souvent, il ne fallait jamais rien emprunter d'un lieu pour l'autre, étant chacun garni de ce qui lui était nécessaire, et que, à son avis, il ne pouvait voir maison de qualité du dit sieur mieux ni plus richement meublée ni en plus grande quantité de choses qu'était celle du sieur de Bourgtheroulde. Il dit qu'au temps de la venue des reîtres en France, il y a environ quatre ans, lui et ses compagnons portèrent dans leurs charrettes jusqu'à la Bouille seulement plus de trente bahuts et coffres, tant grands que moyens, et plusieurs tonneaux en divers voyages, tous pleins d'une partie des dits meubles, desquels il y en avait une merveilleuse quantité, lesquels furent portés en sa maison de Rouen par la rivière. Depuis la défaite et le départ des dits reîtres ils allèrent les rechercher audit lieu de la Bouille et les rapportèrent au Bourgtheroulde. La plus grande partie de ces beaux meubles, il affirme avoir été perdue au manoir de Bourgtheroulde et à celui de Tilly où lui et ses compagnons en avaient porté quelque nombre comme tapisserie, accoutrement, linge, vaisselle, couches et plusieurs autres choses.

A la suite de cette enquête, le Parlement rendit le 16 mars 1592 un arrêt conforme à la demande du sieur de Bourgtheroulde. Voici cet arrêt dans ses parties principales.

« Henry, par la grâce de Dieu, roy de France et de Navarre, à tous ceux que ces présentes lettres verront, salut! Sçavoir faisons, qu'aprez avoir veu par notre court de Parlement de Normandie, séant à Caen, la requête présentée à icelle par Claude Le Roux, seigneur du Bourgtheroulde, tendant à ce qu'il luy soit adjugé rescompenses des grandes pertes, ruines et dommages par lui soufferlz, tant en la vollerie et ravages de ses biens, meubles, par luy délaissez et habandonnez en ses maisons de la ville de Rouen, Bourgtheroulde, Saincte-Beuve, au château de Tilly et aultres lieux et endroictz que de la combustion des granges et aultres édifices du dit Saincte-Beufve, enlèvement, dissipation et degast de ses grains, fruits et levées, et non jouissance de ses rentes et revenus de ses immeubles, à prendre et avoir tant sur les ligueurs et rebelles, aucteurs et coupables des dits crimes et delictz que sur ceulx du faulx conseil estably aud. Rouen, chefs et conducteurs, et généralement tous aultres qui se trouveront encore actuellement ligueurs et rebelles en notre païs et province de Normandye....., extraict d'arrest de notre privé conseil du unzième aoust mil cinq cent quatre-vingt-dix, par lequel nous voullons et ordonnons que les maires, escheyins, mannans et habitans des villes rebelles respondront en leurs propres et privés noms solidairement et seront tenuz par corps de touttes les pertes et dommages qui auront esté ou seront faicts durant le temps de la rebellion à nos bons officiers, serviteurs et bons subjectz, tout consulté, Notre dicte court a ordonné et ordonne que le cappitaine Les Busquetz, La Fosse, son lieutenant, Colombier, sergent-major du régiment du sieur de la Londe, les cappitaines Vallage et les Montz, son lieutenant Piercourt, dit Dragon, les cappitaines Le Mercyer, du Pont-de-l'Arche, Graveron, Perdriel, les cappitaines Fierfolle, Beaunais, Lacroix, Bouteillers, Lafosse, Valdory, le sieur d'Anfreville, fils du sieur de Chantelai et le cappitaine les Clos seront pris et apprehendez au corps, admenez et constituez prisonniers en la conciergerie de notre court, pour être interrogés sur les charges contre eulx rapportés,..... et leurs biens, meubles et immeubles saisis en notre main et régis par commissaire, suivant l'ordonnance, et cependant faisant droict sur la requeste du dit sieur Le Roux, notre court lui a adjugé et adjuge, par manière de provision, la somme de vingt mil écus.

« Donné à Caen, en notre dicte court de Parlement, le seiziesme jour de mars, l'an de grâce mil cinq cent quatre-vingt-douze, et de notre règne le troysiesme. »

Satisfaction entière et complète était ainsi donnée au seigneur du Bourgtheroulde, mais cette sentence fut-elle réellement exécutée. Ici, le doute est permis, car le volumineux dossier concernant toutes ces affaires de la Ligue est complètement muet à cet égard. Peut-être même des arrangements sont-ils survenus entre les parties; le champ reste libre aux conjectures. Moralement le sieur de Bourgtheroulde était vengé de ses ennemis et tenait dans ses mains des armes redoutables contre eux : le reste importe peu.

Cette guerre de la Ligue, qui dans l'origine avait pour but avoué la défense de la religion catholique contre les hérésies de Luther et de Calvin, fut sans cesse entretenue, comme on l'a vu plus haut, avec l'argent prélevé sur le clergé. A diverses reprises, Henri III, comme son prédécesseur, obtint du pape des *dons gratuits* sur le clergé de France. Ainsi, en 1586, le pape Sixte-Quint accorde au roi un million à prendre sur tous les bénéfices du royaume. Cette somme fut répartie entre chaque diocèse qui lui-même assigna à chaque communauté, à chaque cure la part qu'elle devait fournir.

Dans cette seule répartition de l'année 1586, le contingent de l'abbaye du Bec fut fixé à 9.550 livres. Et comme les communautés, même les plus riches, n'avaient pas toujours de pareilles sommes en réserve, on les autorisa à aliéner une partie de leurs biens propres, ceux surtout dont le revenu était difficile à percevoir, soit à cause de leur éloignement, soit pour tout autre motif.

Tous ces « secours » que l'on prélevait sur le clergé, joints aux décimes et dons gratuits que depuis François Ier il payait d'une manière continue, avaient épuisé les caisses, même les mieux garnies, comme celles de l'abbaye du Bec qui, malgré ses immenses revenus se trouvait alors complètement dépourvue. Pour satisfaire aux ordres du pape et du cardinal de Bourbon, archevêque de Rouen, le fameux et légendaire roi de la Ligue, l'abbaye obtint l'autorisation de vendre le fief des Faulx à Bourgtheroulde qu'elle possédait depuis son échange avec l'abbaye du Tréport. Cette vente eut lieu le 11 mars 1588 devant les tabellions de Pont-Authou.

A cette époque Claude de Lorraine, chevalier de l'ordre de Saint-

Jean de Jérusalem, était abbé commandataire de l'abbaye, Georges du Bosc Regnoult en était le prieur.

Le fief des Faulx fut adjugé pour la somme de 3.860 l. à M. Le Roux de Bourgtheroulde à la charge qu'il sera tenu d'en donner foi et hommage à la dite abbaye par 5 l. de rente à la chambre abbatiale, et à la réservation de 30 sols de pension que doit le curé de Bourgtheroulde à la même abbaye, enfin de payer au receveur du domaine de Pont-Audemer 40 sols 9 deniers par an, et à la seigneurie de Harcourt, prévôté de Marcouville, 2 s. 3 d.

Après les désastres commis par les ligueurs, Claude Le Roux se vit dans la nécessité de vendre une partie des biens qu'il possédait dans le pays de Caux entre autres les terres de Maupertuis, Gereville, Luchy et Sainte-Beuve-en-Rivière. En 1596 le roi lui fit remise du treizième sur le prix de vente de ces terres.

Quelques années plus tard, Henri IV ayant grand besoin d'argent ne crut mieux faire que de s'en procurer en créant de nouveaux offices à bons deniers comptant. Le Parlement de Rouen eut pour sa part deux nouvelles places de présidents à mortier. La haute cour fit bien quelques résistances à l'enregistrement de cet édit; elle ne voulait consentir à l'enregistrement que pour un seul siège ; mais deux candidats s'étant présentés : Le Roux de Saint-Aubin, fils du seigneur de Bourgtheroulde, et Thomas de Verdun, ayant chacun leurs partisans acharnés; le Parlement trancha le différend en enregistrant l'édit pour les deux offices. Toutefois pour exprimer son mécontentement il déclara ne le faire « que sur l'exprès commandement du roi par plusieurs fois réitéré tant de bouche que par escript. »

CHAPITRE VI

Bourgtheroulde au XVIIe siècle. — La révolte des « nu-pieds. » — Droits, coutumes et redevances dus par les habitants a leurs seigneurs. — Foires et marchés. — Les potiers de Bourgtheroulde et le sieur de La Londe.

A la mort de Claude II Le Roux, la seigneurie de Bourgtheroulde devint l'apanage de son second fils Nicolas ; Claude, l'aîné, avait eu la seigneurie de Sainte-Beuve. Le nouveau seigneur de Bourgtheroulde obtint du roi, au mois de décembre 1617, l'érection de sa terre de Bourgtheroulde en baronnie, avec union du fief de Bosc-Béranger et de divers autres.

Lors des troubles suscités par le duc de Longueville pour engager la Normandie dans le parti de la reine-mère, Le Roux de Bourgtheroulde, président à mortier au Parlement de Normandie, se rangea du côté du duc, ainsi que son fils Le Roux de Saint-Aubin, lieutenant-général au bailliage. Le Roux de Bourgtheroulde avait aussi gagné à la cause de la reine-mère son suzerain, le président de la Londe, mais les autres membres du Parlement avaient résisté et surent, au contraire, venir en aide au roi.

Les Le Roux de Bourgtheroulde et de Saint-Aubin ainsi que leurs amis organisèrent dans leurs domaines de véritables levées d'hommes avec le dessein de former une armée de rebelles. Mais le Parlement mit obstacle à leurs projets et tous ces châteaux qu'on cherchait à fortifier durent être évacués. A Bourgtheroulde, à la Londe, à Orival, on avait creusé des fossés profonds, élevé des tours et des murailles. Mais sur l'ordre formel du grand prévôt, tous ces travaux durent cesser.

A Rouen, Le Roux de Bourgtheroulde ainsi que son fils étaient surveillés. Le sieur de Saint-Aubin avait cherché à organiser dans la cour même de son père, ce magnifique hôtel dont nous avons parlé précédemment, une véritable émeute. Mais leur complot étant découvert et le roi averti, Le Roux de Bourgtheroulde et son fils reçurent l'ordre de se rendre auprès de Louis XIII pour lui expliquer leur conduite.

Les Le Roux, ainsi que le sieur du Mesnil et le duc de Longueville, l'âme de toute cette conspiration, cherchèrent à gagner du temps et en attendant se répandaient en plaintes et doléances. Le Roux de Bourgtheroulde s'indignait au palais contre ceux qui avaient parlé au roi contre lui : « Il allait partir, disait-il, quoique le moins portatif, pour empêcher les mauvais desseins de ceux qui voulaient attenter à sa vie, *par personnes toutes noires de crimes*, des scélérats, jadis prisonniers à la Conciergerie, accusés de plusieurs meurtres, assassinats, violences, desquels ses ennemis avaient favorisé la mise en liberté pour plus audacieusement exécuter leurs mauvais desseins. » (1)

Mais toutes ces paroles n'étaient que de la fanfaronnade, et Le Roux de Bourgtheroulde se gardait bien de partir.

Ce fut au milieu d'une effervescence considérable que Louis XIII arriva à Rouen. Le Roux de Bourgtheroulde et son fils, sachant le sort qui leur était réservé, n'avaient pas attendu son arrivée et avaient furtivement quitté la ville ; aussi lorsque le 11 juillet, le roi vint au Parlement tenir un lit de justice, le siège du président Le Roux et celui de son fils étaient vides. Leur désobéissance fut sévèrement blâmée et le roi déclara vouloir les en punir.

Dans ce lit de justice, entre autres déclarations, on donna lecture de celle qui interdisait de leurs fonctions le président Le Roux de Bourgtheroulde et son fils et défendait qu'on les laissât même entrer dans la ville. (Lettres patentes du 10 juillet).

Mais si les Le Roux étaient exilés de la cité, leurs partisans étaient les maîtres de l'Hôtel-de-Ville où Le Roux de Saint-Aubin présidait depuis longtemps. Comme maire perpétuel, il y avait toute influence, tous les hommes étaient ses créatures. Aussi entèrent-ils bientôt de rentrer dans Rouen avec le duc de Longueville et reprendre comme lui l'exercice de leurs charges, sans que le roi les ait levés de leur interdiction ; mais ils furent repoussés aux portes de la ville et contraints de se retirer au mon-Perreux, à une lieue de Rouen, vers Darnétal, où ils avaient un domaine. Toutefois Le Roux de Saint-Aubin parvint un jour à rentrer dans la ville et voulut reprendre par surprise sa chaire de judicature, mais il dut renoncer à son dessein « *sous peine de vie* ». Le même accueil lui était réservé à l'Hôtel-de-ville.

Les Le Roux, traqués de tous côtés, durent alors faire leur soumission complète au roi ; ils obtinrent des lettres de pardon et rentrèrent en possession de leurs charges. Toutefois une enquête fut ordonnée sur les menées du sieur de Bourgtheroulde et de son fils, et qui fit connaître toute l'étendue du complot ourdi par eux.(1).

---

(1) Floquet. — *Histoire du Parlement de Normandie*.

Nicolas Le Roux survécut peu à ces événements. Il mourut au mois de juin 1621, et eut pour héritier son fils Claude, le seigneur de Saint-Aubin qui venait de prendre avec son père une part si active à la guerre des mécontents.

Dès 1611, Claude Le Roux IV° du nom, écuyer, sieur de Saint-Aubin d'Écrosville, était lieutenant du bailli de Rouen; il avait reçu du roi, en 1613, un don de 600 l. et il épousa le 20 août 1619, Marie Cavelier, fille de Jean, seigneur des Buquets, qui lui avait antérieurement résigné sa charge de lieutenant au bailliage. D'après certains documents sur la famille Le Roux, Claude Le Roux, seigneur de Bourgtheroulde et de Saint-Aubin, vivait dans une opulence et une magnificence peu communes.

Le 29 juin 1621, il remplaça son père comme président à mortier, sous le nom de président de Saint-Aubin. Cette même année, le chapitre de Rouen lui fit témoigner ses vifs remerciements, pour l'arrêt qu'il avait rendu en sa faveur à l'occasion d'une rente qu'il prélevait sur un jeu de paume à Rouen. Peu de temps après, il recevait un don du roi en argent, ce qui indique une réconciliation complète avec la cour.

M. le président de Saint-Aubin et du Bourgtheroulde était prince de la célèbre confrérie de Sainte-Cécile et il fut autorisé à faire tenir en 1625, sous le chapitre, le *Puy* de cette corporation, comme les années précédentes.

Claude Le Roux, mourut au mois de décembre 1632, laissant deux fils, Jean et Robert, et une fille mariée le 29 avril 1635 à Marc Antoine de Brévedent, conseiller au Parlement et depuis lieutenant général au bailliage.

A cette époque, les besoins du Trésor étaient plus grands que jamais et le gouvernement n'y pouvait subvenir qu'en créant de nouveaux impôts. Pendant un certain temps, le peuple se contenta de murmurer; le roi croyant que les choses n'iraient jamais plus loin et ne pouvant arriver à combler le déficit qui allait toujours grandissant, recommença une seconde fois ce qui lui avait assez bien réussi une première; vers le milieu de l'année 1632, les pauvres manants apprirent en même temps qu'ils allaient avoir à supporter un nouveau droit sur la gabelle et un droit de contrôle sur la teinture des draps. C'était la goutte d'eau qui allait faire déborder le vase.

Un nommé Jacob Hais, de Caen, ayant affermé du roi, pour 800,000 l. et pour son ressort seulement, la recette des nouveaux impôts, vint à Rouen, et le 4 août voulut marquer une pièce de drap chez un drapier de la rue des Augustins. Une foule immense se précipita alors vers la maison du drapier, s'empara de Hais et le mit à mort. Ce fut le signal de la sédition qui, comme une traînée de poudre, se répandit bientôt dans toute la Normandie. Cette sédition est désignée dans l'histoire sous le nom de révolte des *Nu-Pieds*, du pseudonyme sous lequel se cachait le grand chef de cette révolte.

Les habitants de Bourgtheroulde, la plupart fabricants de draps, suivirent l'exemple de Rouen et se refusèrent à payer l'impôt ; il en fut de même d'ailleurs dans toute la contrée qui se trouva bientôt en pleine insurrection.

Pour y mettre fin, le maréchal de Gassion aidé d'une troupe nombreuse, fut envoyé à Bourgtheroulde avec mission de pacifier toute la contrée : Moulineaux, la Londe, Grand-Couronne, Pont-Authou. Il fallut enfin se soumettre et subir en outre l'occupation militaire : voilà ce que les malheureux manants avaient gagné à leur résistance. (1)

En 1640, la veuve de Claude IV Le Roux demanda au chapitre de Rouen d'être inhumée dans la cathédrale auprès de la tombe de M. de Brézé, son parent. Cette requête éprouva quelque opposition. On fit observer que la chapelle de la Vierge ayant toujours été le lieu de sépulture d'archevêques et d'hommes illustres, on ne pouvait admettre Mme de Bourgtheroulde qu'à la condition d'une fondation signalée.

Jean Le Roux qui avait hérité de la seigneurie du Bourgtheroulde, entra au Parlement en 1644 avec le titre de président aux requêtes. A l'exemple de son père et de son grand père, Jean Le Roux crut qu'il était de son devoir et de son caractère d'être de

---

(1) Mémoires du président Bigot de Monville.

toutes les révoltes, Frondeur enragé, on le vit, pendant toute cette époque désastreuse, avec plusieurs capitaines et autres gentilshommes, forcer à Rouen les prisons du bailliage, en violenter les geôliers et leur arracher nombre de prisonniers, trois, entre autres, que le président venait de condamner à la potence.

De son côté, le bourg de Bourgtheroulde eut aussi beaucoup à souffrir de la guerre civile par le fait des passages de troupes qui y furent incessants. Le duc d'Harcourt y passe et repasse avec de grandes quantités d'hommes et de chevaux marchant sur Pont-Audemer et Quillebeuf.

En 1654, il fut dressé « un état des héritages, rentes et revenus, appartenant à messire Jean Le Roux, chevalier, seigneur et baron de Bourgtheroulde, président aux requêtes du Parlement de Rouen, et à M° Robert Le Roux, son frère, provenant des successions de Claude Le Roux, seigneur de Saint-Aubin, leur père, et de Marie Cavelier, leur mère, et des héritages de Nicolas Le Roux et Catherine Ollivier, leur grand'père et grand'mère. » (1)

Cet *état* nous fait d'abord remarquer que lors du mariage de M. le président de Saint-Aubin avec Marie Cavelier, M. de Bourgtheroulde, son père, l'avança de la terre de Saint-Aubin, mais qu'à sa mort elle fit retour à la succession pour être de nouveau partagée en intégrité par M. de Bourgtheroulde d'alors et M. d'Infreville, leur oncle, frère du dit sieur de Saint-Aubin.

La succession du sieur de Saint-Aubin comprenait tout d'abord l'office de président au Parlement qu'il avait acquise de M. de Bourgtheroulde, son père, et qui fut vendue par sa veuve, tutrice de ses enfants mineurs, à M. Turgot, sieur de Lanteuil. Les deniers en provenant furent employés en partie au mariage de Catherine Le Roux avec M. Marc Antoine de Brèvedent, président et lieutenant-général au bailliage et siège présidial de Rouen. Catherine Le Roux était sœur du seigneur de Bourgtheroulde.

Les héritages composant cette succession étaient considérables.

---

(1) Manuscrit *Cécile*, provenant des anciens titres de la famille Le Roux.

Ils comprenaient des biens à Criquetot-l'Esneval, à Turetot, à Anglesqueville, Saint-Martin-du-Vivier, vallée de Darnétal, etc.

Une maison et masure où demeurait alors Pierre du Hamel, dit Marette, sise à Bourgtheroulde et acquise de Pierre Baudry, tabellion audit bourg, laquelle maison augmentée et agrandie était louée par Marette 80 liv.

La moitié du moulin de Bourgtheroulde et de la place sur laquelle il est assis, acquis par M. de Saint-Aubin de Louis Allain, fils Nicolas. La dite moitié louée à Jacques Bultey par 100 liv. outre les charges et soumissions.

Une pièce de terre en closage nommée la Bretêche, sise à Bourgtheroulde et contenant deux acres et demie environ, vendue d'abord par Allain au sieur de Beauchamp, puis acquise par le sieur de Saint-Aubin, louée alors à Laurent Leblond.

Six acres de terre, aussi achetées de Allain, sises au hameau des Faulx, sur lesquelles M. de Saint-Aubin en donna deux acres et demie à un nommé Lescuyer; le surplus tenu par Pierre Hamel moyennant 70 liv.

Une masure de deux acres et demie, sise aussi à Bourgtheroulde, acquise de Nicolas Hellouin, etc., etc.

On comprendra que nous ne donnions pas ici un détail complet de l'immense succession des deux Le Roux; Marie Cavelier possédait de son côté des biens non moins importants provenant pour moitié de la succession de son père Jean Cavelier, sieur d'Orcher et des Buquets, et de Marie Margas. Marie Cavelier avait eu une sœur qui avait épousé M. de Novion président au Parlement de Paris. La part de Marie Cavelier, outre les fiefs des Buquets sis dans le pays de Caux, de Beuzemesnil, des biens d'Infreville triège des Faulx, comprenait encore des rentes sur le grenier à sel de Normandie, sur l'Hôtel-de-Ville de Rouen, sur la Recette des tailles, sur la Recette générale des Finances, sur le vicomté de l'Eau, etc., etc.

Au moment du partage, la veuve de Claude Le Roux déclarait prendre comme *préciput* en la succession du seigneur de Bourgtheroulde, les terres et la baronnie, circonstances et dépendances au nom et en sa qualité de tutrice de ses enfants au moyen de quoi tous les titres de la succession demeuraient à Louis Le Roux seigneur d'Infreville.

De la baronnie et seigneurie de Bourgtheroulde relevaient les fiefs de l'Epinay ; la Mare-Hébert, le Bosc-Béranger, le Mouchel, la Mare-Tassel, le patronage de l'église de Bourgtheroulde, la nomination des chanoines et chapelains de la dite église, les droitures du bourg, celles des foires et marchés, la moyenne et basse justice, droit de poids, jauge, mesures et autres privilèges.

Notre manuscrit entre ensuite dans une foule de détails d'autant plus curieux et plus intéressants qu'ils sont totalement inédits et par conséquent inconnus.

La nomination des chanoines, dit-il, appartient au seigneur de Bourgtheroulde. Ils doivent être trois, avec quatre enfants de chœur. Ils ont été fondés par les prédécesseurs du seigneur de Bourgtheroulde à la charge de célébrer tous les jours matines, haute messe et vêpres. Les chanoines jouissent de plusieurs rentes et héritages, en la paroisse des Andelys, estimés à 1800 l. par an. — (On trouvera plus loin dans un chapitre spécial l'historique de cette collégiale.)

Le curé — qui était au moment de ce partage Gaston Du Moulin — jouit du tiers des dîmes ; les deux autres tiers appartiennent aux religieux du Bec, — Nous avons dit comment la célèbre abbaye était en possession de ce bénéfice.

Les chapelains composant à cette époque la collégiale, au nombre de quatre, étaient : Gabriel Hernier, Jean Cavey, Robert de Saint-Amand et Toussaint Ledo ; ils possédaient quatorze acres de terre à Bosc-Roger, sept acres à Grostheil et Saint-Eloi de Fourques, cinq acres à Boscherville, et dix acres et demie à Bourgtheroulde. Ces terres avaient été données par les prédessesseurs du seigneur de Bourgtheroulde aux chapelains à charge de célébrer chacun deux messes toutes les semaines et d'assister, fêtes et dimanches aux offices de la paroisse.

« Le bourg de Bourgtheroulde, continue notre *manuscrit*, est composé d'environ 70 à 80 maisons ; il possède de très belles halles à blé, à bouchers, merciers, teliers et autres. Au milieu passe le grand chemin tendant de Rouen en Basse-Normandie et Bretagne. Le marché se tient le samedi de chaque semaine ; il y a quatre foires par an.

« Toutes les maisons du bourg doivent au seigneur, chacune, huit deniers de cens. En outre, il lui est dû, dans toute l'étendue du dit bourg, pour rentes foncières et seigneuriales 152 l. 10 sous en argent, 25 chapons, une livre et demie de poivre en plusieurs parties par an. Lesquelles parties de rente, M. d'Infréville prétend que celles qui ont été créées, tant auparavant qu'après l'érection de la baronnie au profit du sieur du Bourgtheroulde, lui doivent appartenir, comme étant, dit-il, du corps de la baronnie.

Foires

« La plus importante se tient le jour de Saint-Laurent, au mois d'août, la vigile de laquelle tous les habitants de la dite paroisse sont obligés de s'assembler sous les capitaines et lieutenants qu'ils doivent élire, avec chacun l'épée et le mousquet, les tambours battant pour saluer le seigneur de Bourgtheroulde et faire garde la nuit aux portes de son hôtel, et ainsi continuer durant le jour de la foire. Lesquelles personnes sont appelées le soir précédant la foire et jour d'icelle par devant le sénéchal et procureur fiscal de la baronnie. Les défaillants seront condamnés à l'amende.

« En outre il y a plusieurs seigneurs possédant fiefs aux environs dudit lieu, lesquels sont obligés d'envoyer leurs prévôts avec épées et hallebardes pour garder la foire du dit seigneur de Bourgtheroulde.

« Au moyen de quoi les vassaux de la seigneurie sont exempts de payer coutume aux foires et marchés du dit lieu. Les dits seigneurs sont aussi appelés le jour de la foire par devant le sénéchal et prieur fiscal. Si quelqu'un manque d'envoyer son prévôt, il est condamné à l'amende. En outre, on déclare aux prévôts présents qu'à la quinzaine ou autre jour que l'on fixera, on tiendra les plaids nommés la Feuillye et qu'ils aient à y comparaître pour représenter leur commission. »

Le manuscrit nous donne la liste complète des fiefs avec les noms de leurs possesseurs qui, comme tributaires et vassaux de la baronnie, sont obligés d'envoyer leur prévôt pour garder la foire Saint-Laurent. Ce sont :

Le marquis de la Londe pour le fief de la Londe.
Le sieur de Saint-Martin.
Gilles du Fay, sieur de Flancourt.
Le sieur du Valon ou ses représentants pour le fief du Valon.
Le sieur Le Cornu pour le fief de Saint-Philbert.
Les représentants de Suzanne Du Val pour le fief de Houllebec.
Le sieur de la Mésangère pour les fiefs de la Mésangère, de Gaillon, du Fay, d'Epreville et des Hayes.
M. de Groulard pour le fief de la Chapillardière.
Les représentants de M. de Coqueréaumont pour le fief de l'Epinay.
Le seigneur du fief du Thuit.
Le seigneur du fief de Campherout.
Le prieur de l'abbaye de Bourg-Achard pour le fief de la Mare.
Jacques Romé au lieu de Claude Lefébure, sieur de Thibouville.
La Vavassorie aux Malades.
Anthoine Noez, au droit de sa mère.
Martin Martin pour le fief de Saint-Amand.
M. du Boulley pour le fief d'Epreville.
Guillaume Boissel, etc.

La seconde foire est la Sainte-Catherine, en novembre; la troisième, la Saint-Vincent, au mois de janvier; la quatrième, la Saint-Marc, au mois d'avril.

Aux foires et marchés de Bourgtheroulde, le sieur baron a droit de cueillir et percevoir certains droits et deniers sur toutes sortes de marchandises; ce sont les coutumes, lesquelles sont baillées à ferme à divers particuliers ainsi qu'il suit :

Halle au blé. — Coutume de payer par tous ceux qui y vendent 4 deniers par boisseau de blé, orge, avoine, pois et vesce. Pour le boisseau de lin et rabette il est dû 8 deniers; pour le boisseau de fève et de chanvre, 16 deniers. Ces droits sont baillés à ferme à Pierre du Hamel, dit Marette, moyennant 310 liv. par an.

Boucherie. — La coutume est de payer 7 sols par étal. Si un boucher a sur son étal la viande de deux bœufs, il paiera double droit. Cette coutume est affermée à Pierre Deshaies par 553 liv. par an.

Les bouchers doivent aussi 10 deniers par chaque peau de bœuf et de mouton qu'ils ont vendue. Les personnes qui achètent un quartier de bœuf entier doivent 2 deniers.

Les bouchers doivent encore 1 sol par chaque pain de suif.

Ces coutumes sont affermées par Guillaume Cauchois.

Coutumes diverses. — La Callibrarie est la coutume des œufs, du beurre et de la volaille. Il est dû 2 deniers par chaque panier des dites marchandises. Elle est tenue à ferme par Louise Caritté, veuve de Ch. Bénard, moyennant 32 l. par an.

La coutume du pavé est ce qui est dû par chaque personne qui étale sur le pavé. Elle est de 6 livres.

Les cordonniers-savattiers doivent par chaque étal 10 s. 6 d.

L'aunage est dû pour mesure de chaque étal, il est de 2 deniers.

Les poissonniers doivent 2 s. 6 d. par étal.

Ces coutumes sont affermées par Françoise Chesnau, veuve de Louis Andrieux, pour 110 l. par an.

Les marchands de toile et de lingerie doivent 6 deniers par étal.

.•.

Le sieur de Bourgtheroulde a son jauge, poids et mesures, auquel tous les habitants et relevants de la baronnie du Bourgtheroulde sont obligés, ceux qui vendent comme ceux qui achètent en son bourg. Le poids du *banquart* est égal au poids de la vicomté de Rouen. Il est dû 5 sols du cent des marchandises que l'on y pèse ; c'est ce qu'on appelle la coutume du *croquet*.

Autrefois, il y avait un poids attaché à un poteau dans la halle au blé, c'est ce qu'on appelait le *petit poids* où on allait peser les marchandises jusqu'à 12 livres. Pour cela il est dû 2 deniers par livre de fil de lin et de chanvre. En outre, les marchandises de fil portant bissac doivent chacune 2 sols.

Le jauge et mesure de Bourgtheroulde est que le pot tient un denier davantage que le pot de Rouen ; 17 pots de Bourgtheroulde font le boisseau, et 2 boisseaux de Rouen ne font qu'un boisseau de Bourgtheroulde.

Le boisseau, le pot et autres vaisseaux doivent être estampés des armes du seigneur. Le coutumier doit faire une visite tous les mois chez les taverniers et boulangers. Ceux-ci doivent payer pour chaque visite chacun 26 deniers.

Le coutumier doit aller tous les ans par les maisons du bourg et dans l'étendue de la baronnie, pour visiter tous les poids et mesures y existant, il lui est dû par chaque visite la même somme de 26 deniers.

La coutume du *Croquet*, poids et jauge, est affermée à Guillaume Cauchois pour 225 l. par an.

On dit que le marquis de la Londe a droit de faire prendre, à son profit, la coutume des oignons, pommes, noix et raisins au Bourgtheroulde, le samedi précédant les Rameaux.

Aux foires, il est dû pour la coutume 5 sols de chaque bête cavaline, 4 sols par bête à corne, 2 sols par bête à laine et porc. Chaque ânon paie 13 sols.

Il est dû annuellement au seigneur baron de Bourgtheroulde, au jour de la décollation de Saint-Jean, un denier pour chaque porc que les habitants de Bourgtheroulde peuvent avoir. Ce droit est dû aussi bien pour les petits porcs que pour les grands, *pourvu qu'ils puissent sortir hors d'un bosseau*. Le propriétaire de ces animaux est tenu de payer ce droit au logis du seigneur, le dit jour, sous peine de confiscation des dites bêtes, à cause de quoi *l'on dit* que les habitants ont la permission de faire pâturer leurs porcs durant le dit jour de la décollation dans le parc de Bourgtheroulde.

Officiers de la justice du dit lieu

Jean Vittecoq, écuyer, sieur de Malleville, avocat à la cour, sénéchal de la baronnie.

Nicolas Morisse, procureur fiscal.

Jean Morieult, greffier.

Jean-Louis Caillouel, sergent.

Le seigneur de Bourgtheroulde a droit de faire prendre du bois dans la forêt de la Londe pour son chauffage et pour son user. Les habitants de Bourgtheroulde peuvent aussi prendre du bois dans la forêt de la Londe sans aucun contredit, en payant chacun 18 deniers par an à la recette du marquis de la Londe.

Le parc du lieu de Bourgtheroulde contient environ 104 acres, tant en prairies, étangs, bois de haute futaie, bois taillis, herbage, garennes, plants d'arbres fruitiers. Le tout entouré de murs de briques, au haut duquel est le logement du dit seigneur, qui est une maison ancienne contenant plusieurs appartements qui ont vue sur le jardin, un autre logis vis-à-vis, un colombier et plusieurs autres bâtiments. L'herbage du parc est baillé à ferme à Louis Hélyo par 600 l. Le sieur du Bourgtheroulde se réserve à son profit les prés, bois et puits du dit parc et le droit de pature pour un certain nombre de bêtes.

Lorsque la terre de Bourgtheroulde fut érigée en baronnie, on fit monter le domaine non fieffé à 300 acres de terres labourables, mais soit qu'elles n'y fussent pas ou qu'on en ait depuis retranché, il n'en reste présentement que (1)   baillées à ferme à plusieurs particuliers et 40 acres que le seigneur fait labourer pour son compte.

La valeur locative variait énormément d'une classe à l'autre : depuis 11 l. la dernière, jusqu'à 21 l. la première.

Jean Le Roux ne fut pas d'une conduite toujours irréprochable. Si nous en croyons certaine histoire intime on aurait à lui reprocher entre autres un acte de faiblesse qui précéda de peu la perte du Bourgtheroulde par cette noble et antique maison. Voici ce que MM. Charpillon et Caresme nous racontent à ce sujet d'après un document particulier.

« Jean Le Roux, président aux requêtes du Palais de Rouen, eut un enfant de la demoiselle Lemercher, fille du greffier en

---

(1) Le manuscrit laisse ici un blanc.

chef des requêtes du Palais, Il enleva cette demoiselle et la mena à sa terre de Bourgtheroulde où il lui fit épouser un sieur des Bruyères.

» Après sept ou huit ans de mariage, la demoiselle Lemercher étant devenue veuve, M. Le Roux qui était également veuf l'épousa.

» Il n'y avait d'autre preuve de la bénédiction nuptiale qu'un certificat du curé du Bourgtheroulde mort en 1661. (1) Ce certificat n'était signé d'aucun témoin et paraissait très suspect puis qu'il contenait au commencement et à la fin deux dates différentes. La demoiselle Lemercher vint demeurer à Rouen dans la maison de M. Le Roux où, après avoir été reconnue par tous les parents, elle accoucha de deux enfants qui furent tenus sur les fonts par les enfants du premier lit et baptisés comme enfants légitimes.

» M. Le Roux étant mort après huit ans de mariage, son fils du premier lit interjeta appel comme d'abus du mariage de son père ; une fille qui restait de cette seconde union en soutint la validité. Les moyens d'appel comme d'abus étaient l'insuffisance du certificat, l'adultère commis durant le mariage du sieur Le Roux et la preuve qu'on offrait de l'intimité dans laquelle il avait vécu avec la demoiselle Lemercher tandis qu'elle était femme du sieur des Bruyères. De son côté la fille de cette dame soutenait que, faute de de registres dans la paroisse, le certificat devait en tenir lieu, ayant été délivré en un temps non suspect ; qu'au surplus la preuve de l'adultère n'était pas admissible ; que d'ailleurs sa possession du titre de fille légitime était notoire. »

Le procès dura un temps considérable. En 1678 nous le trouvons renvoyé au Parlement de Dijon ; enfin un arrêt du 11 août déboutait Nicolas Le Roux, enfant du premier lit, de sa demande en

---

(1) Ce certificat, qui porte les dates des 6 novembre et 22 décembre 1661, est ainsi conçu. — « Nous, Gaston Du Moulin, curé de la paroisse Saint-Laurent de » Bourgtheroulde, certifions à tout qu'il appartiendra que cejourd'hui dimanche » 6 novembre 1661, avons fait le mariage d'entre messire Jean Le Roux, che» valier seigneur et baron de Bourgtheroulde et de demoiselle Catherine Lemer» cher, veuve de Guillaume de la Bruière, à l'issue de la grand'-messe parois» siale du dit lieu. Ce mariage a été célébré après les bans et proclamations » et cérémonies de l'église ; etc... »

Ce certificat fait partie de la curieuse collection de pièces recueillies par M. Cécille sur la famille Le Roux.

preuve et confirmait le second mariage de son père et la légitimité de la demoiselle Le Roux.

Jean Le Roux était mort bien avant la fin de ce procès, en 1669 ; son fils Nicolas hérita de la seigneurie et baronnie de Bourtheroulde.

Dans la seconde moitié du dix-septième siècle d'importants défrichements furent faits sur les confins de la forêt de la Londe, et les terres ainsi essartées mises immédiatement en culture. Ces défrichements donnèrent lieu entre les curés des paroisses limitrophes à de nombreux différends et même à des procès relativement aux dîmes-novales.

On sait qu'il était de droit dans l'ancienne coutume de Normandie que les forêts ne fassent partie d'aucune paroisse. Mais lorsqu'à la suite de défrichements et de mise en culture, des habitations venaient à s'y établir, elles faisaient partie de la paroisse dont le curé était venu *le premier* y administrer les sacrements. On devine alors ce qui se passait entre les curés des paroisses voisines : c'était une véritable course au paroissien ou plutôt aux dîmes des paroissiens et des terres nouvellement mises en culture, car c'était plutôt la dîme, qui comme *novale* appartenait toujours de droit aux curés, qu'on se disputait.

On venait de défricher, vers 1680, les terres qui forment ce qu'on appelle encore aujourd'hui le triège de la Queue-Bourguignon situé sur les limites de Bourgtheroulde et de Bosc-Roger. Tanneguy de Queruel, alors curé de Bourgtheroulde, en réclama toutes les dîmes ; mais le chapitre de la Saussaye, gros décimateur de la paroisse de Bosc-Roger, déclara s'opposer aux prétentions du curé de Bourgtheroulde, et les revendiquer pour lui seuls. Le cas était assez difficile à résoudre, et un procès était inévitable. Toutefois les deux parties, écoutant les sages conseils qui leur furent donnés, résolurent de s'en remettre au jugement de M. le marquis de la Londe.

Celui-ci fit alors une enquête des plus minutieuses, et après avoir entendu les parties séparément, il rendit le 3 août 1683 une sentence arbitrale par laquelle il déclarait que les dîmes en question appartenaient, au droit de l'évêque de Lisieux, aux chanoines de la

Saussaye, comme curés primitifs de St-Pierre du Bosc-Roger. Cette décision fut acceptée par les parties, et voilà comme quoi le triège de la Queue-Bourguignon appartint définitivement à la paroisse du Bosc-Roger.

Cette question des dîmes avait déjà donné lieu à plusieurs différends entre le chapitre de la Saussaye et les curés de Bourgtheroulde, et c'étaient toujours les terrains essartés qui y donnaient naissance. En 1513 on se disputait la dîme des laines et des agneaux. Au mois de septembre 1640, c'était le curé de Bourgtheroulde qui avait voulu s'emparer de la dîme d'un clos de fieffe, appartenant à Claude Lefebure, sieur de Thibouville, du Bosc-Roger. A ce sujet une enquête fut ordonnée par l'archevêque.

La sentence que venait de rendre le marquis de la Londe ne mit pas encore fin à la vieille querelle qui existait depuis tant d'années entre le chapitre de la Saussaye et les curés de Bourgtheroulde. En 1696, on se disputait un autre *trait* de dîmes. Le 7 novembre une transaction intervint ; le curé de Bourgtheroulde abandonnait toutes ses prétentions moyennant 10 l. de rente foncière que lui servirait le chapitre.

Le 26 août 1683, Nicolas Le Roux, seigneur et baron de Bourgtheroulde, rendait aveu au roi de ses biens, terres et seigneurie du dit lieu relevant du domaine royal par simple foi et hommage et dépendant de la châtellenie de Pont-Authou, tels qu'il les avait reçus par droit successif de son père, messire Jean Le Roux, et comprenant domaine fieffé et non fieffé. Voici le résumé des déclarations contenues dans cet aveu :

Le domaine fieffé consistait en droits d'hommes, hommages, plèges et gages plèges, cour et juridiction de basse et moyenne justice, terres labourables et non labourables, reliefs, treizièmes, droits de patronage et de présentation aux bénéfices de curés, hanoines et chapelains, d'un maître et six enfants de chœur en l'église collégiale et paroissiale de Bourgtheroulde, toutes les fois qu'il écherra par mort, résignation ou autrement.

Le seigneur de Bourgtheroulde a droit à quatre foires qui se tiennent chaque année au bourg du dit lieu : la première le 1ᵉʳ janvier, la seconde le 25 avril, la troisième le 10 août, la quatrième le 25 novembre, et à un marché le samedi de chaque semaine, avec droits de coutumes, amendes, forfaitures. Lui et ses hommes étaient coutumiers dans la forêt de la Londe et jouissaient des mêmes droits que tous ceux des autres paroisses également coutumiers de la même forêt.

Il jouit des droits d'étoublage avec rentes seigneuriales sur tous ses hommes, lesquelles rentes consistaient en deniers, grains, œufs, oiseaux, chapons, guelines, poires, pommes, etc.

Il a le droit de colombier à pied, moulin à vent, droit de prison pour les malfaiteurs, carcan, etc.

Lui et ses officiers ont le droit de percevoir le jour des foires et marchés, sur chacun des marchands y venant et affluant, deux deniers tournois.

Il a le droit de jurande et d'ouvrir des métiers, de vinage et d'avinage sur les dits marchands venant vendre au bourg de Bourgtheroulde, droit de poids et mesures et de visite par son coutumier, pour être effectué tous les trois mois dans toutes les maisons du bourg, et pour lesquels il lui est dû chaque fois 26 deniers.

Il a le droit de pliage et de records des dites foires et marchés, droit de garde et de guet la veille et le jour de dites foires. Les hommes et bourgeois de Bourgtheroulde, plusieurs personnes nobles et vavasseurs, etc., sont sujets à la garde de ces foires avec bâtons et armes de défense le jour d'icelles par leurs prévôts et obligés de comparaître le lendemain au record. En vertu de cette obligation, les dites personnes nobles jouissent pour leurs hommes, tenants ou vassaux de la franchise de coutumes aux dites foires et marchés, spécialement les seigneurs des fiefs de la Londe, de Bosbénard-Crécy, la Chapillardière, Bosbénard-Commin, Houllebec, Saint-Philbert-sur-Boissey, le Val, la Mésangère, l'Epiney, la Mare, Campheroult, des Hayes et autres jusqu'à 24.

Il a droit de brocage et de vinage sur les taverniers venant aux dites foires et marchés, lesquels taverniers sont sujets la veille de demander mesure de leurs pots et vaisselles en lesquelles ils vendront, et lesdites vaisselles apportées pour être jaugées et mesurées. Le lendemain, seront apportés aux plaids et records du dit seigneur et baron tous pots et vaisselles, en cas de défaut, forfaitures et amendes lui seront adjugés. Il a même le droit de prendre sur chaque tavernier 3 sols par chaque jour de foire, comme aussi droit de brocage et vidage sur les taverniers, franc-bourgages au dit bourg.

Il lui est dû 8 deniers par an sur chacun de ses hommes du dit bourg de Bourgtheroulde, tenant masure ou partie de masure, et autres droits plus amplement spécifiés par les aveux.

(Cette première partie de l'aveu, comme on le voit, était la confirmation de tous les droits que nous avons énumérés plus haut lors de l'exposé de la situation de Bourgtheroulde au moment du partage de 1654 ; le grand aveu du marquisat de la Londe que nous reproduisons plus loin, viendra encore les rappeler et leur donner une consécration nouvelle en en précisant tous les détails).

Le domaine non fieffé, comprenait un manoir et château, clos de murailles, accompagné d'un grand parc aussi fermé de murailles de briques, avec environ 120 acres de terres en labour, prairies, étangs, colombiers à pied et à garenne, le tout exempt de dîmes et faisant joint d'un côté la rue qui conduit du grand chemin du Bourgtheroulde à la Bouille, d'autre côté la rue d'Infreville, d'un bout plusieurs pièces de terre appelées les Jardins, d'autre bout le chemin qui va au moulin d'Infreville.

Enfin, le seigneur baron de Bourgtheroulde déclare jouir des prérogatives de chauffage et de coutume dans la forêt de la Londe, avec droit de prendre ainsi que ses hommes le bois mort, le panage ou pâturage pour leurs bestiaux en payant par chacun des dits vassaux douze deniers par an.

En outre des redevances dues au seigneur du lieu, les habitants de Bourgtheroulde étaient encore tributaires du marquis de la Londe dans une foule de cas que nous trouvons exposés par l'aveu que celui-ci rendait au roi vers cette même époque. Voici la partie de cet aveu concernant Bourgtheroulde.

Le marquis de la Londe déclare qu'il est patron de Saint-Ouen-du-Thuit-Heudebert (Saint-Ouen-du-Tilleul); et patron honoraire de Caumont, de la Trinité, de Saint-Ouen-de-Thouberville et de la Bouille, annexe de Caumont, comme ayant été lesdits patronages aumônés par Jean de la Londe et Nicolas de la Londe, ses devanciers, en leur qualité de seigneur du fief de la Londe et chefs seigneurs du dit lieu de Thouberville, aux chanoines réguliers de Bourg-Achard, puis il dit :

« Les paroissiens, coustumiers et plaintifs de Bourgtheroulde doivent au marquis de la Londe, chacun d'eux et par chacun feu, 18 deniers par an à Saint-Michel, et ceux du hameau du Bosc-Bérenger de la dite paroisse, chacun d'eux et par chacun an 2 sols de ramage et 3 boisseaux ras d'avoine au dit terme de Saint-Michel, et à Noel chacun une gueline, un tourtel, 2 deniers avec 3 gerbes moitié bled, moitié avoine, lesquels doivent être pris par les sergents à garde à chacun endroit relevant noblement du dit marquisat, et toutes autres coutumes de la dite paroisse hors bourgage.

« Les paroissiens coutumiers plaintifs d'Infreville, aux hameaux des Faulx et de la Poterie, me doivent au terme Saint-Michel, chacun an et par chacun feu, 2 sols de ramage et 2 boisseaux ras d'avoine et à Noel une gueline, un tourtel et 2 deniers, trois gerbes moitié blé moitié avoine, et à Pâques trois œufs et un denier. Les resséants de la dite paroisse d'Infreville, sous le fief du Val-Caillouet, au dit hameau, et des Essarts, me doivent par chacun an et par chacun feu, 2 sous de ramage, 3 gerbes moitié blé moitié avoine, à Noel une poule, un tourtel et 2 deniers, à Pâques 3 œufs et un denier.

« Et sont les potiers travaillant aux fourneaux sur les dites paroisses de Bourgtheroulde et d'Infreville, à cause de leurs droits et usages de prendre leur terre à faire pot dans la dite forêt et aux reins d'icelle, tenus et sujets de fournir pour l'usage de mon château et manoir seigneurial de mon dit marquisat tous les pots et autres vaisseaux de terre de leur façon, lesquels se peuvent prendre sans contredit par le ministère de mon prévot, soit dans les dits fourneaux ou aux marchés du Bourgtheroulde. »

Le noble marquis énumère ensuite les droits qu'il a à percevoir sur les paroissiens de Bosbénard-Commin, de Thuit-Hébert, Epreville, Berville, Basville, Bourg-Achard, Bosgouet, Saint-Ouen, Caumont, et ajoute :

« Sont exceptés ceux des dites paroisses qui sont fondés en franchises ou exemptions particulières, spécifiées en la sentence de revalidation donnée en ma justice du dit marquisat par M° Louis Pierre Du Perré, bailli *viantal* d'icelle et conjointement sénéchal de Saint-Martin, datée du 27 octobre 1657, lesquels porteurs de franchises sont les héritiers ou représentant de défunt Louis Mullet fils Guillaume, pour leur maison et masure, de la franchise de laquelle aurait été jugée en validation devant le sénéchal lors en charge de Saint-Martin par sentence du 26 août 1602 et en la sentence de 1657 pour raison de laquelle franchise la propriété de la dite masure sise au hameau de Bosc-Bérenger, paroisse du Bourgtheroulde, est sujette d'apporter tous les ans au jour de la foire Saint-Laurent, le quartier de bœuf avec une gousse d'ail dus comme il est dit, chacun an, au dit jour et foire Saint-Laurent de Bourgtheroulde par les sergents des Haussayes et de Pecot, chacun par moitié. Aussi les dits Mullet ou leurs ayants-cause de recevoir et garder en leur masure les *namps* pris, soit par exécution-saisie par le sergent advoinier de la sénéchaussée de Saint-Martin ou autres ; et iceux namps, porter ou représenter à la butte ordinaire et particulière pour le dit marquisat, au bourg de Bourgtheroulde, en tant qu'il en sera pris par exécution pour les arrérages des droits que j'ai sur mes hommes sujets et coutumiers de la forêt de la Londe.

» Et j'ai, pour faire sortir mes rentes censives et redevances sur les dits usagers, mon dit sergent advoinier, lequel exploite pour mes droits dans toutes les paroisses usagères, pour en plaider le cas échéant, tant en civil qu'en crime, en mon dit siége de la Londe par devant mon bailli, sénéchal de Saint-Martin, lequel bailli est revu au Parlement de Normandie ou ressortissent directement les appellations de ses jugements tant en civil qu'en crime.

» Le dit bailli tient ordinairement ses audiences en mon prétoire à la Londe le vendredi, et si ce jour il échait fête, la judicataire peut s'en remettre à autre jour qui est publié, sauf les séances extraordinaires quand les cas les requèrent.

» Et sur les exemptions qui se font en mes paroisses de ma seigneurie capitale, la Londe, en vertu tant des jugements du bailli et sénéchal de Saint-Martin que des contrats ou autres pièces authentiques, le revendage s'en doit faire de toute ancienneté en ma butte particulière sise dans le bourg de Bourgtheroulde, le samedi, jour de marché, à l'heure ordinaire. »

Le marquis déclare avoir deux prévôts : l'un, le grand prévôt spécial à la Londe, l'autre, le petit prévôt pour les masuriers de Saint-Ouen du Thuit-Heudebert, dont l'élection et le changement se font chaque année au gage-pleige.

« Et celui qui en est chargé est obligé, pendant la dite année de service, à aller chaque samedi, lui ou son préposé, quérir la poterie pour mon hôtel aux étalans d'icelles poteries au marché de Bourgtheroulde. Il est en outre obligé, lorsque l'ordre lui en est donné par moi, le jour de la foire Saint-Laurent ou autre jour de marché du dit bourg, en Carême, à mon choix, cueillir mon droit de coutume sur les denrées qui s'y étalent, et mêmement d'apporter à mon dit château de la Londe toute la poterie qui sera nécessaire à mon dit hôtel pendant l'année de service, laquelle poterie se prend gratuitement pour moi, soit à l'étalage, dans le dit bourg, des potiers travaillant au dit métier, aux reins de ladite forêt de la Londe, ou bien en la place où sont les fourneaux desdites poteries.

» Et au dit marché de Bourgtheroulde, je suis franc, et semblablement tous mes vassaux resséants de ma seigneurie de la Londe, de toute coutume, soit d'y vendre ou d'y acheter. Les maréchaux tenant boutique aux dites paroisses sont tenus me faire, chacun d'eux, huit fers par an. Les briquetiers et potiers étant aux reins de la dite forêt de la Londe sont tenus fournir pour l'entretien de mon hôtel toute la poterie nécessaire. »

L'aveu mentionne ensuite tous les fiefs relevant du marquisat, et se termine ainsi :

« Par l'érection susdite (la terre de la Londe en marquisat) a été unie à mon dit marquisat de la Londe, ma sergenterie noble et royale de la Londe, branche du Bourgtheroulde, qui était un fief de haubert avant l'union relevant du roi, à cause de sa vicomté de Pont-Authou et Pont-de-l'Arche et s'étendant aux paroisses de Saint-Ouen du Thuit-Heudebert, la Londe, Bourgtheroulde où se font les revendages en ma butte ordinaire, le samedi, jour de marché, Bosbénard-Commin, Thuit-Hébert, Bos-Renoult, Theillement, Basville, Angouville, Infreville, Saint-Pierre du Bosguérard, Saint-Denis du Bosguérard, Saint-Georges du Theil, Boissey le Châtel et autres lieux où la dite sergenterie a son exécution.

» A cause de laquelle je dois au roi à Pont-Audemer 12 l. 10 s. par an, moitié de 25 l. de rente due au dit domaine, que le total de la dite sergenterie est due lui payer; l'autre moitié de la sergenterie est la branche du Bourg-Achard possédée par Me André Le Paige avocat. »

Les habitants de Bourgtheroulde, comme on peut s'en rendre compte par ces deux aveux, devaient avoir bien de la peine à suffire aux charges énormes qui pesaient sur eux de par le fait de leurs seigneurs. Pourtant, ce n'était là que la partie la plus légère du lourd fardeau qu'ils avaient à supporter, comme d'ailleurs on pourra s'en rendre compte.

Sujets à tous les impôts possibles et imaginables, ils étaient encore en butte aux vexations de toutes sortes. Dans les dernières années du dix-septième siècle, le curé de la paroisse ne savait que faire pour mécontenter ces malheureux manants et *plaintifs*, comme le disait si bien M. de la Londe. Les paroissiens de Bourgtheroulde s'en plaignent à l'archevêque-coadjuteur, Mgr Colbert, le fils du grand ministre. (1)

« Depuis deux ans qu'il est curé, disent-ils, il a bien été en tout trois mois dans notre église; au lieu de travailler à notre conversion, il a plutôt travaillé pour notre perdition en faisant ce qu'il a fait par son mauvais exemple aussitôt qu'il fût curé. »

Les paroissiens se plaignent qu'il ait démoli, de sa propre auto-

---

(1) Archives de la Seine-Inférieure, G. 1311.

rité, deux autels faits dans l'église avec les deniers du Trésor. Ces autels avaient coûté plus de cent écus et il y en avait un de destiné pour la Charité. Le curé a emporté tous les matériaux en provenant et on ne sait ce qu'il en a fait.

Le service des inhumations est pour lui un sujet de commerce scandaleux. Il se livre à de véritables marchandages avec les familles, et ne procède à aucune cérémonie sans qu'auparavant il en ait touché le prix ; lorsqu'on ne veut pas céder à ses exigences il fait enterrer les corps « sans comparaison comme une bête, selon l'expression employée par les paroissiens, faisant défense à tous les prêtres de dire la messe. » Ils citent, à ce propos, comme exemple, l'inhumation d'un bourgeois de Bourgtheroulde « qui occasionna un grand scandale en présence de quatre Charités du dehors. »

Il ne veut avoir aucune considération pour les infortunes du peuple ; ce qu'il demande il l'exige, et les plaintifs ajoutent :

« De plus, après avoir ruiné pour ainsi dire le Trésor par plusieurs dépenses inutiles, il a refusé présentement la sépulture aux paroissiens dans l'église (1), ce qui a causé une perte considérable au Trésor, d'autant que l'on donnait un écu pour chaque corps.

» Un dimanche, peu auparavant l'office, il prit les bancs qui étaient dans la nef et les jeta tous dehors. Une vieille femme n'ayant plus de banc fut contrainte de s'asseoir par terre et mourut quelque temps après des fraîcheurs ; il ne voulait pas l'inhumer dans l'église sans avoir ce qu'il demandait.

» Il tâche de ruiner la paroisse par les tailles. Il se venge contre d'aucuns par les soldats qu'il envoie à qui il veut ; enfin les menaces dont il se sert envers eux quand ils ne veulent point faire ce qu'il leur dit et consentir à ce qu'il entreprend, les jurements qu'il profère contre eux et bien autre chose encore que nous avons omises de peur de vous ennuyer et desquelles d'autres paroissiens vous en instruiront plus amplement. »

---

(1) C'était alors une coutume générale d'inhumer dans les églises qui en peu de temps étaient devenues de véritables cimetières.

Ils déclarent ne pas oser signer leur plainte « d'autant que si cet homme savait, il les ruinerait ».

Voilà certes un curé qui était loin de faire le bonheur de ses paroissiens.

Tel était l'état de la seigneurie et la situation des habitants de Bourgtheroulde, lorsque Nicolas Le Roux, se voyant sans enfants, vendit la terre et baronnie de Bourgtheroulde à Louis Voisin, seigneur de Saint-Paul-de-la-Haye, la Court, l'Espinay, Saint-Georges-du-Vièvre et autres lieux.

L'acte de vente qui porte la date du 18 mai 1690 et était passé moyennant la somme de 180,000 l. ne renferme aucun renseignement bien important. Le parc contient 100 acres, le moulin situé au triège du Bosc-Bérenger est tenu par Pierre Dugard; les principaux fermiers des terres de la baronnie sont : Guillaume Le Cauchois, Étienne Lequesne, Marin Carbonnier, Guillaume Roussel, etc. Il y avait alors dans le bourg deux hôtelleries, l'une ayant pour enseigne *Le Gouffre*, tenue par Guillaume Pinel, l'autre *l'Image Saint-Nicolas*, par François Lamoureux.

Le fief de l'Epinay, relevant de la baronnie et vendu avec elle comme seigneurie, appartenait alors à un sieur Le Blanc.

Le sieur de Saint-Paul devra payer aux chanoines de la Saussaye 180 l. de rente foncière et 18 l. de rente aux chanoines de Bourgtheroulde.

C'en était fini de la puissante famille des Le Roux à Bourgtheroulde.

A cette époque, un nommé Jean Laugeois, sieur de Beaulieu, vétéran des gardes du corps du roi, habitait Bourgtheroulde. En 1668, lors de la recherche de la noblesse par M. de la Galissonnière, il fut renvoyé au conseil à cause de l'insuffisance de ses titres; mais étant parvenu à justifier de ses lettres d'anoblissement dûment enregistrées et *accordées* pour services militaires tant de lui que de son père et aïeul, il fut rétabli dans les droits et prérogatives de la noblesse : il portait *d'azur à la tour d'argent, au chef d'or chargé de 3 molettes de gueule.*

On sait que le protestantisme avait de nombreux partisans dans toute cette contrée. Leur lieu de rendez-vous était le Bosc-Roger où il existait un prêche. Lors de la révocation de l'édit de Nantes beaucoup durent s'expatrier, abandonnant leurs biens qui furent confisqués. Nous ne trouvons à Bourgtheroulde, comme personnage protestant de marque qui prit le chemin de l'exil, qu'une femme, Suzanne Lefrançois, veuve d'Etienne Bosquet. Elle faisait une rente de 21 l. à un autre protestant de Rouen, Robert Letourneur. (1)

CHAPITRE VII

Louis Voisin et le sieur de La Londe, seigneurs de Bourgtheroulde. Les Syndics militaires. — L'Affaire Patin. — État de Bourgtheroulde au XVIIIᵉ siècle.

Louis Voisin de Saint-Paul ne fut que très peu de temps seigneur et baron de Bourgtheroulde. Conseiller au Parlement de Normandie, il y occupa une place des plus importantes et fit partie de cette fameuse commission chargée de sévir contre les sorciers et possédés de Satan et de Beelzebuth dont le Parlement raffolait à cette époque ; il s'y montra partisan des plus extrêmes rigueurs (2).

Il avait épousé en secondes noces Marie Valentine Le Blais, fille de Jean et de Valentine Le Sens. De ce mariage il eut :

1º Un fils, sieur de Bourgtheroulde et de Saint-Paul, conseiller au Parlement de Paris, puis président des requêtes au même Parlement, mort jeune en juillet 1708.

2º Marie Voisin, qui épousa François Le Cordier de Bigards, marquis de la Heuse, entré au Parlement de Normandie comme procureur-général en 1710. A la mort de son frère, Marie Voisin hérita de ses seigneuries et les transmit ainsi à son mari.

3º Une autre fille qui se fit religieuse.

---

(1) Communication de M. Lesens, secrétaire du consistoire protestant de Rouen.
(2) Floquet. — *Histoire du Parlement.*

Louis Voisin fut parrain, en 1691, d'une cloche au Bec. L'année suivante on trouve la mention d'une école à Bourgtheroulde.

Louis Voisin mourut vers 1697, il blasonnait : « *d'azur au vol abaissé d'argent, accompagné en chef de deux croissants d'or et en pointe d'une croisette fleurdelysée du même.* »

François Cordier Le Bigards mourut à Paris le 23 février 1716. Il avait été maire de Rouen en 1707 et 1709 ; on lisait sur la fontaine de Saint-Cande :

« Du règne de Louis le Grand, de l'administration de messire François Le Cordier de Bigards, chevalier, marquis de La Londe, cette fontaine a été construite en 1709. »

Il eut pour successeur l'aîné de ses deux fils, messire J. B. François Le Cordier de Bigards, marquis haut justicier de La Londe, baron de Bourgtheroulde, seigneur patron de Saint-Ouen du Thuit-Heudebert, etc., etc. Il fut reçu conseiller en 1728 et président à mortier en 1731.

Dans la première moitié du XVIIIᵉ siècle, aucun fait digne d'une mention spéciale n'est à signaler à Bourgtheroulde.

En 1761, nous voyons apparaître une première affaire de syndic militaire. Les mouvements de troupes commencent à devenir fréquents et la partialité des syndics se manifeste dès les premiers moments.

Au mois d'août 1761, le sieur Rabeaux est syndic militaire de Bourgtheroulde et sait mettre à profit cette situation pour se faire de bons amis. Mais cette faveur donnée aux uns ne se peut qu'au détriment des autres qui, bientôt fatigués de supporter à eux seuls tout le poids du fardeau, vont se plaindre.

Et il n'y avait pas que sur la répartition des logements militaires qu'une catégorie d'individus avait lieu de se plaindre ; les syndics, militaires ou autres, étaient gens à profiter jusqu'au bout de leur situation pour combler leurs amis au détriment de leurs adversaires ou des gens qui n'avaient pas su gagner leurs bonnes grâces. Mais, même sous le règne du bon plaisir, il y a une limite à tout, si reculée qu'elle soit.

Par une délibération rédigée en assemblée générale, tenue en juillet 1761, les habitants exposèrent leurs doléances à l'intendant général à Rouen, tant contre le syndic militaire Rabeaux que contre Thomas syndic-collecteur chargé de la répartition et du recouvrement de la taille et des vingtièmes dans la paroisse. Les deux syndics, soit par une mise en demeure de l'intendant, soit qu'ils ne crussent pouvoir conserver leurs fonctions — ce qui aurait peut-être lieu de surprendre, car les syndics n'avaient guère pour habitude de s'effrayer des plaintes causées par leur administration — donnèrent leur démission, et le 12 juillet les habitants de Bourgtheroulde étaient appelés à nommer de nouveaux syndics. Le nommé Rayé fut désigné comme syndic général et François Patin, chirurgien, comme syndic militaire.

Mais cette élection avait donné lieu à une certaine agitation. Patin avait de nombreux adversaires, et les amis de celui-ci s'étaient montrés opposés à l'élection de Rayé. La conduite des uns et des autres n'était sans doute pas exempte de tout reproche ; mais comme chacun voulait avoir raison, des deux côtés on se plaignit à l'intendant par requêtes portant les dates des 13 et 27 juillet.

L'intendant ne se montra nullement disposé à écouter les doléances des uns et des autres ; mais comme la démission de Thomas n'avait pas été donnée dans les règles prescrites, il déclara ne pouvoir l'accepter : c'était annuler l'élection de son successeur ; quant à celle de Patin qui paraissait être la plus contestée, l'intendant l'acceptait et ordonnait aux habitants de se « conformer à ce que lui, Patin, prescrira pour l'exécution des ordres qu'il aura reçus relativement au service des troupes » ; il enjoint à Patin « d'asseoir et de faire cette répartition avec égalité en son âme et conscience et eu égards aux occupations et tenures des particuliers domiciliés dans la dite paroisse ; de tenir à chaque passage de troupes un contrôle exact des logements, avec le nom des particuliers à qui on aura délivré des billets, le nombre d'hommes logés ; il devra tenir aussi un état des voitures et des chevaux de selle et de trait. »

Quant à Thomas, il devra se pourvoir devant l'intendant pour être déchargé de la perception des vingtièmes.

Les amis de Patin triomphaient et le nouveau syndic militaire ne fut pas pour eux un ingrat. Autant l'intendant lui recommandait de faire preuve d'impartialité, autant il se montra injuste, comblant ses amis de faveurs, les exonérant la plupart du temps de tout logement de troupes et faisant retomber tout le fardeau sur ceux qui avaient eu le malheur de contester et sa personne et son élection.

Avant de faire le récit de cette fameuse affaire Patin qui émut à un tel degré la paroisse de Bourgtheroulde qu'on craignit, à certain moment, qu'une émeute ne vînt à éclater, donnons quelques renseignements sur ces fonctions de syndic militaire qui faisaient de ceux qui en étaient investis autant de tyrans pour les malheureux habitants qui ne possédant rien ne pouvaient obtenir leurs bonnes grâces, et se trouvaient par contre-coup exposés à subir tous leurs caprices et leurs fantaisies.

Le syndic militaire était chargé de faire la répartition des billets de logement entre tous ceux soumis à la charge d'héberger les troupes, et cette répartition il la faisait sous sa seule responsabilité et sans aucun contrôle. On voit de suite ce qui se passait. Les malheureux, surchargés, avaient beau se plaindre, c'était peine perdue, et l'autorité supérieure dans la plupart des cas donnait toujours raison au syndic. Il fallait donc subir quand même toutes les volontés de ce nouveau despote ajouté à tant d'autres, comme si la collection ne fût pas suffisamment complète et les servitudes des malheureux manants assez énormes.

Le syndic militaire avait sous sa juridiction toute une réunion de paroisses non sujettes au logement mais pouvant être réquisitionnées par ses ordres à tout instant pour avoir à fournir les voitures, chevaux et harnais nécessaires au transport des bagages de l'armée, aux soldats malades et convalescents, etc. C'était ce ce qu'on appelait un arrondissement militaire. Le syndic militaire donnait ses ordres au syndic de la paroisse réquisitionnée qui devait les faire exécuter. Celui-ci désignait alors, toujours sous sa propre responsabilité, le ou les habitants devant faire le service réclamé par le syndic militaire. Dans le cas de non-exécution par la faute du syndic paroissial, la paroisse en était responsable sur ses tailles; si cette non-exécution était le fait du laboureur requis, il l'était sur ses biens personnels; dans l'un et l'autre cas le syndic militaire réquisitionnait à leur compte les voitures et chevaux qui lui étaient nécessaires.

Un des plus acharnés adversaires de Patin, à Bourgtheroulde, était un sieur Marcotte qui cumulait les diverses fonctions de notaire, receveur-buraliste et cultivateur. En vertu de l'article 5 de l'ordonnance de 1768, Marcotte prétendait figurer sur la liste des exempts de logements militaires; d'autre part, Marcotte trouvant que ses nombreuses fonctions ne suffisaient pas encore à occuper son activité fébrile nourrissait le secret espoir de parvenir un jour à la charge de syndic. Mais pour cela il fallait arriver à jeter le plus complet discrédit sur le syndic actuel. La chose ne présentait pas, d'ailleurs, de bien grandes difficultés, Patin, par sa partialité manifeste et son injustice, avait irrité une grande partie de la population; il pouvait donc être facile à Marcotte, en suscitant contre lui les haines des mécontents, de faire à son adversaire une guerre acharnée.

La querelle eut son origine à la fin d'avril 1770. Le deuxième bataillon du Royal des Vaisseaux, composé de 20 officiers, 40 sergents et 470 fusiliers, venait de prendre ses casernements à Bourgtheroulde. La petite vérole sévissait alors dans la paroisse et le syndic militaire ne pouvant loger des soldats chez les malades s'était vu contraint d'augmenter considérablement le nombre des soldats à loger aux particuliers valides; il avait dû en placer chez les privilégiés. (1)

Marcotte, comme tous les autres habitants, vit augmenter son contingent; c'était un prétexte tout trouvé pour commencer les hostilités, il adressa à l'intendant une plainte contre Pattin. Celui-ci, mis en demeure de justifier sa répartition, fit connaître au subdélégué général, le 2 mai, les causes qui avaient dicté sa conduite et ajoutait : « Quant à la prétention de Marcotte à

---

(1) On désignait sous le nom de privilégiés une certaine catégorie de fonctionnaires, le clergé et la noblesse. Le clergé venait en tête de la liste des dispensés.

l'exemption, elle ne peut être admise. L'ordonnance de 1768 n'exempte les buralistes que lorsqu'ils ne font que cette fonction. Mais Marcotte est en outre notaire et jouit d'environ 1800 livres de revenu. Pourtant si je n'avais pas eu tant de monde à loger, je ne leur aurais pas envoyé les deux sergents dont il se plaint. »

L'intendant approuva complètement la conduite du syndic. « Lorsqu'il y aura foule, c'est-à-dire beaucoup de soldats à loger, il devra envoyer des troupes chez les exempts, en suivant l'ordre des privilégiés tels qu'ils figurent à l'article 87 du paragraphe 5 de l'ordonnance de 1768, de sorte que les ecclésiastiques ne soient assujettis que les derniers. En ce qui concerne Marcotte il a bien agi, mais quand il n'y aura pas urgence il ne devra pas lui en donner. »

Cet échec calma pendant quelque temps les velléités belliqueuses de Marcotte, sans toutefois le faire renoncer à ses projets ; il saurait attendre une nouvelle circonstance plus favorable. Sa patience ne fut pas mise à longue épreuve.

Au mois de janvier 1771, de nouvelles troupes étant venues loger à Bourgtheroulde, le syndic militaire se trouva dans la nécessité de comprendre Marcotte au nombre des logeurs.

Le notaire buraliste adressa immédiatement une nouvelle plainte à M. de la Potterie, subdélégué de Pont-Audemer. Mais cette fois encore Pattin put facilement démontrer au subdélégué que les récriminations de Marcotte ne pouvaient être prises en considération. « Outre les fonctions de buraliste et de notaire, il fait valoir toutes ses terres qu'il a retirées des mains de différentes personnes. Il a charretier, deux chevaux et plus de 1800 l. de revenu, il a quatre ou cinq chambres, il récolte plus de dix tonneaux de cidre, il a un valet de bras, deux servantes, salles, etc. ; il doit donc le logement. »

M. de la Potterie partagea complètement l'avis du syndic. « Pour exempter Marcotte il ne devait être que buraliste et rien faire valoir par lui-même. Il sera donc tenu au logement et même à envoyer ses chevaux et son charretier pour le transport des troupes toutes les fois qu'il en sera requis. Si l'on écoutait tous ceux qui se prétendent exempts des charges publiques, il n'en se trouverait pas un seul qui n'eut de raisons pour s'y refuser. »

Marcotte ne pouvant rien obtenir pour lui-même résolut alors d'avoir recours à d'autres moyens. Il fit appel à tous les mécontents, les excita contre le syndic et les décida à envoyer à l'intendant une plainte générale contre les agissements de Palin qui, certainement, à l'égard de beaucoup, était loin d'être exempt de reproches. Voici textuellement ce libellé qui porte comme titre : *Mémoire des habitants de Bourgtheroulde contre le sieur Palin.*

« Ce n'est pas assez d'avoir le malheur, outre tous les droits d'entrée, aides, don gratuit sur les viandes, boissons et autres liqueurs, qu'ils paient dans ce bourg comme partout dans les autres bourgs, d'être exposés à la perte et destruction d'une partie de leurs fonds par une grande route neuve qui s'y fait actuellement, ils ont encore celui d'être dans un passage ordinaire de troupes, pour peu qu'elles soient en remuement dans la Normandie, et celui d'avoir un syndic qui par son peu de capacité à remplir ses fonctions, surcharge les uns et ménage injustement les autres, tant dans le logement des troupes que pour les corvées de cette nouvelle route, (1) non seulement de son propre penchant toujours enclin à exercer les récriminations et l'animosité la plus odieuse contre ceux qui ne sont pas ses favoris, mais encore contre les ennemis de son conseil, Nicolas Lenoble, dont il a fait son aide secret pour commettre aujourd'hui toutes ses injustices.

Ce bourg et paroisse de Bourgtheroulde se trouve toujours dans le cas de foule quand il y passe un bataillon ou un escadron. En ce cas il ne doit y avoir, suivant l'ordonnance de 1768, aucun exempt, pas même les ecclésiastiques et le syndic.

» Quoi qu'il en soit, Messieurs les ecclésiastiques dans ce bourg ont toujours joui paisiblement de ce droit, si l'on en excepte pourtant M. le curé qui a bien voulu prendre l'aumônier quand il se trouvait dans l'effectif de la troupe : c'est la première classe des exempts.

---

(1) Grande route de Rouen à Alençon.

» Il y a une deuxième classe d'exempts, tels que le fermier du château de ce lieu, le garde de M. le président de la Londe et son meunier qui, de tout temps, ont joui de l'exemption du consentement de toute la communauté par la respectueuse reconnaissance que ses habitants portent à ce seigneur de la protection dont il veut bien les honorer.

» Enfin il est une troisième classe de privilégiés qui sont : le maître de la poste courante, la maîtresse de la boîte aux lettres, le chirurgien, le notaire, le buraliste, le sergent qui ont eu des exemptions avant l'ordonnance de 1768, mais qui, dans le cas de foule, sont actuellement obligés de loger à proportion des autres habitants.

» Sans compter les logements de première et de deuxième classe, ni même le syndic militaire, il reste encore dans le bourg 78 logements et 36 dans les écarts de cette paroisse, ce qui compose en tout 114 logements bons ou mauvais sur lesquels il y a six auberges compris celui de la poste courante, qui sont plus que suffisantes à loger MM. les officiers d'un bataillon qui ne sont tout au plus, quand ils ont tout leur effectif, que 33 ou 34 personnes. Restent donc 108 logements dont on peut encore retirer huit des plus pauvres et des plus mauvais. Ces huit particuliers serviront de guide pour la troupe et porteront les avertissements du syndic militaire aux syndics des paroisses sujettes au transport des bagages. Il restera donc en tout 100 logements tant dans le bourg qu'aux écarts, bons et mauvais, et dans le meilleur desquels, quand il y a huit ou dix hommes, le reste couche sur la paille.

» En supposant au plus à chaque passage de troupe 500 hommes effectifs tant soldats que sergents, tambours et musiciens, ce serait pour chaque logement cinq hommes, ce qui ne serait pourtant pas juste, car tous ne sont pas égaux ni en fortune ni en bâtiments ; il faut donc garder une juste proportion convenable à chaque logement, forcer les plus aisés pour soulager les moins et les pauvres, ce que Patin ne fait point, ainsi qu'on va le démontrer.

» On dit 500 hommes au plus ; on sait bien qu'un bataillon contient plus d'hommes, mais il en reste toujours beaucoup dans les hôpitaux, et ces convalescents passant après sont toujours logés dans le bourg, car il ne serait pas possible ni naturel d'envoyer ces malheureux à demi guéris, le plus souvent, dans des logements à l'écart, quelquefois rétrograder sur leurs pas. C'est encore une observation que le syndic doit faire afin de procurer quelque petit soulagement aux particuliers du bourg qui logent tous les convalescents. Il devrait autant que possible, quand il passe un corps de troupe entier ou à peu près, charger les plus aisés des écarts ; mais Patin fait tout le contraire, il écrase plutôt le bourg que la campagne.

» On observe encore que pour faciliter son logement, il pourrait ne prendre que le nombre des effectifs à loger et donner à l'officier de logement un bon pour les absents quoique portés sur la route comme complets effectifs. Sur ce bon, l'officier ne ferait pas moins payer et rembourser l'étape de ces absents et Patin se trouverait plus à son aise pour faire son logement. Alors il ne se trouverait point des billets qu'il a faits tantôt pour 4, tantôt pour 6, tantôt pour 8 dans des logements où il ne va personne, parce que l'officier de logement garde ces billets en poche pour se les faire rembourser par l'étapier. Ceci empêcherait la jalousie et soulagerait bien des personnes, aussi bien le soldat que celui qui le loge. »

Cette première partie du *Mémoire* contient, comme on vient de le voir, un exposé très intéressant de la situation des paroisses soumises aux logements militaires et un système de répartition de logements qui pouvait donner de bons résultats, mais qui, dans la circonstance, n'avait d'autre prétention que celle d'être une critique de la manière dont procédait Patin. La seconde partie du factum est tout entière composée de plaintes, de récriminations et de dénonciations.

Ainsi, un sieur Saint-Amand n'a logé que quatre et cinq sergents à chaque passage ; il en pouvait loger huit, dix, douze et même quinze ; c'est un bon laboureur dans le bourg. Lenoble, bon marchand et bon laboureur, faisant valoir deux corps de masures avec beaucoup de fermages, pourrait loger dix et même quatorze soldats avec deux sergents, tandis qu'il n'a logé quelquefois qu'un officier, quelquefois deux ou trois sergents et une seule fois neuf grenadiers ; par contre, Patin donnait, par trois passages successifs, jusqu'à dix grenadiers au notaire lesquels il fallut loger dans une chambre étroite à deux lits ; et chaque fois le syndic recommandait aux fourriers d'envoyer chez Marcotte les plus tapageurs avec ordre de se faire servir « sur le bon ton. » D'après le *Mémoire*, ce serait Marcotte qui aurait toujours le plus de soldats à loger : quarante-trois en six jours, non compris les femmes et les enfants de six musiciens qu'il a logés une fois. « Comme Patin avait antérieurement le bureau des aides et qu'on le lui a retiré, par de bonnes raisons, pour le donner à Marcotte, il est aisé de voir là une vengeance. »

Le factum cite ensuite les personnages aisés qui ont joui des faveurs de Patin et parmi lesquelles nous voyons figurer un sieur Lecanu, dans la forêt à la ferme Saint-Nicolas, « qui n'en loge jamais sous prétexte qu'il est trop éloigné ; mais plutôt parce que Patin trouve son compte à l'exempter. Lecanu lui fournit du bois tant qu'il en veut et plus qu'il n'en faut pour le corps de garde, car il ne peut à peine en cette partie rassasié Patin qui fait grand feu et se chauffe en maire de ville ; n'est-ce pas une contribution indigne, d'autant plus qu'il n'est pas obligé d'acheter du bois de ses deniers pour le corps de garde, mais avec les 40 livres d'argent que les habitants d'Infreville lui paient tous les ans, paix ou guerre, pour le bois ou la chandelle, suivant un accord fait antérieurement avec les prédécesseurs de Patin et les habitants d'Infreville. Si ces 40 livres ne suffisent pas en temps de guerre, ils donnent un excédant en temps de paix. Patin devrait toujours s'en contenter. On sait, en outre, que Patin touche secrètement par an 20 livres des habitants du Theillement pour les ménager et ne leur donner que quelques voyages des plus faciles pour le transport des bagages.

La ferme de Jacques Mulot logeait autrefois une compagnie entière ; aujourd'hui elle ne loge plus que dix hommes. Les malheureux journaliers, les fileurs de coton et les veuves sont surchargés de soldats.

Les pétitionnaires attaquent encore la conduite du syndic qui, disent-ils, fut des plus irrégulières dans la direction des travaux de la nouvelle route. Bourgtheroulde avait pour sa part 180 toises de terre à déblayer, dont 60 à transporter en voitures à 100 toises de distance. Ce sont les plus gros cultivateurs, ceux qui ont les plus forts chevaux qui ont le moins fait de corvées ; certains même n'ont encore rien fait, et Patin a été jusqu'à mettre dix garnisons chez les particuliers qui, ayant plus de soixante ans, sont exempts de la corvée et refusent d'accéder aux ordres de Patin. Lecanu a trois chevaux et n'est coté que comme journalier.

Pour réprimer tant d'abus et d'injustices, concluent les pétitionnaires, il est nécessaire de destituer le syndic et faire délibérer la communauté pour en nommer un autre auquel on donnerait deux surveillants qui lui serviraient en même temps d'aide. Il est certain que trois ne peuvent pas être corrompus, tandis qu'un seul peut l'être. Les affaires vont très mal dans ce bourg ; le pauvre est opprimé et le riche ménagé. »

Cette pétition si fortement motivée, si explicite dans tous ses détails, avait cependant un vice considérable qui lui ôtait la plus grande partie de sa valeur : elle n'était pas signée. Aussi Patin avait-il beau jeu pour répondre à l'intendant qu'il ne pouvait réfuter un mémoire d'accusation contre lui sans connaître les noms de ces dénonciateurs. « Tout ce que ce factum contient, dit-il, est diffamatoire, il a affaire à d'implacables ennemis qui ne cherchent qu'à lui arracher l'honneur et la réputation. S'il est coupable, il mérite punition ; mais s'il justifie du contraire, il doit connaître ses détracteurs pour en obtenir réparation. » Il demandait donc que le mémoire accusateur soit renvoyé aux habitants de Bourgtheroulde pour qu'ils aient à se prononcer.

Le subdélégué accueillit favorablement la demande de Patin et les habitants de Bourgtheroulde furent convoqués en assemblée générale pour le 28 avril.

La réunion eut lieu à l'issue des vêpres dans l'église collégiale, sous la présidence du doyen qui y donna lecture du mémoire des plaignants, de la réclamation de Patin et de l'ordonnance de M. de la Potterie. Il invita ensuite les habitants à formuler leurs observations. On vit alors tous les partisans de Patin : Jean Fouquet, trésorier-comptable ; Pierre Heurteaux, ancien trésorier; Pierre Harel, Nicolas Lenoble, Jacques Mullet, Pierre Dain, Jacques Comte, Jean Tassel, etc., protester vivement contre les attaques dirigées contre le syndic. « Selon eux, c'est un honnête homme et faisant bien son service. »

Alors Marcotte voyant que ses amis n'étaient pas en nombre et que la délibération allait tourner à son désavantage, demanda une suspension de séance et sortit avec un de ses partisans, pour, disait-il, se concerter. Mais cette absence se prolongeant outre mesure, les amis de Patin sommèrent le doyen d'avoir à clore la séance. Le doyen qui, comme on le verra plus loin, avait toutes ses sympathies pour Marcotte, résista bien quelques instants ; mais le notaire ne revenant pas, il dut céder et clore la réunion où Patin avait trouvé de zélés défenseurs.

La sortie de Marcotte n'était qu'une tactique pour se tirer d'embarras. Aussi dès le soir même fit-il signifier par ministère d'huissier au doyen « qu'il ne pouvait s'empêcher de marquer sa surprise du peu de décence qui avait régné dans l'assemblée de la communauté, à tel point que les délibérants n'ont point été libres. Il cite, à l'appui de son dire, une veuve Sellier qui, ayant signé, a voulu ensuite effacer sa signature prétextant qu'elle ignorait ce qu'elle avait signé ; lui-même n'a pu manifester son sentiment ; enfin cette assemblée, dit-il, n'a été qu'une cabale dont il priait le curé de se souvenir en en faisant mention dans le procès-verbal.

Bien décidé à arriver à ses fins, Marcotte allait dès ce moment mettre tout en œuvre pour faire annuler la délibération du 28 avril. Il se plaint d'abord à M. de la Londe qui, le 4 mai, écrit à M. de la Potterie : « Il s'est fait, dit le seigneur de Bourgtheroulde, le dimanche 28 avril, une délibération qui avait plus l'air d'un tapage et d'une halle que d'une assemblée. *Un grand nombre d'honnêtes gens ont préféré se retirer et sortir de l'église, plutôt que de rester témoins de ce tumulte.* Le sieur Marcotte, notaire, ne put pas exposer ses griefs contre le syndic Patin duquel on se plaint depuis longtemps. On doit vous envoyer la délibération, *et je vous engage à faire ce qui dépendra de vous pour faire déposer ce syndic.* »

M. de la Londe, président au Parlement de Normandie, jouissant d'une influence considérable auprès de l'intendant, et se déclarant d'une manière aussi formelle pour Marcotte, la cause de Patin devenait bien mauvaise. Marcotte d'ailleurs ne se borna pas à l'appui de M. de la Londe. Le 7 mai, il adressait avec Adrien Devé, Jacques Roger, Baptiste Fouquet, Louis Gaillard, Marin Carité, Louis Oursel, etc., une nouvelle plainte à l'intendant général à Rouen. D'après eux, au moment où le curé donnait lecture du mémoire des plaignants, il fut interrompu par les partisans de Patin qui seuls ont pu délibérer, et plusieurs habitants ont été contraints de signer en faveur du syndic. Ils demandaient comme conclusion une nouvelle assemblée.

L'intendant accéda à leurs désirs et une seconde réunion fut décidée pour le dimanche 2 juin. Marcotte d'ailleurs allait avoir toutes les chances pour lui, car un incident, véritablement scandaleux en même temps qu'odieux, s'il s'est passé tel que le racontent les amis de Marcotte, — dans cette affaire il y a autant de défiance à observer d'un côté que de l'autre — allait encore envenimer la querelle et exciter davantage les ambitions et les haines déchaînées contre Patin.

Le 24 mai, le régiment de Condé arrivait à Bourgtheroulde et le syndic distribuait les billets de logement. Chez un malheureux garçon charron du nom de Richard Gosse, il met six soldats à loger. Il paraît que Gosse était un ami du notaire Marcotte, ce qui lui assurait d'avance toutes les rigueurs de Patin. Malgré son étendue, nous allons reproduire à peu près in-extenso le procès-verbal des faits qui se sont passés chez ce malheureux ouvrier. Ils n'ont rien d'ailleurs d'extraordinaire, nous les avons fréquemment retrouvés en maintes circonstances et en divers endroits, et malgré toute l'horreur qu'ils inspirent et pour les soldats qui les ont accomplis et le syndic qui a aidé à leur perpétration, nous avons lieu de les croire comme très-exacts, ils ne sortent nullement du cadre des atrocités — le mot n'a rien d'exagéré — que se permettait alors cette soldatesque qui, parce qu'elle portait une épée, se croyait d'une nature infiniment supérieure à celle des autres hommes et dont la plupart des chefs, loin de réprimer les excès, ne faisaient plutôt que les encourager.

Le 24 mai, les six soldats assignés à Gosse se présentent chez lui munis de deux billets de logement. Gosse leur fait voir ses appartements, une cuisine et une boutique pleine de bois puisqu'il y travaille. Ce modeste logement ne convient pas à ces messieurs qui vont se plaindre au syndic. Peu de temps après ils reviennent, et leurs armes à la main déclarent au pauvre ouvrier qu'il doit leur fournir six serviettes, deux nappes, deux tables, six chaises, six cueillers, six fourchettes, plats, marmites, etc. Gosse ne peut leur donner ce qu'il n'a pas. Alors les six soldats entrent dans une violente colère et, s'emparant du charron, lui tiennent ce stupéfiant langage qui seul aurait suffi à juger Patin et à provoquer sa révocation immédiate : « Ton syndic nous a dit de te casser bras et jambes, car tu as caché ton butin, il faut que nous ayons la fin de ton s... cadavre », et ils le frappent si brutalement que Gosse dut se mettre en défense. S'emparant d'une hache il allait faire, dit le rapport adressé à l'intendant « quelque victime si un soldat ne lui eût arrêté le bras. »

Au bruit de la lutte les voisins accourent et parviennent à apaiser les soldats qui montent à la chambre qui leur est destinée. Mais à peine y sont-ils entrés qu'ils jettent dans la rue tous les meubles qui s'y trouvent.

Le malheureux charron voyant son pauvre mobilier détruit, supplient les six forcenés de se calmer et veut leur exposer comment ils ont été induits en erreur sur sa situation. Les soldats se contentent de répondre qu'ils n'ont agi que par ordre du syndic et proposent à Gosse de vérifier par lui-même leur dire. Tous ensemble se rendent chez Patin qui aurait confirmé le langage tenu par les soldats et, loin de les calmer, n'aurait fait que les exciter davantage. Gosse déclare alors qu'il va porter plainte à M. de la Londe. Les soldats retournent chez l'ouvrier charron et recommencent leur vacarme ; à chaque instant, ils le menacent de le tuer, « de lui passer leur baïonnette au travers du corps, lui jettent des verres pleins par la figure, et cette horrible scène continue jusqu'à ce qu'enfin, harassés de fatigues, ils se couchent. Mais le supplice de Gosse n'est pas terminé. Le lendemain les mêmes scènes recommencent, si bien que les voisins, indignés d'une pareille conduite, appellent la garde et les officiers qui admonestent sévèrement leurs hommes et rétablissent l'ordre. Le malheureux Gosse n'en fut pas moins pour son mobilier détruit et les mauvais traitements qu'il avait subis.

La conduite de Patin dans cette triste affaire excita une réprobation générale dans la paroisse, mais la crainte qu'inspiraient les syndics était telle que beaucoup de personnes n'osèrent attester des faits dont pourtant elles avaient été témoins. Partout, à travers nos pérégrinations dans notre histoire locale, nous les avons trouvés les mêmes, et si, parfois, certains furent l'objet de répressions sévères, voire même de révocation, leurs successeurs ne se montrèrent pas meilleurs. C'était dans un grand nombre d'endroits les influences de parti qui les désignaient au choix de l'intendant et ils croyaient, une fois nommés, devoir complaire à leurs amis en satisfaisant leurs rancunes personnelles.

L'émotion causée par ce scandale n'était pas encore calmée lorsque les habitants se réunirent le 2 juin pour délibérer à nouveau sur la plainte de Marcotte et de ses amis. On conçoit donc que, de part et d'autre, les esprits vivement surexcités étaient loin de se prêter à toute mesure de conciliation.

Comme la première, cette réunion est présidée par le doyen. Les signataires de la délibération du 28 avril, c'est-à-dire les amis de Patin, déclarent tout d'abord que le factum du notaire est un tissu de calomnies, qu'aucun trouble ne s'est produit dans la réunion et qu'ils persévèrent dans leur opinion.

Marcotte, cette fois, peut obtenir la parole. Il ne consent, dit-il, de toutes les plaintes formulées contre le syndic, à n'abandonner que deux faits, quoiqu'il les considère comme étant aussi très exacts, mais ceux qu'il relève suffiront à faire juger la conduite de Patin : les faits abandonnés sont ceux qui concernent un nommé Heurteaux et les habitants du Theillement. Il dépose alors entre les mains du doyen président de l'Assemblée, un dossier contenant soixante-sept pièces qui, dit-il, « en apprendront long ». Ce sont des billets de logement imposés à de malheureux ouvriers pour un nombre considérable de soldats. C'est ainsi qu'une veuve Fouquet est imposée pour quatorze soldats; un nommé Charles Duhamel pour six, Joseph Gautier, malheureux journalier, pour cinq, Jacques Bourgaley, cordonnier et bedeau, pour trois grenadiers, Guillaume Forché pour 6, etc. (1)

Après Marcotte, Martin Carité vient à son tour formuler de graves griefs contre le syndic. Il est d'autant plus irrité que Patin lui avait toujours témoigné de grandes marques d'amitié et cependant, quoiqu'il se soit toujours rendu exactement aux corvées de la nouvelle route, Patin l'a porté comme défaillant le 9 février, jour où la neige et la gelée empêchaient tout travail.

Puis c'est un nommé Baillemont qui, quoique infirme, a eu à supporter des logements de troupes. Il soupçonne une vengeance de Patin, parce qu'il ne l'avait point choisi pour son chirurgien, il lui a été donné des soldats à loger quatre ou cinq jours après l'inhumation de sa femme, sans égard pour sa situation et le désordre qui existait chez lui.

Après Baillemont, ce fut le tour de Gosse, dont nous avons relaté la triste histoire.

Enfin Patin a la parole. Il fait ressortir tout ce qu'a d'étrange la conduite de Marcotte, obligé d'abandonner deux chefs d'accusation portés dans un mémoire qu'il n'a pas osé signer, ensuite allant de maison en maison, mendiant des signatures en se prévalant d'ordres de M. de la Londe, ainsi que l'ont affirmé plusieurs témoins. Quant à Gosse, Patin trouve que son récit n'est que pure récrimination; toutes les plaintes, en un mot, sont mal fondées.

La discussion devint alors des plus vives, mais Patin avait encore dans cette réunion ses amis en majorité, et malgré les efforts de Marcotte, bien secondé pourtant par le doyen qui joua dans toute

---

(1) Tous ces billets et pièces sont déposés aux archives de la Seine-Inférieure, série C, liasse 742.

cette affaire un rôle assez équivoque, comme d'ailleurs on va le voir par le récit que va faire Patin à l'intendant général, les partisans du syndic l'emportèrent et la délibération du 28 avril fut approuvée et confirmée par 52 voix.

C'était un succès considérable pour le syndic. Aussi voulut-il profiter du revirement qui ne pouvait manquer de se produire en sa faveur pour frapper un coup décisif. A l'appui des deux délibérations des habitants de Bourgtheroulde et pour répondre en même temps aux accusations de Marcotte et de ses partisans, il fit parvenir à l'intendant général un *Mémoire instructif de ce qui s'est passé aux deux assemblées des habitants de Bourgtheroulde*. Par les deux procès-verbaux rédigés sous l'œil du curé-président, nous n'avions vu que les faits principaux qui ont marqué ces deux réunions. Patin entre dans les plus petits détails et nous révèle toute l'intrigue ourdie par les amis de Marcotte de connivence avec le doyen.

Patin déclare tout d'abord « qu'il est surpris qu'on ait attendu dix années depuis lesquelles il exerce ses fonctions pour se plaindre, attendu qu'il n'a jamais plus favorisé les uns que les autres. Toute cette campagne n'avait pour but que de le faire passer pour un imbécile, un concussionnaire, un inique et insatiable syndic. »

Après avoir raconté tous les efforts de Marcotte et de ses amis pour parvenir à leurs fins, il arrive à la réunion du 28 avril. Au moment où les partisans du syndic allaient signer la délibération, un incident s'était produit, incident qui, pour cause, ne fut pas consigné au procès-verbal. Un sieur Chouquet, ami de Marcotte, et qui était, disait-on, le greffier de la maréchaussée de Rouen, dont on n'avait toléré la présence que parce qu'on le savait ami du doyen avec qui on l'avait vu parler secrètement avant la séance, demanda la parole pour défendre Marcotte. Les amis de Patin se récrièrent et la parole lui fut refusée, malgré les efforts du doyen qui déclara que Chouquet avait dit venir par ordre de l'intendant pour mettre l'ordre dans l'assemblée.

Patin profite de cet incident pour se lancer dans une charge à fond contre son adversaire. « Un notaire, dit-il, n'a pas besoin d'un défenseur, il peut plaider sa cause lui-même; d'ailleurs, il aurait dû faire connaître les auteurs du mémoire avant toute discussion, et il s'y est refusé. »

Le lendemain 20 avril il nous montre Marcotte sommant le doyen de ne pas délivrer le certificat de réunion sans y avoir constaté « l'esprit de cabale qui y avait régné, » lorsque ce doyen avait, la veille, félicité l'assemblée de son calme et de sa tranquillité. Le doyen retarda l'envoi de quinze jours et Marcotte eut ainsi tout le temps de préparer ses nouvelles combinaisons.

D'après le syndic, cette complaisance du doyen surprit tout le monde dans la paroisse et démontra surabondamment sa connivence avec Marcotte. A différentes reprises, d'ailleurs, il avait sollicité Patin de donner sa démission « pour rétablir, disait-il, la tranquillité dans la paroisse : » mais Patin s'y était formellement refusé trouvant même cette proposition des plus étranges, au moment où sa réputation était attaquée si violemment.

C'est alors que le doyen, se voyant ainsi fortement soupçonné et jugeant cette situation compromettante, résolut de frapper un grand coup. A l'ouverture de la réunion du 2 juin, il fait cette déclaration. « Vous me soupçonnez à tort d'être du parti de Marcotte; pour vous convaincre du contraire, je lève la main devant Dieu et le Saint-Sacrement ici présent comme je ne suis d'aucun parti, et je vous déclare de plus que j'en ai pleuré amèrement chez moi. » On lui répliqua que c'était pousser trop loin son zèle à faire reconnaître sa neutralité, et qu'une simple déclaration lui aurait suffi.

Le grand effet sur lequel comptait le doyen de Bourgtheroulde s'était retourné contre lui et ne servit qu'à convaincre l'assistance de son parti-pris pour Marcotte : Le doyen s'était donc inutilement parjuré. Enfin, Patin lui reprochait de s'être montré toujours très sévère pour lui, tandis qu'il donnait toutes les facilités à Marcotte pour s'expliquer, sans qu'il fût permis à quiconque de l'interrompre.

Après avoir raconté ces divers incidents que systématiquement on avait laissés dans l'ombre, Patin réfute les accusations portées dans le mémoire des plaignants. Il est faux que lui, syndic, reçoive 20 l. des habitants du Theillement pour les ménager, il n'a rien fait de plus pour eux que pour ceux de Bourgtheroulde et des autres paroisses de l'arrondissement militaire, il suffira pour s'en rendre compte de consulter les nombreux certificats produits au subdélégué, M. de la Potterie.

Quant aux dires des partisans de Marcotte, ils ne doivent, suivant Patin, ne recevoir aucune créance. C'est Marcotte qui a écrit, corrigé et réformé leurs défenses en pleine réunion, malgré la protestation des habitants. Mais là encore le doyen prit le parti de Marcotte, déclarant que si on ne laissait pas le notaire libre dans cette affaire il en dresserait procès-verbal. Suivant le doyen, Marcotte était incapable de rien ajouter aux écrits, il ne faisait que corriger la rédaction et les fautes d'orthographe. Les habitants en ayant alors demandé la lecture, le curé s'y opposa. Il s'ensuivit un grand tumulte, qui aurait certainement dégénéré en faits extrêmement graves si le respect du lieu n'eût contraint la colère des deux partis.

Comme conclusion, Patin demandait à l'intendant que justice lui soit rendue et que le jugement à intervenir soit publié et affiché dans les vingt-deux paroisses de l'arrondissement militaire.

Cependant Marcotte malgré son échec ne veut pas abandonner la lutte. Ne pouvant rien avec l'aide de la majorité des habitants il s'en passera. Il a pour lui le doyen et le marquis de la Londe : cela lui suffit. Le doyen, furieux de l'humiliation qui lui a été infligée dans la réunion du 2 juin, écrit lettre sur lettre au subdélégué et frappe à bâtons rompus sur le syndic tout en voulant se donner un air de pacificateur et même de médiateur entre les deux partis aux prises. Aussi les adhérents du parti Patin, soupçonnant plus fortement que jamais ses accointances, demandent que le registre des délibérations ne soit plus à l'avenir déposé chez lui. Mais le doyen trouve cette demande déplacée et injurieuse, et défend au sieur Fouquet, trésorier-comptable, de ne point s'en dessaisir ni d'en donner copie à qui que ce soit.

Cette question du registre devient un nouveau prétexte à conflits, la paroisse de Bourgtheroulde divisée en deux camps inégaux, l'un le plus nombreux soutenant le syndic, l'autre suppléant au nombre par de puissants appuis, se trouvait dans une situation déplorable ; les esprits étaient tellement surexcités qu'une émeute pouvait surgir d'un instant à l'autre, et au lieu de chercher à l'éviter on faisait tout pour la précipiter.

Le 12 juin, le curé envoie à l'intendant copie de la seconde délibération et lui donne, dans une lettre particulière, quelques nouveaux détails dont on comprendra facilement toute la portée.

« Cette assemblée, dit-il, a été des plus longues ; commencée à quatre heures un quart, il a fallu de la lumière pour la finir. Je suis parvenu à faire entendre les plaintifs, selon les intentions de M. le président de la Londe et de M. de la Potterie, et j'ai fait tout ce que j'ai pu pour y faire observer le plus d'ordre possible ; mais cela n'a pas été sans beaucoup de peine et sans interruptions. Je n'ai usé de toute ma patience que pour procurer aux plaintifs la liberté de leurs dépositions. Je désirerais bien que cette affaire, quant aux deux partis, fût mise à néant, *et que pour la tranquillité du pays, le syndic actuel donnât sa démission, comme je l'en ai fortement engagé*, mais il ne le fera pas. »

Cette lettre du doyen Roger était une perfidie, et sa conduite indigne d'un prêtre. Homme de paix et de conciliation, sous prétexte de tranquillité il attisait l'incendie. De pareils actes ne sauraient être trop blâmés.

Le doyen a donc levé le masque, toutes ses sympathies sont pour le parti de Marcotte, et lorsqu'il parle de son désintéressement dans la question, il ne dit pas la vérité. Le doyen, au contraire, y a un grand intérêt : la révocation du syndic, sinon pour lui, du moins pour les siens.

En effet, Marcotte comprenant qu'il ne pourrait jamais obtenir sa nomination de syndic avait abandonné cette prétention et reporté ses préférences sur le frère même du doyen, le sieur Roger. Alors une nouvelle intrigue s'ourdit. M. de la Londe est averti de ce changement de situation ; le 10 juin, il sollicite de nouveau, de M. de la Potterie, la révocation de Patin et la nomination de Roger.

Le lendemain 11, il écrit au lieutenant de l'intendant général la lettre suivante :

« La cabale et la mutinerie des habitants de Bourgtheroulde continue d'augmenter tous les jours. J'ai reçu deux lettres de suite de M. le curé de cette paroisse qui se plaint avec raison des impertinences qui lui sont faites par les adhérents de la cabale de Patin. On n'a pas donné le temps à M. le curé de garder le registre des délibérations pour vous envoyer copie de la dernière qui a été prise. Il est nécessaire de terminer cette affaire en nommant un syndic honnête homme qui fasse la paix en faisant une répartition égale pour le logement des troupes. *Il y a dans ce bourg un sieur Roger qui a la réputation générale d'honnête homme, il serait capable de se charger de ce service.* Je vous serai obligé de ne pas laisser languir cette affaire. »

M. de la Londe signale en même temps les plaintes des habitants de Bosc-Roger contre ceux de Thuit-Simer, relativement aux réparations d'un chemin. Il demande qu'on envoie de la maréchaussée pour contraindre les habitants de Thuit-Simer.

La situation de Patin, malgré le succès qu'il avait obtenu dans les assemblées paroissiales de Bourgtheroulde, malgré son mémoire à l'intendant, était perdue. L'influence de M. de la Londe ne pouvait être mise en balance avec l'autorité que pouvait avoir une décision des manants et habitants du lieu. M. de la Potterie n'aurait jamais osé déplaire en quoi que ce soit au puissant président au Parlement de Normandie, et le 18 juin, le subdélégué de Pont-Audemer faisait parvenir à l'intendant général son rapport définitif sur l'affaire qui, depuis près d'un an, surexcitait les esprits à Bourgtheroulde.

Pour M. de la Potterie, le doute n'est pas permis; la culpabilité de Patin est évidente; les billets de logement sont délivrés de la manière la plus partiale. Les uns sont surchargés, tandis que d'autres sont scandaleusement ménagés.

« Il est aisé, dit-il, de s'en rendre compte en comparant les diverses liasses de billets avec l'état des habitants sujets au logement, et de voir combien il y en a de surchargés, même de misérables journaliers, tisserands ou fileurs, lorsque tant d'autres en sont exemptés. Il est d'observation que lorsqu'il passe un bataillon entier par ce bourg, il se trouve indispensablement dans le cas de foule, et alors il ne doit y avoir nuls exempts. Quant aux plaintes contre le syndic, en ce qui concerne les corvées des chemins, elles ne se trouvent pas suffisamment établies. Mais il en existe assez contre lui par rapport aux logements inégalement répartis pour lui appliquer l'article 53 de l'ordonnance de 1768 et lui mériter la destitution.

« Toutefois, comme Patin appartient à de fort honnêtes gens et que la destitution serait une tache pour lui ineffaçable; considérant le long temps pendant lequel il a rempli ses fonctions, il en pourrait être simplement déchargé. »

Enfin le subdélégué demande qu'il soit ordonné aux habitants de Bourgtheroulde de s'assembler pour désigner trois d'entre eux sachant lire et écrire, et parmi lesquels il sera choisi un nouveau syndic.

Le 20 juin, l'intendant général « dispensait » Patin de ses fonctions, et, sans attendre la désignation des habitants, nommait Roger à sa place.

Nous avons eu, au cours du long récit de cette affaire, l'occasion de dire ce que nous pensions des agissements de Patin. Sa conduite, certes, méritait sa punition, mais elle aurait dû être le résultat des plaintes seules des malheureux qu'il persécutait, et non le fruit de l'intrigue qui ne valait guère une meilleure considération. Ajoutons que Patin sut, peu d'années plus tard, recouvrer l'influence qu'il avait perdue et rentrer dans les fonctions de syndic que les partisans de Marcotte venaient de lui enlever.

.·.

On sait ce qu'était la situation des campagnes dans la seconde moitié du dix-huitième siècle; la culture, leur seule source de revenus, était réduite à la plus affreuse misère par les mauvaises récoltes qui se succédaient chaque année, et pourtant le gouvernement, loin de venir en aide aux malheureux paysans, les accablait d'impôts et de vexations de toute sorte; les tailles allaient toujours en augmentant, les corvées étaient de chaque jour et ne laissaient aux laboureurs aucun temps pour la culture de leur terre, ni à l'ouvrier un seul moment pour gagner le pain nécessaire à sa nourriture et à celle de sa famille. Pour comble de malheur, les mouvements de troupe devenaient si fréquents que les populations qui y étaient assujetties se trouvèrent en peu de temps ruinées.

A Bourgtheroulde la situation était devenue intolérable. Aussi les habitants harassés de tous côtés avaient, bien avant l'affaire Patin, conçu le projet de s'adresser à l'intendant général. Voici le tableau navrant qu'ils faisaient de l'état misérable auquel ils en étaient réduits, dans une supplique portant la date du mois d'octobre 1765 ; nous la reproduisons textuellement :

« Monseigneur,

» Supplient humblement le syndic et habitants en général de Bourgtheroulde, et vous remontrent que leur état est des plus à plaindre. Ils ont été obligés de travailler aux corvées du grand chemin de Pont-Audemer au Pont-de-l'Arche, route de Paris. Ils y travaillaient encore au commencement de la récolte dernière. Ces corvées ont été pour eux très pénibles et dispendieuses à cause de l'éloignement du caillou. Mais c'est le moindre de leurs maux ; ils sont sujets aux passages de troupes.

» Il y a un an les troupes logeaient au Pont-Authou et elles y avaient séjour, mais depuis que les troupes vont directement de Bourgtheroulde à Pont-Audemer et Beaumont, elles séjournent chez les suppliants qui, à ce moyen, fournissent un double logement. Ce nouvel arrangement les ruine, et les passages sont si à charge qu'un nombre assez considérable d'habitants sont allés demeurer ailleurs. Si cela continue, avec les tailles excessives, les droits d'aides aux entrées, les vingtièmes, l'industrie et le don gratuit, *le bourg deviendra désert avant trois ans* car les habitants y sont exposés à la plus grande misère.

« Soyez, Monseigneur, sensible au tableau que vous présentent les suppliants, il n'est malheureusement que trop vrai. La paroisse n'a pas une grande étendue et la taille s'y paie à plus de deux sols six deniers par livre de fermage. Il n'y a dans cette paroisse que de petits propriétaires de chaumières et le recouvrement de la taille ruine ordinairement les collecteurs. Les suppliants réclament votre justice pour obtenir une diminution de la taille de 1766. »

Signé : Patin, syndic ; F. Osmont, syndic-collecteur, Lenoble, Pierre Harel, Jacques Neveu, Fouquet, Antoine Bouette, Jacques Bourgalley, etc. (1)

A l'appui de cette supplique, M. de la Londe écrivait à l'intendant le 18 octobre une lettre dans laquelle il confirmait les faits révélés par les malheureux habitants de Bourgtheroulde. « A l'exception de deux ou trois laboureurs de cette paroisse, ajoutait-il, le reste est misérable et très fatigué par les voitures des bagages des troupes et des impositions qu'un bourg est tenu de payer plus que les autres villages. Si je n'avais pas été certain de cette situation, je ne vous importunerais point. »

Le 22 octobre, l'intendant faisait connaître sa réponse à M. de la Londe. Il aurait voulu accorder une diminution aux habitants de ce pauvre bourg, *mais malheureusement il y a de l'augmentation cette année*, et il n'a pu faire autrement que de répartir la taille au marc la livre.

C'est, d'ailleurs, la réponse que nous trouvons à toutes les demandes de cette sorte. Qu'importait la misère publique, que le malheureux mange du pain ou meure de faim, pourvu que le trésor remplisse ses caisses et entretienne les plaisirs éhontés d'un roi corrompu et avili au-delà de toute limite. Jacques Bonhomme crie, mais il paiera.

Comme si ce n'était pas encore assez que d'être écrasés d'impôts par le fisc, les pauvres taillables étaient à la merci des collecteurs qui, pour favoriser leurs amis et créatures, surchargeaient les autres au-delà de toute imagination. L'Etat ne se souciait guère de la manière dont ils opéraient, il ne connaissait qu'une chose : la rentrée des fonds. Les opprimés avaient, il est vrai, le droit de se plaindre, mais que pouvait-on faire contre des collecteurs

---

(1) Archives de la Seine-Inférieure, C. 1091.

responsables sur leurs biens personnels de la rentrée des impôts, surtout à une époque où le malheureux taillable comptait pour si peu et pouvait l'être jusqu'à merci¹.

La répartition de la taille pour l'année 1767 par les collecteurs donna lieu à Bourgtheroulde à un incident qui nous montre toutes les beautés du mode alors en usage de répartition de l'impôt.

Un sieur Thomas Osmont, fermier de M. de la Londe, s'étant vu frapper pour cette année d'une augmentation considérable — on a vu plus haut que l'année 1766 avait été en progressant — adressa une requête à l'intendant pour obtenir une diminution.

Dès l'entrée dans sa ferme en 1766, Pierre-Nicolas de Saint Amand, qui était principal collecteur, avait voulu porter cette imposition à une somme considérable. « On connaît, dit Osmont dans sa supplique, le mauvais vouloir qui anime de Saint-Amand dans toutes les occasions ; mais il ne put exécuter son dessein, ses quatre consorts étant aussi judicieux qu'il est turbulent et tracassier ; mais ce qu'il n'a pu faire l'an passé il a tout remué pour l'exécuter cette année. Les prières, les menaces auprès des collecteurs pour la plupart aussi malintentionnés que lui, les *régales chez lui et dans les cabarets*, il a mis tout en œuvre pour exécuter le projet indigne qu'il avait formé dès l'instant de sa nomination à la charge de principal collecteur pour l'année 1766. »

Osmont fut alors imposé à 300 l. pour le principal de la taille, seulement, tandis que le sieur Charles Thomas, son prédécesseur, tenant les mêmes terres à six acres près et syndic comme lui, n'était imposé qu'à 194 l.

Comme Osmont était le fermier de M. de la Londe et fortement recommandé par lui, l'intendant ordonna une enquête. Malgré toutes les démarches qu'il fit, de Saint Amand ne put obtenir l'approbation que d'une demi-douzaine d'habitants, ceux sans doute qui s'étaient cru obligés à quelque reconnaissance envers lui pour les diminutions injustes qu'il leur avait fait obtenir, et cela sur plus de cent cinquante taillables que comprenait la paroisse et demeurant pour la plupart dans le bourg et autour de l'église. Une réunion qu'il organisa à l'issue de la messe ne lui fut pas plus favorable. Il en tenta une seconde à l'issue des vêpres : huit personnes seulement se rendirent à son appel : celles qui avaient déjà par leur signature approuvé sa conduite. C'était un échec complet.

La grande majorité des habitants, profitant de cette circonstance, adressa de son côté à l'intendant une nouvelle protestation contre les actes des collecteurs, et certifiant la véracité des faits exposés par Osmont.

Sous tout autre régime, de Saint Amand et ses complices auraient été immédiatement destitués. Sous Louis XV, l'intendant se contenta d'accorder la diminution demandée par le fermier de M. de la Londe, en blâmant bien doucement la conduite du contrôleur principal. Et ce fut tout. (1)

De Saint Amand pouvait attendre tranquillement une occasion favorable pour tirer une éclatante vengeance de l'affront qu'il venait de subir, circonstance qui certainement, pour quiconque connaît les mœurs de l'époque, n'a pas dû se faire longtemps attendre.

CHAPITRE VIII

Les dernières années de la Féodalité a Bourgtheroulde. — La Misère publique et les Émeutes populaires. — La grande route de Rouen a Alençon. — La Fierte de 1786. — Nouvelle Affaire Patin. — Réunion de la baronnie de Bourgtheroulde au marquisat de la Londe. — Le seigneur de Bourgtheroulde émigre. — Vente et démolition du chateau. — Les ruines.

Pendant que les habitants de Bourgtheroulde bataillaient pour ou contre Patin, la misère publique aggravait encore, s'il était possible, la situation de nos malheureuses populations. Elle devint, à la fin du dix-huitième siècle, telle que l'archevêque de Rouen,

---

(1) Archives de la Seine-Inférieure. C. 1094.

le cardinal de la Rochefoucauld, s'en émut. Par les soins des curés, il s'enquit de la situation de toutes les paroisses de son immense diocèse, des secours dont ils pouvaient disposer et de ce qu'il serait possible de faire pour toute cette classe de malheureux qui demandaient à grands cris du pain.

Le 7 janvier 1778, le doyen Roger écrivait à l'archevêque : « Il n'y a dans la paroisse de Bourgtheroulde aucun établissement pour le soulagement des malheureux, point d'hôpital, nulle fondation, ni ancienne ni moderne. Les pauvres n'ont d'autres ressources que celles qu'ils trouvent dans la charité des particuliers et c'est à nous principalement qu'il s'adresse dans leurs besoins.

» J'observerai que les religieux du Bec, comme gros décimateurs pour les deux tiers de cette paroisse, concourent avec nous au soulagement des malheureux par une somme arbitraire qu'ils me mettent chaque année en mains et qui n'a jamais excédé jusqu'à présent 72 livres. En outre des aumônes que fait le marquis de la Londe, seigneur de la paroisse, il fait distribuer aux pauvres le droit de boucherie du Carême montant de 40 à 45 l. » (1) Mais tous ces petits secours étaient bien inefficaces pour subvenir au soulagement de malheureux dont le nombre allait grandissant chaque jour. Et le gouvernement ne faisait rien pour empêcher cette marée montante de la misère publique : bien au contraire.

Grâce aux édits fiscaux, on allait revoir en Normandie la famine et les émeutes. Déjà des séditions éclataient à Rouen et dans les grands centres ; le peuple pillait les magasins de blé. Des bandes d'individus se répandirent dans les campagnes, enlevèrent les grains chez les laboureurs et dans les marchés où personne n'osa bientôt plus en porter. Toutes ces scènes d'ailleurs étaient excitées par les odieux trafics des accapareurs et d'avides spéculateurs qui, achetant publiquement les blés à un prix élevé, les emmagasinaient et les revendaient au prix énorme qu'il leur plaisait de fixer. Dans ces magasins illicites, les blés s'étaient corrompus et on avait dû en jeter des quantités. De là une cherté du pain tellement grande que

---

(1) Archives de la Seine-Inférieure, G. 811.

le peuple en était réduit « à se faire des nourritures qui faisaient horreur à l'humanité. » (1)

Le Parlement prit des mesures rigoureuses contre les accapareurs, mais le gouvernement le blâma et lui défendit de donner suite aux arrêts rendus à cet égard. N'était-ce pas avouer qu'il était lui-même le premier et le plus inexorable de tous les agioteurs, et n'est-ce pas la démonstration évidente du *fameux pacte de famine* dont a voulu nié l'existence.

A la nouvelle de la résistance du roi, les *émotions* populaires grandissent chaque jour ; des émeutent éclatent dans toute la Normandie. Toutes les halles sont pillées. Le 24 mai 1778 des troubles se produisent au marché de Bourgtheroulde. Plusieurs femmes de La Bouille et des environs veulent exiger de force la vente du blé au prix qu'elles ont elles-mêmes réglé et fixé. Un cavalier de la maréchaussée est maltraité par des hommes qui s'étaient réunis avec les femmes, et, sans le secours de ses camarades, il aurait été très exposé. (2).

Aux marchés suivants personne n'osa plus approvisionner la halle. Le 12 juin le syndic écrit à l'intendant que le marché s'est assez bien passé, mais qu'il n'y a eu qu'une cinquantaine de sacs de blé à la halle, vendus de 38 à 41 l. ce qui était alors pour l'époque un prix exorbitant. Dans toute la contrée les mêmes scènes de pillages se reproduisent. A Elbeuf, à La Bouille, pour ne citer que les localités environnantes, ce n'est qu'attroupements, émeutes et vociférations.

Les transports de troupes continuent de leur côté à entretenir de nombreux dissentiments entre le syndic et les habitants de Bourgtheroulde. Au mois de juin 1770, la veuve Bouillard, maîtresse de la poste du bourg, et Pierre Leclerc, laboureur, assignent le syndic à comparaître devant le subdélégué de Pont-Audemer, M. de la Potterie, afin d'être remboursés d'indemnités à eux dues pour chevaux de trait fournis pour le transport des équipages de la marine, les

---

(1) Floquet. — *Histoire du Parlement de Normandie.*
(2) Archives de la Seine-Inférieure. C. 110.

paroisses qui étaient commandées pour ce service n'en ayant pas amené un nombre suffisant.

Le syndic de Bourgtheroulde prouve que toutes les diligences ont été faites par lui, et que la responsabilité des faits incombait soit au syndic de Boscguérard, soit aux cultivateurs désignés pour ce service. Le syndic de Boscguérard fut conséquemment condamné à payer aux réclamants les sommes qui leur étaient dues avec droit de recours contre les défaillants.

Au mois de juillet de la même année 1770, une nouvelle plainte se produisit encore contre la conduite du syndic militaire, qui est alors un sieur Fouquet. Comme on le voit, si les hommes changeaient les procédés étaient toujours les mêmes. Cette fois, c'est la veuve Claude-Nicolas Lequesne, receveuse de la boîte aux lettres, qui expose au subdélégué toutes les vexations que lui fait subir Fouquet au sujet du logement des troupes, contrairement aux ordonnances des mois d'avril et mai précédents ; elle demande qu'il soit condamné à 50 l. de dommages-intérêts et aux dépens.

L'opinion de M. de la Potterie est que le syndic a agi par mauvaise humeur, surtout en multipliant les frais. Le syndic a d'ailleurs refusé de se présenter devant lui, se contentant d'envoyer sa défense par écrit. « Il est d'ailleurs établi, dit-il, que Fouquet a chargé cette veuve de 6 soldats du régiment de Touraine, et de 9 dans un autre cas, tandis que les privilégiés n'en n'ont point logé ». Il demande à l'intendant de faire exempter la receveuse du logement des troupes lorsqu'il ne passera qu'un bataillon, et que défense soit faite au syndic *de lui en envoyer de préférence à tout autre*. Enfin, pour la contravention, il sera seulement condamné aux dépens fixés à 9 livres. (**22 juillet**).

On ne manquera pas de trouver cette condamnation vraiment surprenante. Il est reconnu que le syndic a tous les torts et causé un sérieux dommage à la malheureuse veuve, et on ne trouve pas le moyen de lui accorder le moindre dommage. On l'a plainte ; elle doit être satisfaite. Quelle singulière justice !

A Bourgtheroulde, à la fin du dix-huitième siècle, les chemins n'étaient pas meilleurs que partout ailleurs : trous, fondrières, précipices même, voilà ce qu'on trouvait à chaque pas; comme ces chemins était la propriété des riverains et que ceux-ci devaient les réparer à leurs frais, on conçoit que ces réparations se faisaient toujours attendre et n'arrivaient pour ainsi dire jamais. Souvent elles donnaient lieu à de vives discussions entre riverains, voire même à des procès. C'est ce qui arriva à Bourgtheroulde en 1779 pour le chemin partant de ce bourg et se rendant à Bourg-Achard, entre Nicolas Lenoble et les héritiers de Nicolas de Saint Amand.

Lenoble avait bien commencé sa part de réparation, mais de Saint Amand s'était toujours refusé à faire la sienne, et les travaux que faisait Lenoble étaient en pure perte, parce que tout le caillou qu'il mettait se trouvait submergé par l'eau qui séjournait dans la partie de chemin appartenant à Saint Amand. Et comme si ce dernier eût voulu même annihiler toute espèce de travail de Lenoble en empêchant complètement l'écoulement des eaux, il avait fait élever tout le long de son terrain, et au détriment de la largeur du chemin, une banque de dix pieds de hauteur. Il ne fallut rien moins qu'une sentence de l'intendant pour le contraindre à enlever cette banque et à faire ses réparations. Et encore rien ne prouve que cette ordonnance ait reçu complète exécution. Ce qu'il y a de certain, c'est que la circulation dans un tel chemin était absolument impraticable, et que le chemin de Bourg-Achard n'était pas un cas isolé. (1)

En 1781, on travaillait à la construction de la grande route de Brionne. A cet effet, un atelier de charité avait été organisé à Bourgtheroulde afin de donner de l'occupation aux nombreux ouvriers sans travail et sans pain. Mais au mois de septembre on fut contraint de suspendre les travaux, le sieur Lafosse, entrepreneur de cette route, ayant reçu défense, de la part des officiers de la maîtrise des Eaux et Forêts, d'extraire du caillou dans la forêt du roi. Les officiers de la maîtrise ne valaient guère mieux que les syndics militaires dont on connaît les procédés. Leur manière d'agir était la même, et d'ailleurs il en était ainsi du haut en bas de l'échelle gouvernementale.

---

(1) Archives de la Seine-Inférieure. C.

Lafosse, n'ayant ou les moyens ou la volonté d'entretenir la *bonne amitié* de ces messieurs, se vit harcelé à chaque instant : on le trouvait toujours en défaut, et chaque fois c'était une condamnation à l'amende.

A la suite de toutes ces vexations aussi injustes que réitérées, Lafosse ne put satisfaire aux frais : il adressa alors une supplique à l'intendant ; mais, chose curieuse, on ne put y faire droit, *cette requête ayant été égarée.*

Le directeur des travaux, un sieur Cachin, prit enfin la défense du malheureux Lafosse qu'on voulait entièrement ruiner en le forçant à acheter du caillou à une distance considérable. Cachin exposa à l'intendant qu'il était absolument impossible de faire autrement que Lafosse. « L'impossibilité de se procurer du caillou ailleurs que dans la forêt, dit-il, a obligé de porter l'atelier dans la côte de la Broche pour donner à cette partie du chemin le revers et l'élargissement prescrits. Mais les ouvriers employés à ce travail ont reçu des nouvelles défenses, le maître particulier des Eaux et Forêts a menacé de condamnations, d'emprisonner même le premier qui se présenterait dans la forêt, soit pour extraire du caillou, soit pour élargir le chemin ». Cachin déclare se refuser à poursuivre ses opérations, il ne pourra continuer le travail tant qu'on n'aura pas donné des ordres pour faire cesser ces vexations.

Lafosse, de son côté, ne se décourage pas, il adresse une nouvelle supplique à l'intendant puisqu'on « *avait égaré la première* », et dans laquelle il fait un nouvel exposé complet de sa situation. Il s'est rendu adjudicataire des ouvrages à faire sur la route de Rouen à Alençon, atelier de Bourgtheroulde, et certifie avoir été autorisé par l'ingénieur en chef à extraire, dans les carrières de Saint-Martin ainsi que sur la côte des Rouges, située à Infreville et Saint-Ouen, la pierre, le grès, le caillou et le sable dont il aura besoin pour l'exécution de son entreprise.

Il déclare s'être conformé en tous points aux conditions de son adjudication, et avoir fait tirer du caillou dans la forêt de Bourgtheroulde, puis il raconte toutes les tracasseries qu'il a eu à subir et les condamnations qui en furent les suites, il expose tous les inconvénients qui résultent de cette suspension de travaux, non seulement pour lui, mais pour les nombreux et malheureux ouvriers qu'il occupe et dont ce travail était leur seul gagne pain, pour eux et leur famille. Il espère que l'intendant voudra prendre en considération l'utilité des grandes routes et le fera indemniser des frais et pertes considérables qu'on lui a fait subir par la poursuite des gardes. Il demande enfin à l'intendant de lui assigner d'autres carrières où il puisse extraire le caillou si celles de la forêt du roi lui sont interdites.

L'ingénieur en chef Cachin fut chargé de faire un rapport circonstancié à l'intendant, et voici ce que, à la date du 20 octobre 1781, il écrit à ce dernier :

« Jamais vexations plus affreuses que celles que l'entrepreneur a éprouvées de la part des officiers de la maîtrise. Devenu adjudicataire des ouvrages sur la route de Rouen à Alençon, dans la forêt de Bourgtheroulde, nous lui avons assigné les carrières précédemment ouvertes de Saint-Martin et de la côte des Rouges pour l'extraction des matériaux nécessaires. Dès l'année dernière cet entrepreneur fut condamné à l'amende. Le maître des Forêts nous a assuré que ce n'était point pour avoir extrait du caillou, mais pour avoir rejeté les déblais dans un fossé et avoir arrêté le courant des eaux. »

Cachin a voulu vérifier le fait et il s'est assuré que cette sentence n'avait pu être rendue que sur le faux exposé de quelque garde mal intentionné et n'ayant nulle connaissance de la cause. Mais le malheureux Lafossé, assigné de nouveau et condamné à une nouvelle amende avec défense expresse de reparaître dans la forêt, dut donc suspendre ses travaux. Enfin le 10 octobre, par un coup inattendu, sans avoir transgressé en rien les défenses qui lui ont été faites, il reçoit une nouvelle assignation.

L'ingénieur en chef déclare s'être transporté sur les lieux et affirme, après avoir scrupuleusement vérifié les fouilles qui ont été faites, qu'il n'en est résulté aucun dommage pour la forêt ; le caillou n'a été extrait que dans des endroits incultes, et non plantés, de nulle valeur. Les carrières affectées à la construction de cette route sont les seules où il soit possible d'extraire du caillou. Si elles sont interdites, il faut de toute nécessité renoncer à l'exécution de ce projet de route qui a été ouvert dans cette campagne en première couche depuis la croix de la Bouille.

L'ingénieur termine en déclarant les réclamations de Lafosse fondées et demande qu'il soit affranchi des sentences de la maîtrise.

Ainsi, de quelque côté que l'on se retourne, ce n'est partout que vexations et tracasseries de toutes sortes. Et du plus grand au plus petit, on ne trouverait pas un seul fonctionnaire qui, jouant au grand personnage, n'aurait cru manquer au premier de ses devoirs, s'il n'eût persécuté le malheureux paysan.

Malgré cette énergique plaidoirie, Lafosse ne put obtenir complète justice.

Le 20 décembre l'intendant répond que, d'après les déclarations du maître des forêts, le sieur Lafosse n'aurait été poursuivi que pour les dégradations qu'il a commises dans les bois, et non pour l'extraction du caillou. « Les officiers de la maîtrise connaissent l'arrêt du conseil et les règlements de 1785, et il ne leur est jamais venu à l'idée de s'opposer à ce que pour les travaux des Ponts-et-Chaussées il fût extrait du caillou dans les forêts du roi dépendant de leur juridiction; mais ils déclarent être tenus de veiller à ce que les entrepreneurs ne mettent des ouvriers dans les bois sans la permission du grand-maître, qu'ils n'enlèvent de matériaux sans l'indication par écrit des ingénieurs, enfin qu'ils ne commettent aucuns dégâts. »

Il reconnaissait enfin que les officiers des forêts étaient fondés à poursuivre les entrepreneurs, mais ne pouvaient s'opposer à la continuation des travaux.

C'était faire à ces malheureux entrepreneurs une situation inextricable. S'ils prenaient du caillou, on les poursuivait, suivant le caprice ou la belle humeur du maître des forêts; pourtant les travaux ne devaient pas être arrêtés. Il est évident que si l'adjudicataire ne pouvait obtenir de caillou, il était totalement paralysé, et il serait toujours facile aux officiers de la forêt de prouver qu'il n'y avait nullement de leur faute. Quel singulier système. Mais sous le règne du bon plaisir il n'y a à s'étonner de rien. (1)

Bourgtheroulde, chef-lieu d'étape militaire, était également station de poste aux chevaux pour les voyageurs, correspondant avec celle de Moulineaux. En 1774, les deux maîtres de poste étaient en querelle au sujet du prix d'une course. L'affaire a peu d'intérêt. On se dispute et s'injurie de part et d'autre : le maître de Moulineaux est noté comme insolent et brutal. Nous trouvons à ce sujet une lettre de Mᵐᵉ d'Iléry, datée de son château de Marcelet, près Caen, le 27 juillet 1774, demandant à l'Intendant de faire rendre justice au maître de poste de Bourgtheroulde qui devait la conduire directement à Rouen.

En 1780, nouvelle affaire. M. de la Londe, seigneur de Bourgtheroulde, avait fait louer, par un de ses hommes, un cheval au maître de poste de ce bourg, le sieur Cauvin, pour le conduire à Pont-Audemer. En arrivant, il fut arrêté par ceux qui prétendaient avoir le privilège exclusif de louer des chevaux depuis La Bouille jusqu'à Pont-Audemer et le cheval fut mis en fourrière dans une auberge. Cauvin redemanda son cheval, comme une faveur, car il reconnaissait n'avoir le droit de louer des chevaux que pour Lisieux. Il fallut toute l'influence de M. de la Londe pour vaincre les refus formels qui lui étaient opposés ; encore Cauvin dut-il payer tous les frais.

En 1781 le syndic militaire de Bourgtheroulde était Jean-Baptiste Fouquet, exerçant en même temps la profession de marchand, natif de Bourgtheroulde et âgé de 48 ans. Fouquet, que l'opinion publique déclarait être un excellent et très-honnête homme, avait le malheur d'avoir une femme qui, depuis son mariage, lui avait donné de bien graves sujets de plaintes. Elle avait même été enfermée deux fois dans des maisons de fous à Lisieux et à Paris, à raison des désordres dont elle s'était rendue coupable. Toutefois une réconciliation s'était opérée entre eux sous la promesse qu'elle avait faite de changer de vie. Mais elle était retombée dans ses an-

---

(1) Archives de la Seine-Inférieure C. — (Ateliers de charité).

ciens désordres, s'enivrant sans cesse et fréquentant les plus mauvaises compagnies.

Le 10 juin, jour de la Trinité, sur les 9 heures du soir, Fouquet rentrant chez lui, trouva sur la porte son fils, âgé de huit à neuf ans, qui pleurait de ne pouvoir se coucher, sa mère étant enfermée dans la chambre. Fouquet irrité monte l'escalier, enfonce la porte après avoir frappé inutilement plusieurs fois et trouve sa femme dans un état complet d'ébriété. Celle-ci, au lieu de reconnaître ses torts, accueille son mari par une bordée d'injures. Fouquet, au paroxysme de la colère, la frappe de plusieurs coups du bâton qu'il tenait à la main. L'indigne femme s'enfuit. Fouquet ne s'en inquiéta pas.

Le lendemain il apprit qu'elle s'était retirée chez un cabaretier, qu'elle avait adressé une plainte contre lui et demandé la visite du chirurgien de Bourgtheroulde et de celui de Pont-Audemer, lequel avait seul le droit de dresser procès-verbal. Le doyen de Bourgtheroulde, de son côté, était allé la visiter, et ne la trouva pas gravement malade. Cependant le vendredi, la nuit, elle mourait, et le certificat des médecins constatait que cette mort était due à une fièvre putride, nullement occasionnée par les coups.

Fouquet resta donc tranquille chez lui. Mais quelques jours plus tard il apprenait que le procureur avait ordonné une information. Fouquet eut peur et s'enfuit ; peu de temps après, il était condamné à mort par contumace. Le malheureux syndic erra pendant plusieurs années, se cachant tantôt à Louviers, tantôt en divers autres endroits. Enfin, fatigué de cette existence, et se fiant surtout à ceux qui s'intéressaient à son malheureux sort, il se constitua volontairement prisonnier dans l'espoir d'obtenir la Fierte, ce qui lui fut accordé à l'Ascension de 1780. (1)

Au moment même où l'entrepreneur de la grande route avait à lutter contre les tracasseries des officiers des forêts, Patin redevenu syndic militaire à la suite des malheurs de J.-B. Fouquet, mais que son affaire avec Marcotte n'avait pas corrigé, reprenait ses

---

(1) Arch. de la Seine-Inférieure, G 11. Fierte de Saint-Romain.

anciens errements. Les plaintes à l'intendant recommencèrent. De toutes les affaires résultant de la reproduction de faits identiques, nous n'en retiendrons que deux, l'une concernant un sieur Jean Fouquet, qu'il ne faut pas confondre avec l'infortuné syndic, tenant le regrat du sel du bourg de Bourgtheroulde et qui, paraît-il, était loin d'être des amis de Patin; l'autre, le notaire Pourpoint.

Comme regrattier, Fouquet prétendait à l'exemption du logement des troupes; mais Patin ne partageait pas cette opinion et loin même de le ménager, il l'accablait au contraire de soldats à loger. Fouquet se plaignit au subdélégué de Pont-Audemer qui cita par deux fois Patin à comparaître devant lui (24 septembre et 6 octobre). Patin ne se dérangea pas.

Fouquet, dans sa requête, avait fait valoir ses moyens d'exemption, tirés de l'ordonnance même de l'intendant du 19 février 1777, en vertu de laquelle il n'aurait dû loger qu'en cas de foule, et des officiers seulement.

Sur une nouvelle lettre du subdélégué, M. Cavelier, Patin donna enfin signe de vie. Il lui écrivit en s'excusant sur les ordres qu'il a reçus « de personnes respectables » d'assujettir Fouquet au logement jusqu'à décision sur ses requêtes. Mais ce prétexte ne fut pas admis par le subdélégué. Suivant lui, Patin ne pouvait s'opposer à l'exécution de l'ordonnance sans manquer au respect qui lui était dû, d'autant plus que le logement d'un bataillon d'infanterie à Bourgtheroulde ne pouvait constater un cas de foule. Il exprima l'avis que Fouquet soit maintenu dans son exemption et que défense fût faite à Patin d'y contrevenir à l'avenir. (27 octobre 1781).

Le 31 octobre, l'intendant général, M. de Crosne, partageant l'opinion de son subdélégué, rendait une ordonnance conforme et invitait le syndic à assujettir dorénavant au logement tous les habitants de Bourgtheroulde qui n'ont point de titre à l'exemption.

On pourrait croire que Patin, après cette nouvelle leçon, va se soumettre; point du tout. L'ordonnance de l'intendant n'est point faite pour l'effrayer, et il est résolu à n'en tenir aucun compte. Aussi quelques jours plus tard, un nouveau détachement étant venu à passer par Bourgtheroulde, Patin envoya deux soldats à loger à

Fouquet, de là protestations de celui-ci à l'intendant qui demande explications au syndic.

Patin répond à M. de Crosne qu'il reconnaît que Fouquet devait être exempt comme regrattier du sel, mais il fait valoir quatorze acres de terre et fait en outre un commerce considérable de coton : voilà ce qui lui retire l'exemption; il lui a envoyé deux soldats, parce que c'était son tour. D'ailleurs une nouvelle ordonnance de l'intendant le fixera; « *attendu qu'il ne veut faire d'injustice à personne.* »

Mais l'intendant profondément irrité de la résistance opiniâtre de ce syndic, ne se montra nullement disposé à accepter sa théorie. Il connaissait son opinion, il devait s'y conformer, son ordonnance du 31 octobre était suffisamment explicite et n'avait besoin d'autre explication. Enfin pour éviter à l'avenir toute nouvelle contestation il lui demandait un état détaillé et complet des logements existants à Bourgtheroulde. (1)

Mais cet état donna lieu à de vives critiques de la part de l'intendant général. Il avait été dressé avec une partialité révoltante. Trois amis particuliers du syndic y étaient portés comme exempts sans y avoir aucune qualité : ainsi, un nommé Lecerf, grand fermier, que M. de Crosne déclare pouvoir loger une quarantaine de soldats. Il en était de même des sieurs Ducastel et Bérenger. L'intendant ordonna qu'un nouveau tableau, plus équitable, fût dressé et que Patin eût à s'y conformer expressément.

Il était écrit que Patin ne pourrait vivre en bonne intelligence avec aucun notaire à Bourgtheroulde. Après Marcotte, son successeur Pourpoint ne fut pas mieux traité. Patin fait retomber sur lui une partie de la haine qu'il avait vouée à son prédécesseur. Il ne perd aucune occasion de l'accabler de soldats à loger. Ce n'était pas à cela que prétendait Pourpoint, qui demanda à l'intendant à être admis à jouir du droit d'exemption hors les cas de foule, et dans ce cas seulement, vu son caractère d'homme public, à n'avoir à loger qu'un seul officier.

---

(1) Cet état se trouve aux Archives de la Seine-Inférieure, C. 712.

Mais le délégué de Pont-Audemer ne partagea pas cet avis, attendu que l'ordonnance de 1768 était muette à ce sujet. Comme on le voit, c'était la première prétention de Marcotte que Pourpoint ressuscitait. Le notaire prétendit alors que « le logement de 600 soldats ne pouvait constituer pour Bourgtheroulde le cas de foule. D'où il résulte que pour 340, comme le cas venait de se présenter, Patin ne pouvait légalement lui donner six soldats à loger. S'il l'a fait ce n'est que pour en faire bénéficier d'autres. La profession de notaire exige d'ailleurs certains égards dus à la sûreté publique et qu'il ne doit pas être permis au syndic d'enfreindre impunément. On doit lui donner un officier, deux au besoin, mais point de soldats. »

Appelé encore devant le subdélégué pour se justifier, Patin, comme toujours, se garda bien de se déranger, affichant ainsi un souverain mépris des ordres de ses supérieurs. M. Cavelier, devant cette résistance opiniâtre, se contente de lui ordonner de ne loger à l'avenir qu'un seul officier chez le notaire avec défense de contrevenir à cet ordre. On sait le cas que Patin savait en faire. Le bon billet qu'avait maître Pourpoint !

Cette année 1781, si fertile en incidents de toutes sortes pour la paroisse de Bourgtheroulde, incidents qui nous ont fait voir dans toutes leurs splendeurs les beautés de l'ancien régime, devait encore voir la mort de messire Jean-Baptiste-François Le Cordier de Bigards, seigneur, marquis, haut justicier de la Londe, baron de Bourgtheroulde, seigneur et patron de Saint-Ouen du Thuit-Hendebert (du Tilleul) d'Orival, Saint-Meslain du Bosc, Tourville la Campagne, Montaure, Escoville, Iquerville, Infreville, et autres lieux.

Lors du fameux procès de M. Clément de Barville, relatif à l'échange de la vicomté de Pont-Audemer, le nom de M. Le Cordier de Bigards avait été mêlé plusieurs fois aux débats, il portait alors le titre de conseiller honoraire au Parlement.

Son fils, M. Jean-Baptiste Le Cordier de Bigards, lui succéda comme marquis de la Londe, comte de la Heuse. La même année il fut reçu président à mortier au Parlement de Normandie. En récompense de ses services et de ceux qu'avait rendus sa famille, M. le président de la Londe obtint du roi Louis XVI, l'année suivante, des lettres patentes, réunissant les seigneuries de Bourgtheroulde et de Montaure au marquisat de la Londe. En voici le texte :

« Notre ami et féal conseiller, le sieur J.-B. François Le Cordier de Bigards, marquis de la Londe, président au Parlement de Normandie, nous a exposé qu'il représente à droit successif François de Bigards, chevalier, marquis de la Londe, un de ses auteurs, conseiller d'Etat, gentilhomme ordinaire de la chambre de Louis XIII et capitaine de 50 hommes d'armes de ses ordonnances ; que le roi Louis XIII, pour lui témoigner la satisfaction qu'il éprouvait pour les services qu'il avait rendus à l'Etat, voulut bien, par lettres patentes de mai 1616, ériger la terre et seigneurie de la Londe, ayant haute, moyenne et basse justice, et qui avait été déjà érigée en baronnie sous Louis XII, en marquisat ; que les lettres portant cette érection ont en même temps uni et incorporé à la terre de la Londe plusieurs autres terres et seigneuries au nombre de plus de dix, appartenant aussi au sieur de la Londe. Le tout mouvant et relevant nuement du domaine de notre couronne à cause du duché de Normandie.

» Qu'aussi le marquisat de la Londe est un des plus beaux et des plus importants de la province, tant par sa situation que par son étendue et ses mouvances, mais qu'il est possible de lui donner encore un nouveau lustre en y réunissant deux terres que le sieur de la Londe possède, l'une par la représentation de la dame sa mère, l'autre suivant l'acquisition qu'il en a faite de François-Claude-Michel Le Camus. L'une est la terre de Bourgtheroulde ayant moyenne et basse justice, droit de patronage et présentation à la cure du lieu et plusieurs canonicats et chapelles en l'église collégiale et paroissiale dudit Bourgtheroulde, droit de foires et marchés et plusieurs autres droits seigneuriaux ; la seconde, droits de fief, terre et seigneurie de Montaure ayant droit de patronage honoraire et plusieurs autres attributs.

» Ces deux terres sont très voisines du marquisat de la Londe, celle du Bourgtheroulde tient immédiatement au chef-lieu de ce marquisat, et la réunion projetée ne pourra qu'augmenter et étendre les droits de notre domaine et il n'en résultera aucun inconvénient pour les vassaux et censitaires de ces deux seigneuries ;

» Que François de Bigards et ses auteurs ont bien mérité des souverains nos prédécesseurs par leur fidélité, leur dévouement et leurs services,

» A ces causes, unissons les deux seigneuries au marquisat de la Londe et déclarons que désormais elles ne pourront être désunies. »

Le Cordier de Bigards blasonnait : « écartelé au 1 et 4 d'azur, à la bande d'argent chargée de 5 losanges de gueules accompagnées de deux étoiles d'or, 1 en chef, 1 en pointe, qui est Le Cordier, au 2 et 3 d'argent à deux fasces de gueules qui est de Bigards ».

Pendant les années qui suivent aucun fait notable ne nous est signalé. D'ailleurs la Révolution approchait, qui allait renverser tout ce vieux système de gouvernement depuis longtemps vermoulu.

En 1768, Bourgtheroulde payait 2120 liv. de tailles. Comme cette année, de grandes inondations, par suite d'orages continuels accompagnés de grêle, avaient occasionné des pertes de grains considérables dans tout le Roumois, le roi accorda une diminution sur les tailles de l'année suivante. Les pertes de Bourgtheroulde furent estimées 1,200 liv.; il fut accordé à cette paroisse une diminution de 103 liv. C'était peu.

En 1773 des maladies épidémiques portaient le ravage parmi les bestiaux. Un assez grand nombre de cultivateurs se trouvèrent ruinés ; un nouveau dégrèvement fut accordé. Dans le répartement qui en fut fait, Bourgtheroulde figure pour 100 liv. avec cette observation : « pour les pauvres. » Ce qui indiquerait que les laboureurs de cette paroisse se trouvaient alors moins éprouvés que la classe malheureuse.

En 1787, on organisait les premiers Conseils municipaux ayant à leur tête les syndics ; de cette première administration proprement dite, nous ne trouvons nulle trace à Bourgtheroulde, le registre de ses délibérations ne nous ayant pas été conservé.

Peut être même se servait on alors à Bourgtheroulde, comme dans un certain nombre de paroisses, de simples feuilles volantes qui ont facilement disparu.

En 1787, Bourgtheroulde figure au rôle de la taille pour 2140 liv. La population était de 800 habitants. Il y était porté comme faisant « un petit commerce de mercerie et de coton. » Dans les paroisses des environs de Bourgtheroulde, Bourg-Achard et Routot, l'occupation des femmes et des enfants était de filer les cotons et le peu de laines qui étaient employés aux fabriques de Rouen et d'Elbeuf. (1)

Avant la Révolution, Bourgtheroulde n'avait pas de maréchaussée; il n'en existait, d'ailleurs, à cette époque, que deux brigades pour le bailliage : celles de Pont-Audemer et de Bourg-Achard. Au milieu du dix-huitième siècle, cependant, on en avait établi une troisième à Cormeilles composée seulement de trois hommes, mais elle avait été supprimée en 1778.

Bourgtheroulde était aussi à cette époque le chef-lieu d'un arrondissement pour la levée des troupes provinciales; cet arrondissement comprenait les paroisses de Bourgtheroulde, Bosrobert, Bos-Renoult, Theillement, Bos-Normand, Angoville et Thuit-Hébert. Le recrutement de ces troupes avait lieu par un tirage au sort entre tous les garçons et les veufs. Tous ceux qui ne se présentaient pas à l'appel de leur nom étaient regardés comme fuyards et comme tels soldats provinciaux, pour servir à la décharge d'un pareil nombre de soldats échus au sort. Il y avait, d'ailleurs, dans ce système un grand nombre d'exemptions : les fils de nobles, leurs domestiques et ceux des ecclésiastiques étaient dispensés de ce service. Ainsi pour n'en citer qu'un exemple : Le 10 mars 1778 un tirage de troupes provinciales avait lieu à Bourgtheroulde. Sur 114 présents 57 sont renvoyés pour cause d'exemption, 25 pour infirmités, 51 pour défaut de taille, ce qui faisait un total de 133 hommes récusés, il ne restait donc pour le tirage que 11 garçons ou veufs sans enfants, devant fournir un soldat provincial.

---

(1) Archives de la Seine-Inférieure, C. 187.

Comme on le voit dans ce système la révision se faisait avant le tirage ; c'était le contraire de ce qui se pratique aujourd'hui.

Lors de l'Assemblée du Tiers-État du bailliage de Pont-Audemer pour la rédaction du cahier des plaintes et doléances à soumettre aux députés aux États-Généraux, le 1er avril 1789, Bourgtheroulde nomma comme délégués MM. Pourpoint notaire et Jacques Mullot ; tous deux furent élus par l'assemblée du bailliage pour aller à Rouen, le 13 avril, concourir, avec les députés des autres bailliages, à la rédaction du grand cahier de remontrances de la Généralité.

A l'Assemblée du clergé, Bourgtheroulde était représenté par l'abbé Lamboise, chanoine, pour son bénéfice, Thubeuf pour sa prébende, de Penneville pour son bénéfice, enfin le curé doyen de la Collégiale et les chanoines du Bourgtheroulde pour leur communauté.

A l'assemblée de la noblesse, M. le marquis de Bigards de la Londe, seigneur de Bourgtheroulde, y représentait sa baronnie et ses fiefs. Il y fit partie de la majorité intransigeante connue sous le nom des *Cent-Quarante*, de cette majorité qui en présence des malheurs de la nation et des nécessités du moment, « ne voulait céder aucuns de ses droits, aucunes de ses prérogatives. »

M. de la Londe rompait avec toute la noblesse de la contrée, avec MM. le comte de Blangy, le marquis de Marguerit, Grout de Saint-Paër qui, eux, faisant le noble sacrifice de leurs prérogatives, de leurs droits et privilèges seigneuriaux, demandaient à contribuer au prorata de leurs biens personnels aux charges de la patrie. C'était la noblesse libérale, les *Cent-Six*, comme on les appela, du nombre de leurs membres. (1)

Cette résistance de M. de la Londe fut loin de lui concilier les sympathies populaires et bientôt le bruit se répandit dans toute la contrée que le seigneur de Bourgtheroulde faisait l'agiotage des grains. Ces bruits ne firent encore que surexciter les esprits contre lui, et la situation devint telle qu'il crut devoir y répondre pour les démentir : « Ayant, dit-il, la certitude que des marchands de grains

---

(1) Voir à ce sujet notre *Notice sur Bouquetot*.

ont fait des transports de blé sous mon nom ou se sont dit mes commettants, soit par la crainte des recherches, soit pour rejeter sur lui l'odieux d'un commerce aussi infâme et aussi insultant à la misère publique, je déclare promettre 100 louis de récompense à celui qui me dénoncera un ou plusieurs marchands de grains ou blatiers qui se diraient avoir acheté ou transporté des grains pour mon compte. » Il invitait en outre tous ceux qui pourraient croire à des magasins de blé existant chez lui, ou chez ses fermiers, à venir faire la visite de ses bâtiments, leur promettant à cet égard toute satisfaction. (1)

Malgré cette protestation, il n'en resta pas moins dans l'esprit de quelques individus l'idée certaine que M. Louis Paul Le Cordier de Bigards de la Londe était un ennemi du peuple. Aussi à la suite, dit-on, de certaines dénonciations plus graves, ne se croyant plus en parfaite sécurité, il prit le chemin de l'étranger et alla rejoindre les autres nobles déjà émigrés. Comme tel, ses biens furent confisqués et déclarés biens nationaux.

Au mois de fructidor an III, le domaine de l'ex-seigneur de Bourgtheroulde fut mis en vente ; on en avait fait 3 lots.

Le 1er était composé « d'un enclos nommé le Parc de la Grande Ferme du Logis, clos de murs en briques tout autour, contenant environ 64 acres et demie, borné vers le levant par la Nation pour le pré du Mouchel, au couchant par le chemin de Bourgtheroulde à Infreville, vers le nord par le chemin du moulin d'Infreville à la briqueterie de Saint-Martin, et vers le midi par la grande route de Rouen. Cet enclos se compose d'une place vide où se tient le champ de foire servant d'entrée, contenant environ demi-acre, d'une cour d'honneur d'environ une acre et demie *édifiée d'un vieil château, en très mauvais état*, une maison de fermier, une grange à blé, une écurie, etc., un jardin potager, contenant deux acres, une maison en ruine y attachée ; de la cour de l'ancien presbytère, le jardin de fermier, contenant ensemble trois acres une vergée environ, planté d'arbres fruitiers et édifié de quatre corps de bâtiment à usage

---

(1) *Journal de Normandie*, Année 1789 p. 242.

d'agriculture ; l'herbage du Désert contenant environ six acres une vergée ; l'herbage des Allées contenant dix-sept acres dont partie en broussailles, sur laquelle il existe une briqueterie et un étang ; le pré du Four d'environ trois acres, le pré du Cresson de cinq acres et demie, le pré du Taillis de deux acres environ, les espaliers du Parc contenant dix acres, et devenus terres labourables : le tout affermé au citoyen Vassard et autres.

Le 2e lot était composé de la prairie nommée le Pré du Mouchel contenant environ dix acres ; le 3e comprenait un labour de quatre acres. Les trois lots étaient estimés 157,000 francs.

Une première tentative d'enchères eut lieu le 27 fructidor, mais il ne se présenta aucun acquéreur ; on craignait sans doute quelque retour des émigrés. Une seconde tentative eut lieu le 11 vendémiaire suivant ; cette fois, elle réussit.

Avant la mise en adjudication du 1er lot, la Ferme du Logis, il fut donné lecture 1° de la pétition du sieur Lecerf, fermier, réclamant la moitié d'une pépinière existante dans l'enclos et qu'il avait plantée à ses frais ; 2° de la réclamation de la commune de Bourgtheroulde, en vertu de sa délibération du 7 vendémiaire, demandant « à ce que la place vide où se tient ordinairement les foires soit conservée dans l'état où elle est maintenant sans pouvoir être enclose, attendu que cette place fait partie du domaine public et est intéressante pour la tenue des foires et le dépôt des convois militaires ».

Ces deux demandes furent prises en considération et le Directoire arrêta 1° que l'adjudicataire du 1er lot sera tenu de souffrir au fermier Lecerf la levée pendant 4 ans de la moitié de la pépinière qu'il a plantée ; 2° que la place réclamée par la municipalité ne fait point partie de l'adjudication. L'adjudicataire n'y aura aucune propriété « sauf cependant les droits de la Nation sur icelle et sur lesquels il sera statué ; l'acquéreur jouira toutefois des droits de passage ainsi qu'il en a été jusqu'alors ».

L'adjudication du 1er lot eut lieu pour le prix de *deux millions cent trente-deux milles livres* — en assignats sans doute — au profit de MM. Louis-Jacques-Alexandre Vorillou fils, receveur de l'enregistrement des finances, et Simon-Charles-François Rabasse fils, notaire, demeurant tous deux à Montfort.

Mais bientôt ces messieurs qui n'étaient que de simples spéculateurs, rétrocédaient leur acquisition le 20 nivôse suivant pour la somme de *trois millions en assignats* au citoyen Chipon, agent d'affaires à Paris. D'après cet acte de rétrocession, nous voyons que la ferme du Logis était louée en 1700 au sieur Vassard au prix de 5,000 liv., et ce depuis plus de 25 ans.

Le 16 prairial an IV, Chipon rétrocédait à un nommé Descortes son acquisition. A cette époque, le château de Bourgtheroulde était déjà en démolition ; on lit en effet dans l'acte de rétrocession de Chipon à Descortes : « étant seulement observé *que les décombres du vieux château déjà en démolition* ne font point partie de la présente rétrocession ».

En 1809, la Ferme du Logis fut vendue de nouveau par Madame Dufayel, née Descortes, à M. Vallée. Elle devint plus tard la propriété de M. Gruel, dont le fils est aujourd'hui maire de Bourgtheroulde. (1)

De la splendide demeure des seigneurs de Bourgtheroulde il ne reste aujourd'hui nulle trace, sinon quelques vestiges de fondations qui permettent encore d'en délimiter l'étendue. Le puits dont il est question lors des guerres de la Ligue est en partie comblé. La porte d'entrée est à peu près tout ce qu'il y a de conservé, avec le magnifique colombier de forme hexagonale, en brique, du XVIIe siècle. Cette porte avait dû être construite au commencement du XVIe siècle lors de l'acquisition de la famille Le Roux ; au fronton se trouvent des armes tellement mutilées qu'il est impossible de rien distinguer, mais elles ne peuvent être que celles des Le Roux. A l'encoignure, près de l'entrée de la cour, il existe encore un petit bâtiment carré en briques, remontant à une époque plus moderne, peut-être au temps de la Ligue, et qui a dû servir de poste ; ses murailles ont environ un mètre d'épaisseur, l'intérieur est voûté en briques, et on y voit encore diverses meurtrières. A chaque encoi-

---

(1) Titres particuliers de M. Gruel, maire.

gnure, d'ailleurs, il existait un de ces petits bâtiments, servant, sans nul doute, à la défense du château.

A une autre extrémité vers la forêt, on montre encore l'emplacement où se trouvait la porte dite des *Marchands*. C'était là qu'avant de traverser la forêt toujours peu sûre, se réunissaient tous les marchands de Rouen qui fréquentaient les marchés et foires de Bourgtheroulde et des environs.

CHAPITRE IX

LA COLLÉGIALE

A peine Guillaume Le Roux avait-il acquis la seigneurie de Bourgtheroulde qu'il résolut d'ériger l'église en Collégiale, et à ce sujet il lui fit de nombreuses libéralités ; l'acte original de cette fondation ne nous a pas été conservé, mais on possède le titre authentique d'une donation faite par Marie Le Roux, sa fille, le même jour, en 1517, et dont voici les termes :

« ..... Laquelle, considérant la bonne et dévote fondation que a
» cejourd'hui faite et passée devant les tabellions, noble homme
» messire Guillaume Le Roux, seigneur de Bourgtheroulde et de
» Tilly, conseiller du roi notre sire en sa cour du Parlement de
» Normandie, de sept chanoines ou prébendés qui seront conti-
» nuellement et feront chaque jour le service divin qu'on a
» accoutumé faire en l'église Cathédrale et Collégiale du diocèse de
» Rouen ; lequel service se fera en l'église paroissiale de Saint-
» Laurent du Bourgtheroulde, dont le dit seigneur est patron, et en
» laquelle église ledit seigneur fera faire un chœur beau et
» somptueux auquel se fera le dit service divin pour le rachat des
» âmes,... confesse de sa pure et franche volonté, sans induction,
» avoir donné et aumôné, donne et aumône par ces présentes, par
» donation irrévocable afin que le divin service soit mieux continué

» et mieux entretenu et qu'elle soit participante en icelle fondation;
» 150 livres de rente. »

Lors de l'érection de la dite terre en baronnie, au mois de décembre 1617, il est fait mention de l'église de Bourgtheroulde érigée en Collégiale avec droit au seigneur de nommer aux prébendes, chapelains et maîtres de musique. En voici les termes :

« Le Bourgtheroulde enrichi d'une grande église Collégiale et paroissiale en laquelle le dit seigneur de Bourgtheroulde, à cause du dit fief, a droit de patronage, présentation aux bénéfices de chanoines, chapelains, six enfants de chœur et maître, vacation avenante par mort, résignation ou autrement. » Ces lettres furent enregistrés le 2 mai 1618. Le 5 février précédent une enquête avait été faite au sujet de cette Collégiale; les témoins appelés à déposer : Guérin de Malartif, (?) Adrien Darn, curé de Borcherville et doyen ral de Bourgtheroulde, Jean Alorge, écuyer, sieur du Gruchet, messire Charles Genfré, curé de Boissey, et autres, certifièrent que la dite église avait bien été érigée en Collégiale comme elle existe et que le seigneur a droit de nommer au bénéfice, tant du doyen que des chanoines, chapelains et enfants de chœur.

Dans son aveu de 1683, le sieur de Bourgtheroulde mentionne encore l'église comme Collégiale.

En outre des divers biens aumônés par la famille Le Roux, la Collégiale de Bourgtheroulde avait reçu d'autres particuliers diverses donations. Ainsi, le 28 octobre 1550, Nicolas Allain donnait à la Collégiale de Bourgtheroulde 35 liv. « pour augmenter disait il, la fondation de Guillaume Le Roux. » Ce sieur Alain avait déjà donné le 1er mars 1528 à la Collégiale une somme de 50 liv.

La fondation de Guillaume Le Roux consistait en quatorze acres de terre labourable, sise à Bosc-Roger; sept acres à Saint-Georges-du-Theil (Grostheil), et cinq acres à Boscherville. Les chanoines pour raisons de cette donation, étaient tenus de célébrer chaque semaine et, par ordre, chacun deux messes, à assister *chaque jour à une grande messe et aux vêpres qui se disent tous les jours en l'église.*

L'esprit d'indiscipline qui régnait alors dans tout le clergé séculier comme régulier gagna bientôt les chanoines de Bourgtheroulde qui suivirent facilement le mauvais exemple donné autour d'eux et bientôt les prescriptions du fondateur de la Collégiale ne furent plus observées.

L'archevêque Colbert, dès son arrivée dans le diocèse, voulut à Bourgtheroulde comme ailleurs rétablir le bon ordre et manifesta même l'intention de supprimer la Collégiale, lui contestant son titre. A cette nouvelle, les chanoines se récrièrent. Au commencement de juin 1693, Tannegui de Queruel, doyen curé de l'église Collégiale, Gabriel La Voisey, Jean Fouquet, François James et Pierre Goin, adressaient une longue supplique à l'archevêque demandant le maintien de la Collégiale. Ils étaient, en cela, appuyés par Louis Voisin, seigneur de Bourgtheroulde.

Dans leur supplique, ils remontraient à l'archevêque que, dès le temps du cardinal d'Amboise, leur église ayant été érigée en Collégiale, grâce aux libéralités faites par les sieurs Le Roux, alors seigneurs de Bourgtheroulde, les curés et prêtres avaient toujours depuis : le curé porté la qualité de doyen et les prêtres celle de chanoines, ce qui est suffisamment démontré par les nombreux aveux au prince de Lorraine de la branche d'Elbeuf en 1610 et autres titres dont nous ne citerons ici que quelques-uns suffisants à prouver l'existence antérieure de la Collégiale.

Dans le gage-pleige de l'Abbaye du Bec de 1520, on appelle à la baronnie de Saint-Eloi-de-Fourques, les dits *doyen et chanoines*, à raison de 4 deniers qu'ils doivent à la dite abbaye pour 4 acres de terre. A la seigneurie de Grostheil en 1581 ils sont cités pour les mêmes motifs. Dans un acte de la juridiction de Pont-Authou en 1554, ils sont désignés *chanoines*. Dans un acte de vente du 6 octobre 1559, passé par Jacques Billet, avocat, à un sieur Jean Maille, drapier d'Elbeuf, pour une maison et masure, on voit que ces biens étaient grevés d'une rente de 20 s. due aux *chanoines* de Bourgtheroulde.

Un grand nombre de titres importants furent soustraits lors de la mort de Nicolas Le Roux, seigneur de Bourgtheroulde et de Saint-Aubin, arrivée à Avignon au commencement des guerres civiles.

Ses héritiers qui étaient loin de partager les idées de leur père se montrèrent indifférents envers la Collégiale et peu soucieux d'en acquitter les charges. Dans le secret espoir, sans doute, d'arriver bientôt à l'extinction de cette institution ils en détruisirent tous les titres qu'ils avaient encore en leur possession. La conduite peu régulière des chanoines, dont se garde bien de parler le *Mémoire*, n'avait peut-être pas non plus peu contribué à pousser la famille Le Roux vers cette solution.

Toutefois, diverses donations continuaient à être faites à la Collégiale et les prébendés se trouvèrent bientôt possesseurs de 50 écus de rente en fonds de terre, sans parler des distributions qui allaient en augmentant tous les jours par les libéralités du nouveau seigneur de Bourgtheroulde, lequel, disent les chanoines, « s'applique à restituer à cette église son premier lustre. » Les pétitionnaires déclarent s'acquitter de toutes les charges qui leur sont imposées et paient les décimes, « mais ils ont seulement la qualité sans l'habit qui convient à leur état, lequel habit a été porté par ceux qui les avaient précédés dans ce canonicat ».

Cette supplique, fortement appuyée par Louis Voisin, fut approuvée par l'archevêque qui, par lettres du 22 du même mois de juin, confirma l'érection de l'église du Bourgtheroulde en Collégiale. Les chanoines porteront les habits demandés et jouiront des privilèges attachés aux Collégiales sans que rien ne puisse préjudicier aux droits curiaux et à la célébration de l'office en la manière accoutumée, dont le dit Queruel et ses successeurs demeureront en paisible possession, le tout sans préjudice du règlement fait par l'archevêque le 28 octobre précédent. Les doyen et chanoines de la Collégiale seront admis aux synodes.

En 1724, les chanoines de Bourgtheroulde subissent eux aussi le contre-coup de l'engouement général pour le billet de banque. Par suite du discrédit qui vint frapper le papier-monnaie, la Collégiale de Bourgtheroulde se trouva, sinon totalement ruinée, du moins dans une situation des plus précaires. Elle perdait d'un seul coup les 200 liv. de rente de la fondation du chevalier Le Roux au capital de 4,000 livres, et les 300 liv. de rente de la fondation Louis

Voisin, au capital de 6,000, de sorte qu'il ne restait aux chanoines que le revenu de la chapelle Saint-Claude. Aussi ne pouvant plus vivre à quatre, deux des chanoines, de Beaulieu, en 1721, et Clouet, en 1723, se désistèrent-ils volontairement et se retirèrent sur le diocèse de Lisieux. Toutefois, Clouet ne pouvant trouver ni bénéfice ni vicariat, revient bientôt à la Collégiale. En 1724, le chanoine Lonnet se retira à Sainte-Croix-sur-Aizier. Il ne resta alors que Clouet et Goyn.

Dans cette situation, les chanoines demandaient à l'archevêque à être déchargés de leur subvention aux décimes pour la chapelle Saint-Claude, de laquelle il peut leur revenir, charges déduites, chacun 35 à 36 liv., qu'ils ont entièrement abandonnées à M. Chailly, sieur d'Infreville, « pour le remplir des dépens par lui obtenues contre les suppliants », ce qui ferait croire à un procès entre ledit seigneur et les chanoines.

Le 10 août la chambre du clergé réduisit à 10 livres par an les décimes payés par les chanoines de Bourgtheroulde pour la chapelle Saint-Claude, mais sans préjudice de l'avenir.

Le 1er août 1728, Jacques Guestard, curé-doyen de Bourgtheroulde, faisait la déclaration suivante, à la chambre du clergé des biens et revenus de ladite cure, dotée tout particulièrement.

« Noble dame Marie Voisin, baronne du Bourgtheroulde, veuve et héritière de messire François Cordier de Bigards, en son vivant conseiller du roi et procureur général au Parlement de Normandie, est dame et patronne, présente à la cure et autres bénéfices de la dite église sous la collation de l'archevêque.

» Il n'y a dans la dite cure aucuns biens en fond que le manoir presbytéral qui contient environ 3 vergées, sur lesquelles sont situées la maison presbytérale couverte de tuiles, la grange longue de 80 pieds, à moitié couverte en tuiles, le reste en paille, un pressoir long de 70 pieds, cellier, écurie, couverts en paille ainsi que les murs en bauge qui servent de clôture au presbytère et au mur d'icelui. »

Le curé a tous les ans à prendre et recevoir du doyen et chanoines de la Collégiale de la Saussaye une partie de rentes de 18 livres, suivant acte capitulaire de cette Collégiale, à cause des droits et prétentions que le curé a sur une portion de terre nommée La Queue Bourguignon que dîme le doyen de la Saussaye, ainsi que ses chanoines, comme gros décimateurs de la paroisse de Bosc-Roger; lequel acte capitulaire a été produit au procès d'entre le dit curé et Pierre Fouquet, son paroissien, pour l'empêcher d'attribuer à la paroisse du Bosc-Roger une habitation qu'il a édifiée sur la Queue Bourguignon.

Le reste du revenu de la cure, consiste au tiers des dîmes dont sont décimateurs les religieux du Bec-Hellouin.

En outre le curé a encore, à l'exclusion des dits religieux du Bec, ses novales et dîmes, une petite terre nommée l'Epiney, sise sur Bourgtheroulde par donation particulière faite à ses prédécesseurs.

La dîme du tiers, celle de la petite terre de l'Epiney et ses novales peuvent produire par an, pour l'ordinaire, 140 boisseaux de blé, mesure de Bourgtheroulde, à 5 la somme, lequel se vend 40 sous le boisseau, suivant les évaluations communes des années 1713 à 1720, ce qui fait en tout pour le présent article 280 l.

Les autres grains dudit tiers de dîme de la terre de l'Epiney et des novales consistant en pois, vesces, orge et avoine, peuvent valoir année moyenne 60 l.

Le curé a encore les vertes dîmes qui consistent en fruits à cidre et poiré, pois blancs et verts, foins, trèfles, bourgognes, fèves, lins, chanvres, mais dont la récolte est peu importante, parce que les laboureurs ne s'attachent qu'aux blés, et ne se monte par an pour toutes ces espèces qu'à 80 l. en moyenne.

Le curé n'a aucun casuel, et ce n'en est pas l'usage dans ce lieu à cause de la dîme qu'il perçoit ; les habitants n'ignorent pas les déclarations du roi données en conséquence. — D'après ces déclarations il n'y avait que les curés à portion congrue qui eussent le droit de percevoir des honoraires pour les baptêmes, mariages et inhumations ; les curés touchant des dîmes en étaient absolument exclus et devaient leurs services gratuitement.

Le curé reçoit tous les ans 81 l. 15 s. du Trésorier en charge pour l'honoraire de trois messes basses chaque semaine à 10 sous l'une et trois hautes messes par an à 25 sous. Cet article ne devrait point être visé en valeur.

Le total des revenus du curé se montait ainsi à 516 l. 15 s.

D'autre part ses charges s'élevaient à :

100 l. 10 s. pour les décimes ;

450 l. pour le paiement et nourriture des dîmeurs et de ses domestiques ;

100 l. pour les pauvres de la paroisse et autres qui y passent en grand nombre ;

38 l. 13 s. 4 d. que le curé paie annuellement pour le tiers des réparations du chancel (chœur) de l'église, haut de plus de 80 pieds, couvert d'ardoises et de vitres derrière l'autel, de sa largeur, et hautes de plus de 30 pieds, pour lesquelles réparations il a coûté depuis 40 ans aux gros décimateurs et au curé, suivant quittance, 1180 l. soit pour la part annuelle de ce dernier, 38 l. 13 s. 4 d. ;

Plus 60 l. pour les réparations annuelles aux bâtiments presbytéraux, manoir, clôture, etc.

Soit un total de charges de 749 l. 2 s. 4 d. excédant les recettes de 232 l. 8 s. 4 d.

L'abbé Guestard ajoute : « L'objection naturelle qui se présente est de savoir comment les curés de Bourgtheroulde peuvent subsister. Cependant il n'allègue pas encore, quoique ce soit une vérité constante, que le Bourgtheroulde est un lieu de passage pour la Basse Normandie, la Basse Bretagne et autres lieux, ce qui attire beaucoup de monde au curé et qu'en considération de ces charges on ne donne ce bénéfice qu'aux ecclésiastiques qui peuvent espérer quelques secours pour pouvoir y vivre avec honneur ».

Mais il est une autre raison dont le curé de Bourgtheroulde ne nous parle pas ; c'est que, comme tous ses confrères, dans la crainte de voir augmenter encore ses décimes, il avait singulièrement abaissé ses revenus et augmenté ses dépenses. Cette manière d'agir fut à cette époque générale, car, contrairement à une idée fausse répandue aujourd'hui dans nos populations, les curés de campagne surtout étaient à cette époque accablés d'impôts. S'ils ne payaient pas de tailles pour leurs biens fonds, ils payaient des décimes énormes sur tous leurs revenus. Comme la déclaration de 1726 n'avait guère d'autre but qu'une nouvelle répartition des décimes, les craintes des pauvres curés de campagne n'étaient que trop fondées et c'est ce qui les a portés à agir de la sorte. Personne ne saurait les en blâmer. On trouvera d'ailleurs plus loin la valeur exacte de ce bénéfice.

Le 30 novembre de l'année suivante, le même Jacques Guestard, comme doyen de la Collégiale, faisait une déclaration semblable pour les revenus de celle-ci ; en voici un succinct résumé :

Marie Voisin, veuve de Bigards de la Londe, dame et patronne, présente à la Collégiale et autres prébendés sous la collation de l'archevêque.

Les chanoines, à l'exclusion du doyen qui jouit des bénéfices de la cure, possèdent dans les paroisses du Grostheil et de Saint-Éloi de Fourques, 7 acres de terre affermés 130 l. à un sieur Nicolas Parnuit ; 14 acres à Bosc-Roger affermés 210 l. et cinq autres acres de terre loués 80 l.

Il n'y a pour le doyen et les chanoines aucune rétribution manuelle pour les dimanches et fêtes. — Le doyen rappelle pour mémoire l'amortissement des deux rentes de 300 l. fondation Voisin et de 200 l. fondation Le Roux, remboursées en billets de banque, formant un total de 10,000 l. entièrement perdu par la suppression du billet.

Les chanoines sont tenus de dire chacun trois messes et paient pour décimes 4 l. 6 d. par an.

Cette déclaration porte les signatures de Jacques Guestard, doyen ; Nicolas Clouet ; Jacques Mulot.

A quelques années de distance, vers 1748, si l'on s'en rapporte aux noms des signataires de la supplique, les chanoines s'adressent de nouveau à l'archevêque. M. de la Heuse de la Londe, le seigneur de Bourgtheroulde, avait entrepris de rétablir les quatre prébendes telles qu'elles existaient dans l'origine, et cela sans augmenter en rien leur dotation. Les chanoines, dans une longue requête démontrèrent au prélat que leurs revenus ne permettraient jamais à quatre prébendés de vivre honorablement.

« Grâce aux libéralités qui leur avaient été faites par MM. Le Roux et Voisin, chaque chanoine avait environ 180 l. de pension. Ils rappellent que c'est Louis Voisin qui fonda l'offre canonical qui ne se faisait auparavant que la veille, les jours de fête et les dimanches, pour être dit tous les jours de l'année. Ils purent ainsi subsister honnêtement jusqu'en 1719 et 1720, époque où ils reçurent le franchissement des deux rentes de 333 liv. 6 sols 8 den. et 266 liv. 17 sols 4 den. formant un capital total de 10.000 liv. en billets de la banque royale.

» Après la catastrophe de la banque, on donna aux chanoines pour les indemniser 128 liv. de rente sur les tailles. Mais cette somme était par trop médiocre pour pouvoir permettre à quatre chanoines de vivre honorablement. Ce fut alors que Gabriel de Beaulieu, l'un d'eux, abandonna volontairement la Collégiale pour chercher ailleurs sa subsistance. Louis Dulong imita bientôt son exemple et fit remise de son canonicat à la marquise de la Heuze à qui appartenait le patronage des dits bénéfices pour remplir ailleurs des fonctions de vicaire.

» Mme la marquise de la Heuze, en considération du peu de revenu de la Collégiale, laissa ainsi deux canonicats vacants, de sorte que depuis ce temps jusqu'au mois de mars dernier, le revenu des quatre prébendes a été perçu par les deux chanoines restants et n'a été que suffisant. Néanmoins le marquis de la Heuze voulant sans doute conserver son droit aux quatre canonicats contre l'impétration qui avait été faite pour deux à la cour de Rome commença par nommer à celui abandonné par Dulong. Les chanoines veulent croire que c'est là une nomination toute platonique, car alors il leur serait absolument impossible de vivre, le revenu des quatre canonicats s'élevant en tout à 622 liv., qui se décomposent ainsi : fondation Morin, 271 l.; fondation de Mlle Le Roux, 190 l.; fondation Allain, 118 l.; rentes sur divers particuliers, 43 l.; à cette somme, il convient d'ajouter environ 80 l., provenant de fondations faites tant au Trésor qu'à la Charité et à la confrérie du Saint-Sacrement. Quant aux revenus sur les tailles et dont une partie est même perçue par le doyen, il ne présente qu'une solidité très restreinte. »

Suivant les chanoines, cette somme de 622 liv. ne pouvait être suffisante pour faire subsister quatre chanoines qui acquittent les charges suivantes :

1º Ils chantent l'office canonical tout entier, à commencer aux premières vêpres aux fêtes triples et au-dessus, dans la semaine sainte, tous les dimanches et fêtes en temps pascal, pendant l'octave de la Fête-Dieu, durant lequel temps on dit une haute messe ;

» 2º Ils psalmodient matines et petites heures tous les dimanches et fêtes doubles et chantent *laudes* et les premières et secondes vêpres.

» 3º Ils chantent une haute messe tous les samedis de l'année pour MM. Le Roux et Voisin. — le revenu fixé pour cette messe se trouve réduit comme on l'a vu au 120 liv. sur les tailles.

» 4º Ils acquittent une messe tous les mercredis de l'année pour la fondation Allain, qui devrait être dite haute.

» 5º Ils ont toujours acquitté jusqu'à présent une basse messe pour la fondation de M. Le Roux quoique la partie de rente de cet ancien seigneur ait été franchie par les 4000 liv. en billets de banque et depuis presque totalement perdue.

» 6º Le nombre des fondations qu'ils acquittent tant pour le chapitre, trésor et la charité que la confrérie du Saint-Sacrement, est de 47 dont la plupart sont d'un *nocturne, laudes*, trois hautes messes et un *libera*.

» 7º Ils sont tenus à l'assistance à une haute messe et *libera* tous les premiers lundis et premiers jeudis de chaque mois.

» 8º Ils sont tenus à l'assistance à un salut tous les dimanches de Carême, à la fête de l'Annonciation et à l'octave de la Fête-Dieu.

» 9º Ils paient 15 livres de décimes et n'ont point de logement.

» Les chanoines demandent donc, à l'archevêque, que les quatre prébendes soient réduites à deux en supprimant actuellement celle vacante par le décès du sieur Beaulieu, et en ordonnant la suppression de la première des trois autres qui vaquera soit par démission, sit autrement.

» Signé : Guostard curé-doyen ; Dupont, Jullien et Hacquet chanoines. »

Nous ignorons quelle suite fut donnée à cette supplique, il est à croire cependant qu'elle fut prise en considération, car quelques années plus tard nous ne voyons plus à la Collégiale que deux chanoines.

A la fin de mai 1787, les chanoines Jullien et L. Girard se plaignent à l'archevêque de l'augmentation constante qui leur est faite sur l'impôt des décimes. En 1748 ils payaient 14 livres, et depuis cette époque cette imposition est montée par degrés jusqu'à 30 liv. Cette somme est accablante pour la modicité de leur bénéfice dont le revenu n'a fait que diminuer par la catastrophe de la Banque. Les 27 acres de terre dont il se compose produisent — à 20 livres l'acre — 580 livres de revenu, auquel il faut ajouter les 120 livres sur les tailles dont un tiers revient au curé, il reste donc en tout 630 livres pour deux, soit 318 livres pour chacun, tant pour les canonicats que pour la chapelle St-Claude. Ils font en outre remarquer que quoi qu'ils soient inscrits au tableau des décimes sous ce titre : *doyen et chanoines*, le doyen ne paie rien et n'a de commun avec eux que la rente de 120 livres.

Sur le revenu des 318 livres les chanoines doivent se loger n'ayant point de logement attaché à leur prébende, soit 60 livres. Ils doivent s'entretenir de vin, d'habits de chœur, etc. Ils demeurent dans le bourg et sont sujets aux entrées des boissons.

Les 120 livres de revenu provenant des tailles sont affectés à l'honoraire de l'office canonical qui se chantait autrefois tous les jours et qui se réduit aujourd'hui à l'office de tous les dimanches et fêtes avec leurs veilles, ce qu'ils acquittent exactement.

Depuis cette année 1787 jusqu'au moment de sa suppression par la Révolution, aucun fait notable ne marqua l'existence de la collégiale qui continua, composée des deux chanoines et du doyen, sa vie calme et paisible jusqu'au jour où survint la tempête qui devait engloutir jusqu'au dernier vestige de l'ancien régime.

Les archives de la Seine-Inférieure possèdent une liste des nominations de chanoines à la collégiale de Bourgtheroulde et à la chapelle St-Claude depuis 1608 jusqu'à son extinction.

Nomination à la Collégiale

21 Janvier 1695 — Nicolas Néel est nommé chanoine en remplacement de M. Dehors décédé.

8 Septembre 1695 — Balthazar Loriot, vicaire de Bliquetuit, en remplacement de Gabriel Lavoisier décédé.

28 Avril 1696 — Thomas Lequesne dit Morel, clerc habitué des sacrements à Bourgtheroulde, remplace Jean Fouquet dit Quesnay démissionnaire.

1ᵉʳ Août 1606 — Pierre Romé, en remplacement de François James décédé.

3 Juillet 1707 — Claude Villecoq, vicaire de Cléon, remplace Pierre Romé.

26 Mars 1712 — André de Beaulieu succède à Thomas Lequesne démissionnaire.

23 Janvier 1721 — Charles-Robert Louvet ou Lonnet remplace Claude Villecoq décédé.

21 Juin 1728 — Louis Dulong, du Grostheil, remplace Pierre Goyn, décédé.

3 Février 1731 — François Dupont succède à Jacques Mullot démissionnaire.

31 Mai 1745 — Pierre Haquet succède à Louis Dulong décédé.

22 Juillet 1748 — Siméon Lamboy succède à Pierre Haquet décédé.

10 Août 1764 — Jacques Pierre Girard, chapelain des religieuses de St-Etienne d'Elbeuf, remplace François Dupont décédé.

10 Juin 1784 — Noël J.-B. Desgenetey, prêtre honoraire de St-Etienne d'Elbeuf, remplace Pierre Girard décédé.

3 Octobre 1785 — Jean Pannerel, vicaire des Grandes-Ventes, succède à J.-B. Desgenetey démissionnaire.

4 Septembre 1787 — Pierre Thubeuf succède à Julien Delaboulaye décédé.

Chapelle Saint-Claude (1)

Le 1ᵉʳ Juin 1635 mourait Jean Borsellin, chapelain de cette cha-

---

(1) Il est à remarquer que pendant un certain temps il y eut deux chapelains attachés à cette chapelle.

pelle ; il fut remplacé par Jean Cavé qui lui-même eut dans la même année pour successeur Etienne Du Val.

Le 2 Juin 1636 Robert de Saint-Amand remplace Etienne du Val, l'année suivante Toussaint Planton lui succède.

21 Décembre 1638 — Nomination de Jean Bras de Fer en remplacement de Planton décédé.

13 Février 1641 — Gaston du Moulin remplace Guy Lamour décédé.

23 Février 1665 — Laurent Baratte succède à Gaston du Moulin décédé.

18 Octobre 1666 — Robert Ansoult est nommé chapelain. La chapelle était vacante depuis deux mois par l'absence de Jacques Raine.

9 Décembre 1672 — Cardin Thomas du Val remplace Gabriel Hervieu décédé.

2 Octobre 1677 — Nicolas de Mondion succède à Nicolas Ansoult.

11 Mars 1679 — Jacques de la Lande remplace Baratte décédé.

13 Mai 1679 — François James succède à Cardin Thomas du Val.

23 Janvier 1683 — Jacques de la Lande démissionne : il a pour successeur Tanneguy de Queruel.

9 Octobre 1689 — Démission de Nicolas de Mondion et nomination de Pierre Goyn.

22 Novembre 1694 — Décès de Tanneguy de Queruel et nomination de Robert Dehors. Ce dernier a pour successeur Nicolas Néel.

27 Octobre 1717 — Jacques Guestard succède à Nicolas Néel décédé.

5 Novembre 1750 — Pierre Langlois succède à Jacques Guestard.

20 Mars 1766 — Pierre Langlois meurt. Jean Rousset qui est nommé à sa place démissionne presque immédiatement et il est remplacé par Jacques Noël Roger.

En 1700 il y avait à la collégiale trois chanoines et le doyen. Ses biens étaient à peu près les mêmes que ceux spécifiés lors de la dernière déclaration. Ils comprenaient : 7 acres de terre situées à Bourgtheroulde, 14 acres au Bosc-Roger, 4 acres au Grostheil, 3 acres à Saint-Eloi de Fourques, soit 28 acres de terres labourables donnant 1.100 livres de revenu.

En outre la Collégiale possédait en rentes : 11 l. 2 s. dues par le sieur Sement du Bosc-Roger, 11 l. 2 s. dues par Adrien Dain, du Bourgtheroulde, 5 l. dues par Mme Goumont d'Angoville, 117 l. à prendre sur les tailles, et 18 l. dues par le sieur Bussi, de Bourgtheroulde, soit 162 l. 4 s.

Le revenu général de la Collégiale pouvait ainsi varier de 1.250 à 1.300 l.

Ce revenu était perçu par les trois chanoines seulement ; à l'exception de la rente sur les tailles dont le doyen percevait le quart.

Cette déclaration fut signée des quatre chanoines : Pinchon doyen, Lamboy prêtre, Frigot et Thubeuf chanoines, ce dernier remplissant en outre les fonctions de secrétaire de la municipalité, comme on le verra plus loin.

Outre sa part des rentes des tailles, le doyen de la Collégiale, curé du Bourgtheroulde, jouissait de tous les revenus du bénéfice-cure, et qui consistaient à cette même époque en :

« Un terrain entouré de murs contenant environ demi-acre, édifié d'une maison presbytérale, avec pressoir, cellier, grange, charreterie, etc., et jardin compris dans le dit terrain.

» La tierce partie de la dîme sur le gros de la paroisse, ce partage se fait avec les religieux du Bec. Il y a environ 450 acres de terre soumises à ce partage, ce qui ne donne que 225 par an.

» La tierce d'un trait de dîme particulier appelé la dîme de Saint Laurent, les deux autres tiers appartiennent à la fabrique dudit lieu ; il y a environ 20 acres de terre en tout dans ce trait de dîme.

» Le curé dîme seul et sans partage toutes les terres du fief de l'Epinay, les bois taillis et hautes futaies dudit fief si vente en est faite, les animaux domestiques, et ce par une donation des seigneurs de l'Epinay faite en faveur des curés de Bourgtheroulde à la charge par lesdits curés de donner auxdits seigneurs quatre pots de vin chaque année à la levée de la première gerbe, et autres menues redevances, mentionnées au contrat de donation ; il y a environ 38 acres de terre labourable non compris la masure qui est grande et spacieuse.

» Le curé dîme seul et sans partage la ferme de Saint-Nicolas, située dans la forêt et contenant environ 12 acres de terre, non compris la masure qui est d'environ 1 acre.

» Le curé dîme seul environ 40 acres de terres appelées novales et essartées avant 1766; ces 40 acres sont en dix pièces autour de la paroisse, le curé n'ose en donner les abornements, ne les connaissant pas assez.

» Le curé dîme seul et sans partage les verdages de toute la paroisse comme fruits, foins, luzernes, trèfles, lins, chanvres, pois verts, fèves, etc.

» Le curé a une rente de 15 livres à prendre sur le chapitre de la Saussaye par chacun an; il déclare n'en avoir point de titre. — (On a vu que cette rente était le résultat d'un accord survenu entre le chapitre de la Saussaye et le curé de Bourgtheroulde, mettant fin à un différend relatif aux dîmes de la Queue-Bourguignon). »

Le curé déclare récolter ordinairement en blé et seigle 2,600 à 3,000 gerbes, 200 gerbes d'avoine, 50 gerbes d'orge, 500 bottes de pois gris, 500 de vesces, 1,200 à 1,500 poignées de lin, environ 800 bottes de foin et trèfle, 50 gerbes de pois verts, 8 paquets de fèves. Il n'y a dans la paroisse qu'un seul troupeau qui paie par abonnement pour les dîmes des agneaux un louis. Enfin les fruits rapportent dans les grandes années au décimateur 1,000 boisseaux de la mesure de 24 pots, et dans d'autres années n'en rapportent que 50 (1).

Le curé Pinchon déclare ne pouvoir encore donner au juste la valeur exacte de tous ces revenus, étant nouvellement pourvu de cette cure, mais dans l'année de déport, qui était la précédente, on lui a dit que ce bénéfice était de 2,400 livres et il a traité avec le receveur des déports pour 1,800 livres, il s'est obligé encore à faire le desservice, ce qui peut valoir environ 400 livres. — On sait que le déport était la première année du revenu que payait tout curé, nouvellement nommé dans une paroisse, à l'évêque.

---

(1) A l'aide de cette déclaration il est facile de savoir ce que l'on récoltait en grains et fruits à Bourgtheroulde avant la Révolution; une simple multiplication par 10 nous donne cette satisfaction.

Le curé déclare en outre recevoir 29 livres pour sa prébende de doyen de la Collégiale.

Bourgtheroulde avait alors 600 âmes.

Cette déclaration du curé de Bourgtheroulde porte la date du 20 février 1790. Le 27 décembre de la même année, il rend compte à la municipalité de la valeur exacte de son année de revenu. Il déclare avoir récolté :

Blé,	2,827 gerbes à 17 sols la gerbe.	2,120 l. 5 s.
Seigle,	66 — à 12 —	40 l.
Orge,	61 — à 12 —	33 l. 10 s.
Avoine,	213 — à 10 —	106 l. 10 s.
Pois gris, 394 gerbes, réduites à 380 livrables.		72
Vesces,	733 — à 700 —	160
Pois verts, 78 gerbes qui ont rendu un sac de grains.		30
Lin,	1,860 poignées à 210 l. 6 d. la poignée.	232
Trèfle et foin, 362 bottes à 18 livres le 100 . . .		270
Pommes, 400 boisseaux à 25 sols.		500
Rentes annuelles		129

Soit un revenu total de. . . . . 3,693 l. 5 s.

Sur lesquelles il faut déduire les charges qui étaient de 1,187 livres se décomposant comme suit : 330 livres de vingtièmes ; taille, capitation et accessoires 317 livres, frais de récolte et de battage 510 livres.

Il restait au curé d'après sa propre déclaration un revenu net de 2,536 livres ; ce qui n'était pas à dédaigner. On voit qu'il y avait loin de cette situation à celle que nous dépeignait le curé de Bourgtheroulde en 1726. Nous avons dit d'ailleurs ce qu'il fallait penser de la déclaration faite par les ordres de la chambre du clergé en seule vue d'un nouveau répartement de décimes, celle du mois de décembre 1790 rétablit la vérité (1).

---

(1) Registre municipal.

CHAPITRE X

LES FIEFS

L'Epinay

L'Epinay est certainement le plus ancien fief de Bourgtheroulde. Au commencement du quinzième siècle, nous le trouvons en la possession de la famille du Bosc, branche de Coquereaumont. Le premier membre de cette famille, cité comme seigneur de l'Epinay, est Guefflin du Bosc, quatrième fils de Guillaume II et de Perronnelle du Bosc.

N'étant encore âgé que de 14 ans, il partageait le 3 juillet 1412, avec ses frères, la succession de ses père et mère, et transigeait comme petit-neveu et héritier du chancelier de France, Nicolas du Bosc, le 10 juillet 1423. Il est qualifié écuyer dans l'hommage qu'il fit du fief de Coquereaumont au seigneur de Préaux le 12 juillet 1427. En 1452, 1458, 1467, il fut échevin de Rouen. Il avait épousé Isabelle du Tot, morte en 1481, et en avait eu deux enfants : Jean et Isabelle.

Jean du Bosc, sieur de Coquereaumont, Fescamps, Epinay, Hétray, fut reçu au Parlement de Rouen en 1499. Il avait épousé en premières noces Pierrette Le Tabletlier, et en secondes noces Marguerite Le Cauchois. Jean était mort avant 1511, car dans un acte de cette année, Marguerite est qualifiée veuve.

Jehan II du nom, fils et héritier de Jean Ier, fut seigneur de l'Epinay. Il remplit les fonctions de procureur du roi au bailliage de Rouen et mourut à Vernon le 11 octobre 1562. Il avait épousé en premières noces Barbe de Bardouville, et en secondes noces Marguerite de Bauquemare, fille du président au Parlement. De ce dernier mariage naquit deux enfants : Jacques et Suzanne.

Jacques du Bosc, seigneur de l'Epinay, rendit hommage de son fief au seigneur de Bourgtheroulde. Il avait été député de la noblesse aux Etats de la Normandie de 1577. Gentilhomme de la Chambre de François de France, duc d'Alençon, il fut nommé chevalier de l'ordre de Saint-Michel par lettres du 20 juillet 1508.

Sa sœur Suzanne, à laquelle sa mère laissa par testament un diamant et une robe de satin, avait épousé Christophe Le Fondeur.

Jean Ier avait eu deux enfants, Jacques et Georges.

Jacques II, seigneur d'Epinay, rendait hommage au seigneur de Bourgtheroulde pour son fief le 20 septembre 1618, et obtenait, le 23 août 1624, une main-levée des droits de franc-fief dans laquelle les preuves de sa noblesse furent énoncées. Il avait épousé, le 20 mai 1602, Marie d'Humières dont il eut six enfants, entre autres Geffrin du Bosc, seigneur de Vitermont, tué à Valenciennes en 1686. Jacques mourut le 31 mai 1620.

Ici une confusion vient à se produire dans les alliances de la famille de Coquereaumont. C'est ainsi que les généalogistes nous disent que Suzanne, fille de Jacques II, épousa Claude du Bosc, qualifié aussi seigneur de l'Epinay. Quel était alors ce fief de l'Epinay ? nous n'avons ici aucun renseignement. Tout ce que nous savons, c'est que ce Claude était de la branche des du Bosc issue de Lambert, sieur de Bois d'Ennebourg.

Ce Claude du Bosc avait un frère nommé Louis qui portait également le titre de seigneur de l'Epinay en partie, qui avait épousé Françoise de Pommereuil et mourut sans enfants.

Le fief de l'Epinay resta encore quelque temps dans la famille de Coquereaumont ; il fut ensuite réuni à la seigneurie de Bourgtheroulde par les Bigards de la Londe qui s'en étaient rendus acquéreurs.

Nous devons ici relever une erreur dans laquelle sont tombés plusieurs historiens, entre autres M. L. Passy. Ils ont confondu le Bourgtheroulde avec le Bosctheroulde qui est un fief des environs de Darnétal, et nous ont fait de la famille Le Faë, possesseur de ce fief, les seigneurs de Bourgtheroulde. M. L. Passy a même dit que la famille du Bosc avait eu le fief de l'Epinay par alliance avec la famille du Faë, ce qui est la conséquence de sa première erreur.

LE BOSC-BÉRENGER

On a vu précédemment que Vauquelin de Ferrières avait retenu dans la donation qu'il avait faite au Bec la dîme du Bosc-Bérenger. Ce fief d'ailleurs n'a pas d'histoire. En 1617, devenu la propriété de la famille Le Roux, il fut uni à la baronnie de Bourgtheroulde.

En 1634, Jacques Le Blanc, sieur du Bosc-Bérenger, obtenait des lettres de vétérance qui constataient son ancienne noblesse. Bientôt le fief du Bosc-Bérenger ne vécut plus que de nom. Les seigneurs de Bourgtheroulde et marquis de la Londe possédèrent réellement toute la paroisse.

LA FERME SAINT-NICOLAS ET LE PRIEURÉ D'ESCOUTECOQ

Cette ferme enclavée dans la forêt de la Londe et provenant de défrichements faits à son détriment appartenait à l'époque de la Révolution au prieuré de Saint-Martin d'Escoutecoq, dépendant de la célèbre abbaye de Saint-Martin-de-Boscherville.

Comment cette Abbaye en avait-elle eu possession ? C'est ce qui nous a été impossible de découvrir, malgré les recherches nombreuses que nous avons faites à ce sujet, l'inventaire des titres de l'abbaye de Boscheville, non plus que les chartes de ses premiers fondateurs n'en font aucune mention. Il est alors à supposer que cette donation est le fait de quelque seigneur des environs, et très probablement du seigneur de Bosc-Roger qui aumôna de grands biens à cette communauté religieuse.

Dans le *cartulaire* que possède la bibliothèque de Rouen, nous y trouvons cette seule phrase :

« *Bosco-Girardi, usus Burgum Therouldi* — Bois-Girard, coutumes de Bourgtheroulde », ce qui est peu significatif ; en tous cas, il n'y a là rien qui indique qu'au treizième siècle, époque où ce cartulaire fut rédigé, l'abbaye possédât des biens à Bourgtheroulde. Il se pourrait faire cependant qu'y possédant les *coutumes*, suivant une certaine donation, l'abbaye en eût fait l'échange contre quelques pièces de terre ; mais ce n'est là qu'une simple hypothèse.

D'ailleurs, il est certain que dans l'origine les religieux de Boscherville n'avaient dans cette paroisse, que quelques pièces de terre ; par la suite et par le fait de nouvelles donations et d'acquisitions, ils en firent une ferme qui comprenait, en 1700, environ 13 acres.

Le premier document que nous possédions concernant les biens de l'abbaye de Boscherville à Bourgtheroulde, remonte au 8 avril 1400. C'est un accord fait entre le prieur d'Estoutecoq et Richard Le Tellier dit Perdrix, par lequel Le Tellier cède au profit du prieur une pièce de terre sise à Bourgtheroulde pour demeurer quitte d'une rente de quatre boisseaux de blé qu'il devait au prieuré à cause de cette même terre.

En 1406, un différend survint entre Thomas Luce, Johan Boyvin, Richard Lejeune, habitants de Bourgtheroulde, relativement à diverses rentes. Un accord intervint le 1er octobre, les trois habitants de Bourgtheroulde reconnaissaient devoir au prieuré chacun 12 deniers de rente.

En 1568, le prieuré vendait trois pièces de terre situées à Bourgtheroulde et contenant ensemble une acre.

Le 9 mai 1597, Guillaume Le Roux, seigneur de Bourgtheroulde, faisait l'achat du fief de la Mare-Thibert, sis sur les paroisses de Bourgtheroulde et d'Infreville. Ce fief était chargé d'un setier de froment de rente envers le prieur d'Escoutecoq. Cette rente donna lieu dans la suite à un différend entre le seigneur de Bourgtheroulde et de la Mare-Thibert et les nommés Laurent Vavasseur, Nicolas Hellouin, Yriaque Callouel, possesseurs ou tenanciers d'héritages en l'aînesse de la Tablettière, dépendant de la seigneurie de la Mare-Thibert. Cette aînesse devait, comme rentes seigneuriales, 4 setiers de froment, 60 boisseaux d'avoine et une poule. Sur ces 4 setiers, un était dû au prieur d'Escoutecoq. Là encore un accord intervint le 4 septembre 1599, les tenants de l'aînesse de la Tablettière reconnurent devoir payer au prieuré la rente qui lui était due, chacun proportionnellement à la quantité de terre qu'il possédait.

Les moines de Saint-Martin eurent encore à différentes reprises à intervenir pour obtenir le paiement des rentes que plusieurs habitants de Bourgtheroulde devaient au prieuré ; dans certains cas même, il leur fallut plaider.

Nous trouvons à ce sujet diverses sentences de 1598, 1599 et 1626 qui les maintenaient dans le droit de percevoir un boisseau et demi de froment de rente, mesure de Bourgtheroulde, sur trois vergées de terre sises triège du Bosc-Bérenger.

Le 4 octobre 1604, Vincent Elayer reconnaissait devoir au prieuré de Saint-Martin d'Escoutecoq un demi boisseau de froment de rente à cause d'une vergée de terre sise à Bourgtheroulde, faisant partie d'une autre pièce de trois vergées. Le 18 février 1607, ce Vincent Elayer et sa femme, Marie Monnier, vendaient à un sieur François Duval cette même vergée de terre, sise au Bosc-Bérenger, avec la charge de la rente au prieuré d'Escoutecoq.

Le 20 juillet 1630, le seigneur de Bourgtheroulde pour mettre fin aux différends constamment suscités par le paiement de la rente due au prieuré sur l'aînesse de la Tablettière, la racheta en donnant aux religieux en toute propriété une pièce de terre sise à la Potterie, paroisse d'Infreville, avec exemption entière de toute rente, droits et devoirs seigneuriaux.

Le monastère de Saint-Martin possédait encore au triège de la Forestière une vergée de terre en labour qu'il baillait au mois de septembre 1633 moyennant un demi boisseau de froment de rente.

En 1693, l'abbaye de Boscherville demandait à l'intendant général que la ferme de Saint-Nicolas fût exempte du logement des troupes de passage et qu'il soit fait défense aux syndics de Bourgtheroulde d'y envoyer aucun militaire, à peine de répondre des dépens, dommages et intérêt, les fermiers s'engagent à contribuer aux ustensiles desdits soldats au marc la livre. Au nombre des considérants invoqués par les religieux, nous relevons celui-ci ; « Elle est seule au milieu des bois, n'ayant aucuns voisins et fort éloignée de toute autre maison », ce qui fait que ladite ferme ne pourrait être affermée, le fermier étant tous les jours exposé à de très grands dangers, s'il était obligé de loger une partie des soldats qui passent par le Bourgtheroulde.

La demande des religieux leur fut accordée. Ils la renouvelèrent en 1751 avec le même succès.

Le 26 février 1790, l'abbaye de Boscherville déclarait qu'en raison du prieuré de Saint-Martin d'Escoutecoq, paroisse d'Infreville, dont elle est titulaire, elle possédait : « une ferme dans la forêt de la Londe, paroisse de Bourgtheroulde, nommée la ferme Saint-Nicolas d'Escoutecoq, consistant en une masure close de haies vives, édifiée d'une maison et de bâtiments, et d'un grand enclos contenant treize acres de terres labourables, louée à Pierre Langlois moyennant 425 livres par an, avec diverses charges évalués annuellement à 60 livres. » — Dom Dupont était prieur.

SECONDE PARTIE

CHAPITRE I‍er

Bourgtheroulde pendant l'Époque révolutionnaire

Le plus ancien registre municipal qui soit conservé aux archives de la mairie de Bourgtheroulde ne remonte pas au-delà du commencement de 1790. Un autre a dû certainement le précéder; malheureusement pendant l'occupation allemande la plupart des archives de cette commune furent détruites ou tellement détériorées par nos implacables vainqueurs qu'il ne fut plus possible d'en tirer quelque parti et même de les conserver : c'est une perte regrettable à plus d'un titre et qui est venue s'ajouter à tant d'autres souffertes par les malheureux habitants de ce bourg.

Au mois d'avril 1790 un différend assez grave s'élève entre la municipalité de Bourgtheroulde et M. de la Londe, ex-seigneur, relativement au champ de foire que M. de la Londe prétendait lui appartenir en propre et que, par conséquent, il avait enclos. Cette prétention de l'ex-seigneur suscita de violentes colères dans Bourgtheroulde. La municipalité au nom des habitants protesta; mais M. de la Londe se retranchant derrière ce qu'il croyait son droit, déclara ne vouloir aucune transaction. Il avait, disait-il, le droit d'enclore son champ pourvu qu'il laissât libre la rue qui vient accéder à l'église ou qu'il fournît un passage équivalent. Enfin il consentait à prendre des arrangements avec la municipalité pour que, *cette année seulement*, les foires se tiennent au lieu ordinaire.

Cette réponse de M. de la Londe ne fit qu'exciter davantage les murmures de la population, et la municipalité déclara se reconnaître impuissante « à apaiser la clameur publique et les réclamations particulières qui ne tendent à rien moins qu'à un soulèvement dont les suites pourraient être funestes »; forcée de vouloir ce qu'elle ne peut empêcher, elle autorise les habitants à combler le fossé élevé depuis l'école jusqu'à la cour de M. de la Londe appelée la cour du Vieux-Presbytère. Pour le surplus, elle espère que l'ex-seigneur comprenant toute l'utilité de cette place pour la commune se rendra aux raisons déjà invoquées ou tout au moins se prêtera à une conciliation. MM. Pourpoint et de Saint-Amand sont désignés pour discuter cette affaire avec M. de la Londe (18 avril) (1).

De ce que l'Assemblée nationale avait aboli les droits seigneuriaux, les marchands, tant acheteurs que vendeurs, qui fréquentaient le marché de Bourgtheroulde se crurent par là autorisés à ne plus payer de droits coutumiers. La municipalité dut leur rappeler la loi qui établissait ces divers droits au profit des communes et leur enjoindre d'avoir à les acquitter (20 avril).

Au commencement de mai des bruits graves circulent dans Bourgtheroulde : les boulangers se refuseraient de cuire, l'un d'eux même aurait dépavé malicieusement son four. La municipalité fait une enquête qui démontre la véracité des bruits répandus, et prend toutes les mesures nécessaires pour empêcher les troubles qui ne manqueraient pas de se produire. Les boulangers de Bourgtheroulde devront cuire s'ils ne veulent pas être poursuivis (23 mai).

Cette prétention des boulangers de Bourgtheroulde, suscitée on ne sait par quelle circonstance, fut le signal d'une longue effervescence populaire, non-seulement dans ce bourg mais encore dans les paroisses voisines. Les halles furent constamment troublées par des scènes regrettables; des paysans continuellement hantés par la crainte

---

(1) Registre municipal, f° 10 recto.

de la famine et par l'idée qu'on voulait les affamer se jetaient sur les sacs de blé et les enlevaient au prix qu'il leur plaisait de fixer.

C'étaient les tristes scènes du *Pacte de famine* qui recommençaient (1). Aussi, la crainte de se voir piller arrêtant les laboureurs, la halle de Bourgtheroulde ne fournit bientôt plus la moitié même du blé nécessaire à la nourriture des habitants de la commune. Le 20 mai le maire apprend que des scènes graves vont se produire; il se rend à la halle et « déclare à la populace prête à se soulever que si quelque personne ne peut avoir de grain pour sa nourriture et celle de ses enfants, elle n'avait qu'à s'adresser à lui et qu'il ferait tout son possible pour l'en pourvoir. D'ailleurs quel que soit le prix du blé le pain ne pourra être vendu au-delà de 2 sous 6 deniers la livre ».

A l'issue de la halle, cent particuliers se rendent à la municipalité et demandent du blé pour de l'argent. Le maire donne ordre aux meuniers d'avoir à les alimenter pendant huit jours en priant divers laboureurs de fournir le grain, mais la plupart de ces derniers déclarent ne pouvoir se rendre au désir de la municipalité n'ayant plus de blé. La situation devient inextricable, la municipalité se réunit d'urgence et, en présence d'une situation qui menace de devenir des plus graves, elle autorise le maire et les officiers municipaux à solliciter de la ville de Rouen une certaine quantité de blé du gouvernement pour être distribué aux habitants de Bourgtheroulde.

Le 12 juin, la municipalité nomme un garde-messier, fixe son traitement à 5 sols par acre de motte, payées par les cultivateurs, et ordonne qu'il portera comme signe distinctif une banderolle aux trois couleurs avec cette inscription M. D. B. : Messier de Bourgtheroulde. Il aura en outre droit au quart des amendes prononcées par le corps municipal en exécution de ses rapports.

Bourgtheroulde à cette époque comme précédemment avait constamment à loger des troupes de passage, ce qui ne pouvait encore qu'ajouter aux misères de la population, et des querelles venaient

---

(1) Registre municipal, f° 40 et suivants.

souvent à se produire entre particuliers et soldats. Le 28 juin une scène grave eut lieu à l'auberge du Cheval-Blanc où le propriétaire accusait les volontaires nationaux d'Alençon qui y étaient logés d'un vol important commis à son préjudice. La municipalité intervint, et il se trouva que l'aubergiste dut reconnaître que ses accusations étaient fausses. Sans l'intervention du maire elle aurait eu certainement à regretter une accusation portée trop à la légère.

Quelques jours plus tard on apprend que de nouveaux et nombreux détachements vont arriver à Bourgtheroulde. La municipalité prévoyant qu'il lui sera impossible de pourvoir à tant de logements s'adresse aux municipalités voisines qui consentent à supporter leur part des charges et à loger une partie des troupes. Mais les habitants de ces communes n'eurent pas à se louer de leur générosité, les volontaires commirent à leur détriment certains dégâts qui donnèrent lieu de la part des maires à des plaintes sérieusement motivées. Sous prétexte d'alimentation, ces soldats indisciplinés s'emparaient des bestiaux des particuliers et les tuaient. Aux observations qui leur étaient adressées ils répondaient par des injures.

Le 3 juillet 1790, devant le corps municipal assemblé, comparaissent le commandant de la garde nationale M. Pierre-Louis Peuffier et ses officiers : Louvrier, Roussel, Hébert, Étard. M. Peuffier au nom de sa compagnie, représente au corps municipal qu'il fut établi, l'année précédente, par l'ancien corps municipal, une milice dont ils étaient les principaux officiers, et destinée « à réprimer la dissension et le brigandage où se portaient alors les ennemis du bonheur public. » Il rappelle encore que les troubles apportés dans les différentes halles occasionnèrent une cherté qui, quoique sans disette de grains, « fut les suites des manœuvres inouïes que les ennemis du bonheur public mirent alors en usage, ce qui détermina les divers tribunaux et l'Assemblée nationale elle-même à *subrenir* (sic) aux malheurs publics en prononçant des décrets foudroyants contre tous les accapareurs et instigateurs de pareils délits. »

Le commandant fait l'éloge de sa compagnie. « Sans les soins de la milice à réprimer les séditieux, la halle de ce lieu qui était dévenue déserte ne se serait jamais approvisionnée, et vous savez quelle rigueur il fallut employer pour arrêter le pillage et les autres excès auxquels des particuliers mal intentionnés se portèrent alors. Ce fut dans ces temps de crise et de calamité que la milice eut la douleur de se voir forcée de sévir contre ses propres concitoyens, ce fut dans ces mêmes temps que ce nouveau corps, loin d'être protégé, se vit tracassé par les ennemis de la Constitution qui ne cherchèrent qu'à le détruire en lui créant des difficultés, lesquelles au lieu d'être jugées sommairement et sans frais, furent au contraire, par leurs machinations affreuses, suivies de procédures rigoureuses. »

Toutes ces difficultés déterminaient la milice à remettre ses pouvoirs. En même temps les officiers démissionnaires adressaient à M. d'Herbouville, commandant la garde nationale de Rouen, une supplique dans laquelle ils exposaient leurs doléances, et déclaraient qu'ils étaient prêts à reprendre leurs fonctions pourvu qu'on les mît à l'abri des attaques des séditieux. « Cette suspension, ajoute le commandant, a causé le malheur de ce bourg, puisque le laboureur qui ne trouvait plus de sûreté, sous la halle, dans la vente libre de son grain, s'y voyant au contraire exposé au pillage, renonçait à l'approvisionner, malgré la sagesse du corps municipal et la sagesse de son maire qui plus d'une fois s'y transportèrent inutilement pour arrêter le désordre en tâchant de s'opposer aux séditieux par une foule d'observations dictées par la prudence et qui toutes tendaient au bien général. »

Il parle encore des plaintes qu'on entend partout de ce qu'on ne forme point une nouvelle milice; on répand le bruit que les habitants de ce bourg ont des sentiments contraires à ceux qu'ils ont toujours manifestés; on a été surpris de ne trouver aucune députation de ce lieu à la fédération à Rouen, ce qui tend à les faire passer pour les ennemis de la patrie, de la liberté et de la Constitution.

Le brave commandant termine enfin son discours en se mettant de nouveau, lui et ses officiers, à la disposition de la municipalité pour reconstituer une nouvelle milice en remplacement de l'ancienne dissoute et dispersée.

Le maire, M. Pourpoint, répond au commandant par un autre discours que nous trouvons également au registre municipal. Il le remercie, au nom de la municipalité, de ses généreux sentiments et reconnaît que les disgrâces que les officiers miliciens ont éprouvées auraient découragé tous autres moins patriotes. Les offres qu'ils viennent de faire prouvent que rien ne peut altérer leur zèle et que l'amour des vrais patriotes est sans bornes, et, ces offres, il les accepte avec empressement. Il termine ainsi :

« Un temps viendra, messieurs, et cette époque n'est pas très éloignée, où tous les citoyens de cet endroit diront que la sagesse, la modération, les talents supérieurs de notre garde nationale nous ont mis à l'abri des dangers dont la mésalliance seule nous menaçait. Sous votre égide, nous continuerons cette fermeté qui nous a soutenus jusqu'à ce moment, unis comme frères ; nous partagerons les sollicitudes du plus juste et du meilleur des rois, et le mérite de tels progrès vers le bonheur commun sera votre ouvrage qui vous conciliera tous les cœurs vraiment français (1) ».

Malgré tout le dévouement de la municipalité et les soins qu'elle prenait à en assurer l'approvisionnement, la halle de Bourgtheroulde était, à chaque marché, à peu près déserte. Les circonstances menaçaient de devenir extrêmement graves, des désordres étaient à craindre. Le 27 août le corps municipal est appelé à trouver les moyens nécessaires pour parer aux difficultés sans cesse croissantes. Mais que peut-il contre le mauvais vouloir des uns et l'extrême timidité des autres. « La désertion du marché au blé, dit-il, n'a eu pour cause que la licence de quelques mauvais sujets ennemis du bien général, et qui, par leurs menaces effrayantes, ont fait cesser les laboureurs des environs d'y apporter leurs grains. Cette privation a causé le malheur des honnêtes gens et même celui de ceux qui y ont donné lieu, malheur qui serait devenu irréparable si l'on n'eût eu recours au blé du gouvernement. » Il convie de nouveau tous les cultivateurs de la contrée à apporter leur blé à la halle de Bourgtheroulde et leur assure la protection de la garde nationale.

---

(1) Registre municipal f° 55, annexe.

Le 15 septembre, les maires de Bourgtheroulde, d'Infreville et d'Angoville sont réunis à la mairie du chef-lieu de canton. Il s'agit de vider un différend survenu entre ces messieurs et le colonel de la garde nationale de Bourgtheroulde, M. de la Bunodière de Bourville. Quel était ce différend ? Impossible de le savoir puisque les lettres qui y ont donné motif ne nous ont pas été conservées quoi qu'en dise le procès-verbal. Tout ce que nous savons, c'est que ces fâcheuses lettres furent regardées comme non avenues et la paix faite.

Les émeutes et séditions plusieurs fois annoncées à Bourgtheroulde par les perturbateurs publics menacent d'éclater. « Le 26 septembre vers huit ou neuf heures du soir, raconte le procureur de la commune au corps municipal assemblé, tous les habitants furent effrayés des cris et des plaintes de nombre de personnes qui cherchaient à se défendre des furieux, des soldats de la garde nationale sont insultés, frappés même, leurs habits déchirés, leurs épaulettes arrachées. » De l'enquête faite et des témoignages entendus il résulte que le tapage a pris naissance à la suite d'une discussion de cabaret suscitée tout exprès par un certain nombre d'individus que nous retrouvons dans toutes les tentatives d'insurrection qui éclatèrent dans ce bourg. Chaque jour on les voit rôder armés de bâtons, insultant la milice et cherchant de nouvelles provocations.

Grâce à l'énergie déployée, ce ne fut cette fois encore qu'une rixe, fort tumultueuse il est vrai, mais sans conséquences graves ; elle n'en dénotait pas moins un fâcheux état de certains esprits, et des mesures de précaution étaient à prendre. La municipalité le comprit ; tous les individus arrêtés furent envoyés dans la prison de Pont-Audemer ; d'autres, et peut-être les plus coupables, parvinrent à s'échapper. Mais activement recherchés il furent arrêtés pour subir le même sort.

Quelques jours plus tard, plusieurs des émeutiers regrettant leur conduite et en craignant peut-être plus encore les conséquences firent présenter des excuses à la municipalité et implorer son pardon. Le 2 octobre, le corps municipal fut appelé à en délibérer. Le procureur de la commune se montra opposé à toute idée de clémence ;

Répétition intentionnelle d'une image

Le 15 septembre les maires de Bourgtheroulde, d'Infreville et d'Angoville sont réunis à la mairie du chef-lieu de canton. Il s'agit de vider un différend survenu entre ces messieurs et le colonel de la garde nationale de Bourgtheroulde, M. de la Bunodière de Bourville. Quel était ce différend ? Impossible de le savoir puisque les lettres qui y ont donné motif ne nous ont pas été conservées quoi qu'en dise le procès-verbal. Tout ce que nous savons, c'est que ces fâcheuses lettres furent regardées comme non avenues et la paix faite.

Les émeutes et séditions plusieurs fois annoncées à Bourgtheroulde par les perturbateurs publics menacent d'éclater. « Le 26 septembre vers huit ou neuf heures du soir, raconte le procureur de la commune au corps municipal assemblé, tous les habitants furent effrayés des cris et des plaintes de nombre de personnes qui cherchaient à se défendre des furieux, des soldats de la garde nationale sont insultés, frappés même, leurs habits déchirés, leurs épaulettes arrachées. » De l'enquête faite et des témoignages entendus il résulte que le tapage a pris naissance à la suite d'une discussion de cabaret suscitée tout exprès par un certain nombre d'individus que nous retrouvons dans toutes les tentatives d'insurrection qui éclatèrent dans ce bourg. Chaque jour on les voit rôder armés de bâtons, insultant la milice et cherchant de nouvelles provocations.

Grâce à l'énergie déployée, ce ne fut cette fois encore qu'une rixe, fort tumultueuse il est vrai, mais sans conséquences graves ; elle n'en dénotait pas moins un fâcheux état de certains esprits, et des mesures de précaution étaient à prendre. La municipalité le comprit ; tous les individus arrêtés furent envoyés dans la prison de Pont-Audemer ; d'autres, et peut-être les plus coupables, parvinrent à s'échapper. Mais activement recherchés il furent arrêtés pour subir le même sort.

Quelques jours plus tard, plusieurs des émeutiers regrettant leur conduite et en craignant peut-être plus encore les conséquences firent présenter des excuses à la municipalité et implorer son pardon. Le 2 octobre, le corps municipal fut appelé à en délibérer. Le procureur de la commune se montra opposé à toute idée de clémence ;

Il prononça à cette occasion un de ses réquisitoires les plus véhéments :

« Vous avez à prononcer, Messieurs, — disait-il — contre des séditieux et des rebelles : séditieux pour avoir excité dimanche sur les huit heures du soir une émeute affreuse qui mit tous les habitants dans la plus grande alarme, émeute et sédition qui ne furent arrêtées que par la quantité de personnes qui accoururent au son de la générale qui fut battue ; rebelles qui se refusèrent aux ordres des gardes qui étaient de patrouille. Vous savez à quels excès se livrent les perturbateurs du repos public. Au lieu d'obéir à des hommes dévoués à la tranquillité publique, à des hommes qui remplissent des devoirs qu'ils se sont imposés que par des sentiments du plus pur patriotisme ils n'ont pas craint de les maltraiter et de déchirer leurs habits. Des pleurs, des cris de tous les quartiers du bourg se firent entendre ; des pères, des mères gémissaient pour leurs enfants, ceux-ci pour leurs pères et mères, des femmes pour leurs maris. Ah ! quel triste spectacle ! C'est avec douleur que nous vous en retraçons l'idée.... »

Après ce prologue dans lequel il semble avoir voulu réunir tous ses talents oratoires, le procureur de la commune passe en revue les dépositions des témoins et les renseignements donnés sur les coupables repentants. Certes ils ne méritent guère de sympathie. Les frères Elard sont de toutes les révoltes et de toutes les séditions ; l'un d'eux est soupçonné même de désertion du régiment dans lequel il s'était engagé. Thorel s'est déjà également signalé dans plusieurs révoltes ; c'est lui qui excitait contre Taupin commis à la perception des droits de boucherie, et le 28 août dernier le conseil se vit contraint de lui infliger déjà une sévère punition. Aussi le procureur se montre-t-il, et avec raison, opposé à toute idée de clémence.

En présence de leurs parents ou répondants, la municipalité interroge chacun des prévenus, et voulant encore cette fois user d'indulgence se contente de leur infliger diverses amendes. Sur la réquisition du procureur, elle ordonne que le jugement serait imprimé jusqu'à concurrence de 100 exemplaires pour être affichés à Bourgtheroulde et dans les paroisses voisines les jours de dimanchés, de foires et marchés. La municipalité donne l'ordre aussi de veiller à l'avenir à la plus stricte application des règlements ; dans le courant de ce même mois d'octobre de nombreuses contraventions qu'on aurait en tout autre temps laisser passer comme inaperçues — exemple l'interdiction aux cafétiers et hôteliers de donner à boire pendant les heures d'offices — furent relevées.

Le 10 octobre la municipalité va recevoir le serment de la veuve Lequesne et de son fils préposé au service de la poste aux lettres. Mais le procureur de la commune avant qu'il y soit procédé tient à faire connaître au corps municipal les plaintes auxquelles ont donné lieu les demandeurs dans l'exercice de ces mêmes fonctions. Les lettres sont fort mal distribuées et à des heures tardives ; toutefois il ne s'oppose pas au renouvellement du mandat confié à la veuve Lequesne et à son fils, mais il demande expressément que les lettres soient distribuées, au plus tard, avant sept heures du soir et qu'elles ne soient confiées à aucune personne étrangère à ce service.

Le 13 novembre le chanoine Thubeuf donne sa démission de secrétaire de la municipalité. Dans sa lettre au maire il dit « regretter de ne pouvoir répondre plus longtemps aux marques de confiance dont vous m'avez honoré en m'associant à vos travaux. » Il aurait désiré « que les circonstances eussent été tout autres que celles qui existent », mais malgré sa bonne volonté de se rendre utile à tous les citoyens de l'endroit, il ne peut conserver ses fonctions. « Vous en connaissez, dit-il, les motifs. » Ces motifs ne peuvent se trouver que dans la Constitution civile du clergé que l'Assemblée Nationale venait de voter. La municipalité exprima ses regrets au chanoine Thubeuf de la décision qu'il venait de prendre, elle décida qu'à l'avenir un secrétaire-greffier serait choisi par elle et qu'un traitement annuel de 72 liv. lui serait assigné. Le sieur Boutin fils fut désigné pour remplir ces fonctions.

Le 28 novembre, défense est faite à toute personne de vendre les jours de dimanches et fêtes aucune marchandises à boutiques ouvertes et sur le pavé, à l'exception toutefois des choses nécessaires à la vie.

Le 4 décembre M. Soyer, procureur de la commune d'Angoville, se plaint à la municipalité de Bourgtheroulde que les chemins faisant communiquer entre elles les deux communes soient « en quelque sorte inaccessibles et impraticables à pied ou à charroi. » Il reçoit chaque jour de nouvelles doléances de la part des habitants de sa commune. Il demande donc à l'administration de Bourgtheroulde qu'elle fasse ordonner par les riverains des dits chemins et rues une prompte réparation. On sait que les chemins étaient alors la propriété des riverains qui étaient obligés à leur entretien. Le corps municipal de Bourgtheroulde reconnut sans hésitation que les chemins de cette commune laissaient fort à désirer, et il décida que toutes les mesures seraient prises pour y porter remède. Mais il fit remarquer au procureur d'Angoville que la situation n'était guère meilleure du côté des plaignants et qu'il devait exiger que ses concitoyens fissent, chez eux, ce qu'ils demandaient avec tant d'insistance aux habitants de Bourgtheroulde.

Le 6 février 1791, à l'issue de la messe paroissiale, M. Robert Guillaume Pinchon, curé de la paroisse, en présence des fidèles assemblées, demanda à prêter le serment requis en exécution du décret de l'Assemblée Nationale du 27 novembre. A cette occasion il prononça un discours « dans lequel il exprime, à la grande édification des assistants, ses sentiments d'attachement à la Constitution », et à haute et intelligible voix il fit le serment solennel de « veiller avec soin sur les fidèles de sa paroisse confiés à ses soins, d'être fidèle à la Nation, à la Loy et au Roy, et de maintenir de tout son pouvoir la Constitution décrétée par l'Assemblée et acceptée par le Roy. » (1)

Le même jour le conseil général de la commune accepte pour instituteur le sieur Meunier, ancien maître de pension à Paris.

Au commencement de ce même mois de février il fut dressé un *État indicatif des noms des différentes sections du territoire de Bourgtheroulde*. Ces sections au nombre de 29 furent inscrites sous les noms de : La Bourgeoisie, St-Nicolas, La Tocquionnerie, La Mare des Fosses, Le Bouley, Le Cresson, Le Parc, La Mare Thibert, St-Laurent, Clos Duval, La Mare Cotterie, Les Trois Cornets, Le Courtois, Les

---

(1) Registre municipal f° 116 recto.

Faulx, la Bredèque, Le Bosc-Béranger, La Queue Bourguignon, Le Clos Raffetel, l'Epine au Vent, La Croix, Les Baudières, La Jurée, La Noé Binet, l'Epiney, La Fosse Louvet, l'Orme, la Vallée d'Angoville, Le Pré de la Noé, Le Furet.

Le 6 février, nous voyons le curé de Bourgtheroulde prêter serment à la Constitution : Il ne faisait d'ailleurs que suivre l'exemple de la très grande majorité des curés de cette contrée, où les réfractaires furent rares ; mais ce qui est plus extraordinaire c'est de voir à huit jours de distance l'abbé Pinchon rétracter son serment. Le 13 février il faisait connaître sa nouvelle volonté à l'administration municipale par ministère de sergent (d'huissier). Dans sa lettre il déclare que « pressé par des circonstances impérieuses et surtout par le désir que j'avais de ne pas me séparer de mon troupeau, j'ai prononcé ce serment civique lorsque la municipalité l'a requis. Depuis ce moment ma conscience me crie que mon zèle pour la pureté de la foy et mon attachement à mon troupeau m'en commandaient le refus. J'obéis à ces cris et je évoque ce serment que j'ai prononcé. »(1)

La municipalité se contenta d'enregistrer ce refus et cette révocation. Le curé de Bourgtheroulde, devenu réfractaire à la loi, devait cesser immédiatement ses fonctions sacerdotales.

Le 26 février, un des membres de la municipalité expose que « pour le bien public les juges de police ont, dans tous les temps, toléré dans les villes et bourgs un débit de viande pendant le Carême pour les malades et les tempéraments faibles. Cette nécessité a une cause de plus dans Bourgtheroulde : celle du passage fréquent des troupes de ligne ; aussi a-t-on toujours pris des mesures pour qu'il fût pourvu de cet aliment ; mais l'expérience a prouvé qu'il était indispensable d'en accorder le droit exclusif à un seul particulier, qui, en contractant l'obligation d'avoir un approvisionnement suffisant, mettrait les particuliers en état de trouver à toute heure les aliments que les circonstances et les besoins rendent absolument indispensables. » Il demande alors qu'il soit procédé à l'instant à l'adjudication au plus offrant et dernier enchérisseur de la Boucherie de Carême de Bourgtheroulde pour une année seulement.

---

(1) Registre municipal f° 120, annexe.

La municipalité partage cette opinion et décida que l'adjudicataire devra être pendant tout le temps du Carême suffisamment approvisionné de bœuf, veau et moulon en bonne qualité loyale et marchande, laquelle sera inspectée en présence d'un officier municipal. Il ne pourra vendre cette viande au-dessus de 6 sous la livre; il devra en fournir aux pauvres malades, en première qualité, sur le bon du maire ou d'un officier municipal, à 5 sous la livre, ainsi qu'aux gens de troupe de passage. Enfin, il paiera aux mains du trésorier de la commune, M. Dain, le prix de son adjudication qui sera versé au profit des pauvres. Cette décision fut immédiatement mise à exécution. La boucherie du Carême pour 1791 fut adjugée à un sieur Lasne, moyennant 98 livres de redevance... Que les temps sont changés!

Le 17 mai, la municipalité fait connaître au conseil général de la commune que pour se procurer un appartement propre à tenir les *petites écoles*, il avait demandé à M. de la Londe l'autorisation de continuer à se servir de celui attenant aux halles poissonnières et que feu le marquis avait prêté à la paroisse. Mais les petites écoles ayant été interrompues par suite du départ du maître, il avait, lors de la réouverture, demandé au président de la Londe une nouvelle autorisation. Celui-ci déclara y consentir, mais seulement à titre provisoire « jusqu'à ce qu'il ait avisé à tirer de cette halle un parti plus avantageux pour ses intérêts ». C'était une menace envers la municipalité; le noble marquis ne percevant plus en effet les droits de coutume qui appartenaient à la commune, et n'ayant plus droit qu'à un simple loyer, trouvait ce revenu trop modique. D'ailleurs, il a entendu parler de certains bruits, de certaines revendications sur ces halles. Il demande que cette concession relative aux petites écoles ne puisse jamais être regardée par la municipalité comme un droit à possession pour l'avenir, et qu'une délibération soit prise dans ce sens.

Le conseil de la commune voulut bien se rendre aux raisons invoquées par M. de la Londe. Mais convaincu « du danger qu'il y a de laisser subsister plus longtemps la halle au blé au milieu du pavé, non-seulement parce qu'elle intercepte la voirie, mais encore parce qu'elle est toujours remplie de fourrage, bois et charrette, ce qui excite des craintes au public, craintes dont les murmures se sont fait entendre jusqu'à M. le président de la Londe, le conseil général, voulant prévenir les accidents, a arrêté que M. le président de la Londe sera prié de les faire enlever sous le plus bref délai. » (1).

La réponse de la municipalité était topique ; puisque M. de la Londe manifestait certaine irritation à l'égard de la commune, la commune lui répondait qu'elle saurait toujours envers et contre tous sauvegarder son indépendance et sa liberté.

Le 17 mai, M. Pourpoint, notaire, donne sa démission de maire de Bourgtheroulde, et pour ne pas entraver les délibérations de la municipalité, il offre de laisser à sa disposition la chambre à lui appartenant et cédée pour l'usage de maison commune.

La démission du maire de Bourgtheroulde produisit une vive sensation dans la commune. Cette décision de M. Pourpoint était d'autant plus regrettable qu'elle se produisait à un moment des plus critiques. En effet, dans cette séance même où le maire abandonnait ses pouvoirs, les boulangers de la commune faisaient savoir à l'administration qu'ils fermaient leurs fours. On conçoit l'embarras dans lequel se trouvait le corps municipal ; aussi pria-t-il le maire de continuer ses fonctions « jusqu'à ce que le district ait reçu sa démission et pourvu à son remplacement ». D'autre part, le procureur de la commune dut prendre toutes les mesures nécessaires pour approvisionner de pain les habitants en faisant appel aux boulangers étrangers.

Le district de Pont-Audemer se montra fort irrité de cette démission de M. Pourpoint et malmena sévèrement le corps municipal qui lui demandait des renseignements sur la conduite à tenir :

« Quand on veut des réponses précises, répondent les administrateurs du district, on doit s'expliquer plus que vous ne le faites par votre lettre. La démission de votre maire d'une manière aussi brusque nous paraît surprenante, *et ne nous surprendrait point peut-être, si vous nous en donniez les raisons...* Le second article de

---

(1) *Registre municipal*, p. 130 recto et annexes.

votre lettre paraît très sérieux et, faute d'explications de votre part, nous n'y pouvons répondre autrement, sinon que : 1° vos boulangers doivent avoir quelques fortes raisons pour abandonner leur état ; 2° que votre municipalité doit régler le prix du pain proportionnellement à celui du blé et de manière que les boulangers puissent vivre de leur métier ; 3° qu'en vendant au prix fixé vous devez, en cas de trouble, les soutenir ou les faire soutenir par la force publique de votre canton, mais que votre premier pas est de prendre le parti de la douceur, de l'exhortation et de la persuasion ; 4° que vos boulangers qui ne pourraient pas abdiquer leur métier, vous laissent quinze jours de réflexion, avant de prendre ce parti. »

Le 23 mai, le corps municipal est appelé à prendre connaissance de la lettre par laquelle « le district marquait sa sensibilité de la démission de M. Pourpoint ». D'après le conseil général de Bourgtheroulde, cette démission n'a d'autre cause que des « insultes à lui faites par de mauvais sujets excités par les ennemis du bien public ». Le vœu général de la population est que M. Pourpoint conserve ses fonctions de maire de la commune. En conséquence, l'assemblée municipale décide « que M. Pourpoint sera prié de reprendre ses fonctions en lui assurant qu'outre les secours et protection compris par MM. du district, il aura ceux du conseil général en toute occasion. »

Cette démarche fut faite immédiatement, et sur l'invitation des délégués du conseil, M. Pourpoint se rendit à l'assemblée. Il y déclara que « c'est avec douleur qu'il a donné sa démission, que la position dans laquelle il s'est trouvé le mettait dans la dure alternative d'agir ainsi ou de dénoncer les personnes qui ont cherché à attenter à sa vie et à celle du secrétaire de la municipalité, et dont les suites seraient devenues fâcheuses ; mais comme il n'a jamais chercher qu'à donner à ses concitoyens des preuves de son patriotisme, et particulièrement aux habitants de ce lieu qui lui ont prouvé le plus grand attachement, il déclare, pour répondre à leur vœu, reprendre immédiatement ses fonctions de maire, en observant que le conseil général lui fera plaisir d'user de douceur, même d'indulgence envers ceux qui lui ont manqué. »

Mais le conseil général lui répond « qu'il est fâché de ne pouvoir obtempérer à ce désir. Le Bien public et le bon ordre exigent trop qu'un exemple capable de faire jouir non-seulement le corps municipal, mais toute la communauté, de la tranquillité dont ils sont malheureusement privés depuis longtemps, soit faite ». M. Pourpoint n'insista pas et reprit ses fonctions : la crise municipale était ainsi terminée, les coupables allaient être punis.

Dans cette même séance, le conseil décida que les granges, pressoir, étables et écuries du presbytère, devenus sans emploi par suite de la suppression de la dîme, seront vendus pour en employer le montant à la construction d'une école et d'une prison dont l'urgence était incontestable après les derniers évènements (1).

Le 4 juin, le conseil général est de nouveau assemblé, et le procureur de la commune Cauvin prend la parole. Il dit « qu'un des beaux ouvrages de l'Assemblée nationale est celui qui a fait recouvrer au peuple français la liberté que le despotisme lui avait ravie dans les siècles d'ignorance. Chaque citoyen doit jouir de cette liberté et doit en faire jouir ses compatriotes ; pour cela, il ne suffit pas de rien faire qui puisse nuire à autrui, mais encore il doit faire tout ce qui peut procurer à ses concitoyens les avantages d'une vie heureuse et tranquille ».

Après avoir disserté sur les devoirs des citoyens les uns envers les autres, le procureur continue : « Le temps de l'oppression est passé, il n'en reste plus que le triste souvenir. Le peuple français est déchargé du poids accablant de la féodalité, le commerce de tout genre est libre, on ne met plus les marchandises à contribution dans les foires et marchés, la vente des bestiaux et des comestibles s'y fait sans payer de droits qui souvent n'avaient d'autre fondement que celui du pouvoir arbitraire. » Il demande enfin, comme conclusion, qu'un marché aux bestiaux soit établi à Bourgtheroulde le mardi de chaque semaine ».

Le conseil partage cet avis et décide que les démarches nécessaires seront faites à ce sujet.

---

(1) *Registre municipal*, folios 136, 137 et annexes.

Le jour même où Louis XVI rentrait à Paris, escorté par les gardes nationales, après sa fuite de Varennes, le conseil général de Bourgtheroulde se réunissait en vertu de deux décrets de l'Assemblée nationale en date du 21 juin dont l'un portait : « Avertissement aux Corps administratifs et municipaux du départ. du roi, » et l'autre ordonnait « à tous les fonctionnaires publics, gardes nationales ou troupes de ligne de l'empire d'arrêter ou faire arrêter toutes personnes quelconques sortant du royaume, comme aussi d'empêcher toutes sorties d'effets, armes, munitions ou espèces d'or et d'argent, chevaux, voitures, et dans le cas où les courriers joindraient quelques individus de la famille royale et ceux qui auraient pu concourir à leur enlèvement, ils devront prendre toutes les mesures nécessaires pour l'arrêter et en avertir le corps législatif. »

L'assemblée de Bourgtheroulde, « considérant que la liberté française et la Constitution du royaume sont en danger, animée du désir de protéger ses concitoyens et de les faire jouir autant qu'il sera possible de la tranquillité générale, décide : 1° que tout citoyen de Bourgtheroulde fera le service de la garde nationale jusqu'à ce qu'il en ait été autrement décidé ; 2° il y aura une garde jour et nuit ; 3° défense est faite aux maîtres de poste et loueur de chevaux de n'en fournir aucun avant d'en avoir averti la municipalité pour qu'elle pût faire toutes les vérifications nécessaires ; 4° défense aux aubergistes et cabaretiers de ce lieu de recevoir ni loger chez eux qui que ce soit sans avoir averti également la municipalité ; 5° la directrice de la poste aux lettres ne pourra distribuer aucuns journaux ni papiers sans la permission de la municipalité parce que dans le cas où celle-ci en jugerait d'incendiaires ou contraire au bien public, elle les ferait déposer à la maison commune pour en être délibéré ; 6° Tout habitant de Bourgtheroulde qui, dans les vingt-quatre heures, ne se sera pas fait inscrire sur les registres de la garde nationale sera regardé comme un ennemi de la tranquillité publique et déchu du titre de citoyen ; 7° pour faire reconnaître les patriotes de ceux qui ne le sont pas il sera fait deux tableaux dont l'un sera affiché contre le premier pilier de l'église du côté de l'Évangile, et portera les noms de tous ceux qui se sont fait inscrire ;

l'autre sera affiché au pilier faisant vis-à-vis et contiendra les noms des réfractaires ; 8° pour donner plus de force et plus de soutien à la chose publique, toutes les municipalités du canton seront invitées au nom de l'assemblée à se réunir à celle de Bourgtheroulde pour le maintien de la Constitution et de la liberté individuelle de tous les vrais Français ; 9° tout habitant de Bourgtheroulde qui ne se conformera pas exactement à cette délibération sera déchu de sa qualité de citoyen actif et poursuivi comme *perturbateur au repos public et traître à la patrie.* » Enfin l'assemblée municipale ordonne que cette délibération serait lue à la grande messe de Bourgtheroulde par le curé de la paroisse, et ensuite dans toutes les rues du bourg par le garde-messier.

Le lendemain 24 juin, Michel Grandin, major de la garde nationale de Bourgtheroulde, se présentait devant la municipalité et déposait sur son bureau une lettre contenant les détails de l'arrestation du roi. L'assemblée « informée de la douleur que l'enlèvement de ce bon prince a occasionnée à tous les habitants de cet endroit, arrête que la cloche serait sonnée à l'instant, la caisse battue dans toutes les rues pour faire assembler les habitants à l'église où les détails seront lus et un *Te Deum* chanté ». L'abbé Léger, curé de la paroisse, en présence de la municipalité, de la garde nationale et d'une grande affluence de peuple y donna lecture de la lettre contenant la nouvelle de l'arrestation du roi.

« Aussitôt les alarmes se sont changées en allégresse, le *Te Deum* entonné par l'abbé Frigot, ci-devant chanoine, est chanté par tous les assistants. »

De son côté l'assemblée « pénétrée que la divine Providence qui veille sur tout et prévoit à tout, sans l'ordre et la permission de laquelle rien n'arrive en ce monde, a exaucé le désir, le vœu de tous les bons Français en lui rendant son monarque chéri, délibère que pour rendre de plus solennelles actions de grâces à l'Être suprême de son heureux retour » il sera chanté lundi 27 courant, à dix heures du matin, une messe solennelle et à la suite un *Te Deum.* Les curés et officiers municipaux de toutes les paroisses du canton seront invités à se réunir et à assister en corps à cette solemnité.

nfin tous les habitants ayant maison sur le pavé seront tenus d'illuminer depuis neuf heures jusqu'à minuit.

Comme on le voit, le peuple croyait à l'enlèvement du roi par les nemis du bien public et de la Constitution : l'histoire est venue lus tard rétablir la vérité.

La solennité du 27 eut lieu comme la municipalité de Bourgtheroulde l'avait prescrit : les maires et officiers municipaux d'Infreville, Saint-Ouen-du-Thuit-Heudebert, Angoville, Voiscreville, osc-Roger et Thuit-Hébert y assistaient, ainsi que plusieurs curés u canton.

La municipalité est avertie que la directrice de la poste aux ttres, son fils et sa fille font tous leurs efforts pour empêcher xécution de l'article 8 de la délibération du 23 juin ; à ce sujet lo entretient diverses correspondances avec un sieur Barbier. La unicipalité se rend le 28 juin au bureau de poste et se fait ouvrir s paquets de correspondance : deux lettres qui lui paraissent suspectes sont saisies, l'une était adressée à M. de Marcouville, l'autre à . de Servinges, capitaine au 14e d'infanterie, de passage à Bourgtheroulde. M. de Marcouville sera mandé devant la municipalité rès que celle-ci aura pris lecture de la lettre qui lui est destinée. aisie est aussi faite d'un journal l'*Abeille* qui contient des passages contraires aux principes de la vérité ».

Des bruits fâcheux circulent à Bourgtheroulde pendant les rniers jours de juin. On raconte que des attroupements et rasmblements se font dans deux maisons, l'une appartenant à . d'Étampes, sise à Mauny, l'autre à M. Mildy, à Saint-Ouen-de-ouberville. D'après la rumeur publique, des munitions d'armes y trouveraient entassées et l'on y assemblerait des chevaux en ombre plus grand qu'à l'ordinaire. Dans cette circonstance le nseil décide que deux commissaires vont être immédiatement signés à l'effet de s'assurer de la vérité des bruits; ils sont autosés à faire des perquisitions dans tous les lieux, places et endroits 'ils jugeront nécessaires; ils se feront escorter, s'ils le jugent à opos, non-seulement de la garde nationale de ce lieu, mais encore s gendarmes des environs dont ils croiraient avoir besoin. Ils feront tout enlèvement d'objets qui leur sembleront pouvoir être portés contre la liberté, ils dresseront des procès-verbaux et feront tout ce que la prudence leur conseillera pour le bien public.

Le 21 août, le maire de Bourgtheroulde expose au conseil que les cinq paroisses du canton ont fourni vingt-huit volontaires pour la défense de la patrie; mais sur ce nombre il en est plusieurs qui ne peuvent se procurer par eux-mêmes tous les effets qui leur sont nécessaires : il pense que cette charge doit incomber au département et non aux communes. Cette opinion est partagée par le conseil qui déclare n'avoir aucune délibération à prendre à ce sujet.

Le district de Pont-Audemer ayant appris que la ferme de Saint-Nicolas, enclavée dans la forêt de la Londe, avait donné lieu à certains bruits suspects, demande des renseignements à la municipalité de Bourgtheroulde; mais celle-ci déclare que tous ces bruits sont faux, rien d'anormal ne se passe à la ferme (4 septembre).

L'Assemblée nationale vient de terminer ses travaux. De toutes parts, de toutes les communes de France des témoignages de reconnaissance lui sont envoyés. Le 16 septembre le conseil général de Bourgtheroulde est réuni pour en délibérer. Son enthousiasme est sans limite :

« Considérant, dit-il, que l'oubli ou le mépris des droits de l'homme étaient les seules causes des malheurs publics et de la corruption du gouvernement français; que les droits naturels et sacrés de l'homme, par suite d'un pouvoir absolu, d'une administration injuste et vexatoire avaient été violés; que des lois barbares, inhumaines et arbitraires substituaient souvent le crime à l'innocence; que des privilèges pécuniaires en matière de subsides n'étaient qu'une aggravation de maux; que les distinctions de naissance pour être admis aux emplois et dignités ecclésiastiques, civils et militaires, dégradaient et décourageaient l'homme de talent et vertueux.

» Considérant que pour réprimer ces abus qu'une longue possession semblait devoir être une propriété de ceux qui les exerçaient tyranniquement contre leurs égaux, il ne fallait rien moins que des représentants courageux, qu'un digne rejeton de Henri IV, un père du peuple, un ami de l'humanité.

» Considérant que pour bannir à jamais ces distinctions humiliantes, ces privilèges usurpés, ces perceptions arbitraires, ces lois meurtrières qui ne frappaient que sur la partie indigente, et que, pour qu'il n'en restât tout au plus que le triste souvenir, il fallait la réunion des autorités exécutives et législatives qui, sans un accord parfait, ne peuvent se mouvoir;

» Considérant enfin qu'à ces oppressions, des lois sages et humaines n'ont pu être substituées, que la liberté des personnes, leur sûreté et celles de leur propriété n'ont pu être mises à l'abri de toute atteinte, et qu'une régénération aussi salutaire n'a pu s'opérer sans le secours de l'Être suprême qui conduit et régit tout;

» Décide qu'un *Te Deum* d'actions de grâces sera chanté dans l'église de Bourgtheroulde dimanche, à six heures du soir; la garde et tous les citoyens du lieu seront invités à y assister, tous ceux ayant maison sur le pavé ou sur les rues devront illuminer depuis sept heures jusqu'à minuit. »

Le 1er octobre, et conformément aux ordres du département, il est procédé à la vérification de l'état du presbytère et des lieux y attenants occupés par l'ancien curé Pinchon, alors réfractaire; un devis des réparations lui incombant sera dressé.

Le dimanche 30 octobre, on proclame à Bourgtheroulde, comme dans tout le royaume, la nouvelle Constitution votée par l'Assemblée nationale et acceptée par le roi. Après vêpres nouveau chant du *Te Deum*. On crie : Vive la Liberté, Vive l'Égalité. La nouvelle Constitution est lue aux acclamations enthousiastes du peuple aux principaux endroits du bourg. Un feu de joie est allumé sur la place d'Armes. Le soir toutes les maisons sont illuminées jusqu'au matin.

La veille, le procureur de la commune avait exposé à la municipalité que depuis quelque temps le bourg est exposé aux plus grands incendies et ce par la négligence des habitants de faire ramoner leurs cheminées; plusieurs sont même dans le cas d'être interdites. D'autre part, l'habitude que l'on a prise de tasser des fourrages sous les halles du bourg l'expose à de semblables accidents. Il demandait à la municipalité de prendre les mesures convenables pour préserver le bourg de ces malheurs.

La municipalité ordonne qu'une sérieuse inspection de toutes les cheminées sera faite; la halle sera débarrassée de tout ce qu'elle contient.

La tranquillité qui régnait depuis quelque temps menace d'être de nouveau troublée. Le 21 novembre la municipalité est instruite que « des malveillants, des ennemis de la tranquillité générale et de la Révolution qui a remis l'homme dans des droits qui, quoi qu'imprescriptibles, lui avaient été ravis, cherchent à décourager les officiers de cette municipalité, en tenant contre eux des discours calomnieux, outrageux, injurieux et propres à substituer le mépris à la confiance dont leurs compatriotes les avaient honorés ». Les tentatives d'émeutes qui plusieurs fois sont arrivées dans ce bourg n'ont eu lieu « que par l'instigation de ces hommes pervers, et il est urgent d'arrêter les projets de ces hommes dangereux à la société; mais elle croit que la voie de douceur et de remontrance serait aussi infructueuse à l'avenir qu'elle l'a été dans le temps passé ». Le conseil général de la commune décide qu'une « minutieuse information sera faite par l'accusateur public sur tous les discours ou propos tenus dans ce bourg depuis un an, notamment le jour d'hier, dans les cafés et auberges, contre les députés à l'Assemblée nationale ». Les pouvoirs les plus étendus sont donnés à ce sujet à MM. Harel et Dové, officiers notables.

La souscription patriotique a produit à Bourgtheroulde 849 l. 13 s. 4 d.

Le 3 décembre un nouveau règlement de police est promulgué à Bourgtheroulde.

Le 27 décembre plusieurs habitants de Bourgtheroulde viennent se plaindre à la municipalité « qu'un des abus résultant du pouvoir aristocratique est la construction sur les places publiques de Bourgtheroulde de halles qui, si elles servaient à faire payer des droits excessifs de coutume et d'étalage, privaient des particuliers de l'usage de leurs maisons. Le conseil général de la commune a dû d'ailleurs, supprimer celles au blé qui interceptaient le pavé et obstruaient les maisons. » Ils parlent ensuite de la nouvelle entreprise du ci-devant seigneur qui avait fait élever, l'année précédente, des fossés non-seulement pour intercepter les rues, mais encore pour interdire toute sortie et entrée à un certain nombre de maisons, fossés que l'administration communale a dû faire combler. Les plaignants demandent à la municipalité d'ordonner la démolition de la halle poissonnière.

Le 1er janvier 1792 le conseil général de la commune, saisi de la question, se montra entièrement favorable à la demande qui lui était faite. Il décida que M. Le Cordier de Bigards de La Londe serait invité à faire enlever, dans le délai d'un mois, la halle poissonnière ; dans le cas de refus de l'ex-seigneur, la municipalité y ferait procéder d'office.

Des troubles graves, « suscités par les ennemis de la liberté », se produisent à cette époque sur différents points du département particulièrement au Neubourg. Le conseil général de Bourgtheroulde, dans la crainte que de nouvelles émeutes viennent à surgir dans ce bourg, prend toutes les précautions nécessaires. Il décide, le 8 mars, que la halle au blé du samedi suivant sera escortée de 340 hommes, à raison de deux citoyens par dix inscrits sur les listes de la garde nationale du canton. Les maires et officiers municipaux des communes devront choisir ceux de leurs citoyens dont le civisme est le plus connu et leur donner les ordres nécessaires pour qu'ils soient rendus le samedi à huit heures du matin à Bourgtheroulde.

On sait qu'il existait alors dans le Roumois une grande confrérie connue sous le nom de confrérie du Saint-Sacrement, mais qu'on désignait plus communément de celui de « Confrérie du Roumois », sous lequel d'ailleurs elle est restée dans l'histoire, et qui avait son siège à Saint-Ouen-de-Thouberville (1). Chaque année une procession générale avait lieu, à laquelle étaient tenus d'assister tous les confrères et associés. Cette procession vint à Bourg-

---

(1) Voir notre notice sur Bouquelot.

theroulde en 1792, et le curé de Saint-Ouen-du-Tilleul, qui était le trésorier de l'association, avait mis quatre demoiselles quêter pour les pauvres. Cette quête allait donner lieu à un vif incident.

La cérémonie terminée, le procureur de la commune de Bourgtheroulde réclama le montant de la quête pour être distribué aux pauvres ; sur ses réquisitions la municipalité ordonna que le curé de Bourgtheroulde et le trésorier de la fabrique seraient invités à se présenter devant elle le jour même. Mais au lieu du curé et du trésorier, ce furent les quêteuses qui se présentèrent et déclarèrent au conseil de la commune qu'elles « étaient encore saisies des deniers qu'elles avaient quêté, mais qu'elles devaient les remettre au curé de Saint-Ouen-du-Thuit-Heudebert (du Tilleul), trésorier de la procession, et que c'était lui que le conseil devait entendre. »

Le lendemain 27 juin, la municipalité se réunit de nouveau, mais l'argent des quêtes ne lui fut pas plus versé que la veille, la résistance était de parti pris. Les quêteuses se conformaient à l'ordre qu'elles avaient reçu du trésorier de la procession. La municipalité, en présence de cette manifestation, les condamne solidairement, *sous la contrainte de 100 livres*, à remettre le jour même de la signification de l'arrêté aux mains du trésorier de la commune le montant des quêtes, et en outre aux dépens et aux frais qui seront faits (1).

Mais cette disposition énergique n'eut pas tout le résultat qu'en espérait la municipalité. Dans la séance du 5 août, le procureur de la commune, après avoir fait un historique de l'incident et avoir rappelé la délibération du 27 juin, ajoutait :

« De ces quatre filles, trompées par les raisonnements des ennemis du genre humain, trois, désabusées par les observations de leurs parents dont les sentiments de justice ne furent jamais équivoques, versèrent le même jour ce qui leur avait été confié ; mais la quatrième, Rose Peuffier, fille d'un chirurgien de ce bourg, ne craignit pas de ne point les imiter.

« Quels pouvaient être les motifs du refus de la fille Peuffier ?

---

(1) Registre municipal, folio 175 recto, verso, et 177.

Serait-ce parce qu'elle a été chargée, ainsi qu'elle le déclare, par M. le curé de Saint-Ouen de faire cette quête, qu'elle voudrait lui remettre ce qui lui a été confié pour qu'il en fasse lui-même la distribution? Il ne connaît pas les pauvres de Bourgtheroulde. Serait-ce parce qu'elle a fait cette quête en présence du curé de Bourgtheroulde et des officiers municipaux; que ceux-ci, loin de s'y opposer, lui firent détacher des fusiliers pour lui procurer plus de facilité, qu'elle croirait être dispensée de rendre compte aux administrateurs du bien des pauvres de ce qui leur appartient ». Il demande enfin que la municipalité ait à se prononcer.

Celle-ci, considérant que la fille Peuffier est mineure et qu'elle n'a aucun bien pour répondre, tout en maintenant sa précédente délibération, décide que l'exécution en sera retardée jusqu'à ce qu'elle ait des biens disponibles. Cette délibération fut signifiée à M. Peuffier père. A cette époque, comme on le voit, la responsabilité paternelle était encore inconnue.

En même temps la municipalité ordonnait que, vu les pressants besoins des pauvres, des quêtes seraient faites les dimanches et jours de fêtes à tous les offices de l'église.

Une loi du 8 juillet 1702 avait ordonné à tous les citoyens de faire en la maison commune une déclaration des armes et munitions qu'ils possédaient; mais soit négligence, soit mauvaise volonté, un certain nombre d'habitants de Bourgtheroulde ne se conformèrent pas à cette prescription. Dans la séance du 20 septembre le procureur de la commune demanda à la municipalité que des mesures rigoureuses soient prises à l'égard des réfractaires, et que des perquisitions soient faites chez tous les contrevenants. La municipalité, se rendant aux raisons invoquées par le procureur, ordonna que cette perquisition aurait lieu chez tous les habitants de la commune et qu'un procès-verbal serait dressé des armes et munitions qui seraient trouvées sans avoir été déclarées. Les armuriers, serruriers ou maréchaux de Bourgtheroulde ne pourront fabriquer ni réparer aucune arme sans en avoir au préalable prévenu la municipalité. Aucun débitant ne pourra vendre de la poudre sans une autorisation. Enfin il sera remis un fusil de munition à chaque volontaire du canton qui partira pour la défense de la patrie.

La commune d'Infreville, sujette comme Bourgtheroulde aux logements de troupes, avait trouvé moyen, à une certaine époque, de se faire dispenser de cette servitude en payant au chef-lieu une certaine somme annuelle. Bourgtheroulde logeait donc les troupes d'Infreville. Mais bientôt cette dernière commune, après s'être fait dispenser du logement, crut qu'elle pourrait aussi parvenir à éviter le paiement de la subvention. La commune de Bourgtheroulde protesta contre cette nouvelle prétention de sa voisine; d'ailleurs les mouvements de troupe étant devenus de plus en plus nombreux, elle déclara à Infreville que le traité jadis conclu était rompu. A cette nouvelle, les habitants d'Infreville envoyèrent immédiatement à Bourgtheroulde une députation chargée de prendre de concert avec cette dernière municipalité des arrangements pour le paiement des 48 livres d'arrérages dus pour le logement des troupes, et de s'entendre pour la continuation du paiement de ladite redevance.

Mais la municipalité de Bourgtheroulde ne fut pas de ce dernier avis. « Considérant, dit-elle, que tous les arrangements que l'on pourrait prendre pour dispenser les maisons voisines et limitrophes de Bourgtheroulde du logement des troupes, seraient préjudiciables non-seulement aux habitants de l'endroit, mais encore aux militaires dont un certain nombre se verraient exposés à de mauvais logements tout en surchargeant les habitants de Bourgtheroulde, le conseil général déclare aux délégués d'Infreville qu'il persiste dans sa demande de rompre toute convention, et qu'à l'avenir il mettra à exécution l'ordonnance du département qui ordonne que la distance des habitations d'Infreville au point central de Bourgtheroulde sera prise en présence de commissaires » et cela sans préjudice des 48 livres d'arrérages dus par Infreville.

Le 11 octobre nous voyons apparaître à Bourgtheroulde une nouvelle municipalité. M. Peuffier, chirurgien, est maire, et M. Ygouf, procureur de la commune; les notables sont: Jean Aubrée, J.-B. Duhamel, Jean Mantel, J.-B. Pelletier, Adrien Devé, Remi Savouret, Jean Étard, Jacques Berrenger, J.-B. Leroux, Jacques Blefvre, Louis-Jacques Lair, Prosper Langlois; les officiers municipaux : Jacques Étard, Lequesne, Pierre Neveu, Pierre Leclerc et Pierre Écorcheville, tous élus par l'assemblée générale du 7 octobre. Ils prêtent serment dans la séance du 11 du même mois.

Le 10 novembre, le procureur de la commune expose à la municipalité que les boulangers ne peuvent suffire à approvisionner tous ceux qui leur demandent du pain, parce qu'ils ne peuvent trouver aux halles de Bourgthéroulde tout le blé qui leur serait nécessaire ; ils sont même obligés d'en acheter aux halles voisines où il est plus cher, ce qui les met dans la nécessité de vendre le pain au-dessus de la taxe fixée par les règlements de police du bourg. La municipalité décide alors que le prix du pain sera porté provisoirement à 33 sols la tourte de 12 livres, mais que les boulangers devront toujours en être approvisionnés.

Malgré la satisfaction donnée aux boulangers, la municipalité dut se montrer sévère envers quelques-uns qui ne trouvaient pas encore le prix suffisamment élevé. L'un d'eux, déjà condamné pour diverses infractions, déclarait qu'il « préférait garder son pain dans sa boutique plutôt que de le livrer à ce prix » ; des plaintes se produisirent. Ce boulanger récalcitrant fut traduit en police correctionnelle et condamné à 30 livres d'amende ; en outre il lui fut enjoint d'avoir à livrer incontinent au prix fixé par les règlements de police le pain qu'il avait dans son four. Ce jugement devait être publié et affiché ; enfin quatre fusiliers étaient commandés pour « escorter la distribution du pain, distribution qui sera faite nonobstant appel ou opposition ». (18 novembre).

Cette mauvaise volonté des boulangers ne fit qu'exaspérer la colère du peuple qui n'était que trop porté à ne voir en eux que des « affameurs » des malheureux. A la halle du 24 novembre, de nouvelles scènes assez graves vinrent à se produire, on voulut empêcher les boulangers de s'approvisionner. Il fallut avoir recours à un bataillon de la garde nationale qui parvint à ramener le calme. Mais le prix du blé allant toujours en augmentant, les boulangers refusèrent à nouveau de livrer le pain au taux fixé par la municipalité et menacèrent de cesser tout travail. Le conseil général de la commune, en présence de ce renchérissement qui se produisait dans toutes les halles voisines, décida que le pain serait vendu 34 sous les 12 livres.

Le 3 février 1793 le conseil général de la commune de Bourgtheroulde, « considérant que les biens de l'église sont sous la protection des lois et qu'il est de son devoir de protéger la minorité », autorise les trésoriers à poursuivre devant le juge de paix ceux qui se refuseraient de payer ce qu'ils doivent à la Fabrique ou au Trésor.

Pendant environ six mois nous n'avons aucun fait intéressant à relever à Bourgtheroulde, le registre municipal, soit par prudence, ou pour toute autre cause, ne parle pendant tout ce temps que de certificats de civisme et d'affaires sans importance. Mais ce calme, si calme avait existé, n'était que passager. Les troubles allaient bientôt recommencer de plus belle.

A la fin de septembre, la ville d'Elbeuf, menacée de la famine, obtint l'autorisation de faire dans les communes voisines des réquisitions de blé. Cette nouvelle à peine connue répandit l'effroi parmi les populations des campagnes qui, ne considérant qu'elles-mêmes, ne virent là qu'un nouveau moyen de les affamer et se déclarèrent résolues à empêcher tout enlèvement de blé. Les officiers municipaux d'Elbeuf, avisés que les habitants de Bourgtheroulde et de Bosc-Roger s'opposaient à l'enlèvement des blés requis, demandèrent la protection de la garde nationale. Pendant ce temps une foule considérable attroupée au Bourgtheroulde avait arrêté des convois de blés achetés pour la ville d'Elbeuf, et l'arrivée du piquet de garde nationale ne fit encore qu'exciter davantage la colère générale. La multitude se précipite alors sur les gens d'armes, en terrasse plusieurs, disperse les autres après s'être emparés de leurs armes.

Si l'on en croit les plaintes des envoyés de la ville d'Elbeuf les officiers municipaux de Bourgtheroulde auraient été les premiers à « exciter la foule attroupée, à faire des violences et à s'opposer à la libre circulation des grains, et ils seraient causes que la foule, égarée, se soit portée à des voies de fait; ils auraient même menacé de sonner le tocsin ». Ce qui est certain c'est qu'il y eut combat avec blessés et effusion de sang. Toutefois, après des efforts inouïs de la garde, le convoi parvint à passer.

En présence de cette multitude acharnée, les commissaires d'Elbeuf, inquiets, s'étaient rendus à la maison commune où la municipalité était rassemblée. Ils lui présentèrent les arrêtés des administrateurs du district de Rouen, lui firent connaître les communes qui, situées dans le Roumois, étaient comprises dans le rayon où pouvaient avoir lieu leurs réquisitions. Ces communes étaient Saint-Éloi-de-Fourques, Angoville, Basville, Berville, Boscherville, Boissey-le-Châtel, Bois-Normand, Grand-Bosbenard, Petit-Bosbenard, Saint-Pierre-du-Bosguerard, Epreville, Ecaquelon, Marcouville, Saint-Philbert-sur-Boissey; leur intention était d'y continuer leurs réquisitions. Ils demandèrent enfin qu'indépendamment des officiers municipaux, les auteurs de l'émeute fussent punis conformément aux lois.

Pendant tout le temps que dura cette conférence des délégués d'Elbeuf avec la municipalité et la rédaction du procès-verbal, une multitude plus nombreuse encore que la première s'était amassée devant la porte. Plusieurs particuliers qui proféraient des menaces et tenaient des propos séditieux, cherchant à exciter la foule, furent arrêtés.

A la suite de cette échauffourée, une enquête fut ordonnée par la municipalité. Mais que pouvait-elle produire ?

Le 8 frimaire an II de la République, le comité de surveillance, nouvellement nommé, se présentait devant le conseil général pour « manifester devant lui la pureté de ses intentions. » « Le comité sait, dit-il, que la tyrannie est terrassée, que le temps de la dictature est passé; il se borne donc à vous dire d'un ton fraternel que pour faire le bonheur de tous et empêcher le mal d'aucun il veut agir cordialement, amicalement et de concert avec vous; que comme vous il cherchera à maintenir l'égalité et la liberté et n'aura d'autre but que de purger le territoire français de l'infection (sic) aristocratique et de protéger les amis de la République (1). »

---

(1) Registre municipal folio 216 verso.

A ce discours le maire répond qu'il est heureux du choix fait par les habitants, il est persuadé que le comité de surveillance voudra maintenir la paix et la tranquillité et affermir concurremment avec lui les bases de la République naissante.

Le président du comité de surveillance représente alors qu'il lui paraît nécessaire que le comité fût pourvu du logement convenable avec le mobilier indispensable. Le conseil général décide en conséquence qu'un des appartements du château de l'émigré Cordier de Bigards, le ci-devant seigneur de Bourgtheroulde, serait livré au comité pour y tenir ses séances, concurremment avec la justice de paix.

Suivant un arrêté de répartement du district de Pont-Audemer, le rôle des contributions foncières de la commune de Bourgtheroulde s'élevait pour 1793 à 11,046 livres.

Le 23 pluviôse, la municipalité de Bourgtheroulde sévit contre un boulanger qui vendait en cachette le pain à des prix exorbitants : 3 livres 15 sous au lieu de 37 sous.

Le 13 ventôse, le ci-devant curé de Bourgtheroulde, le citoyen Léger, remet au greffe de la municipalité les clefs de l'église, le conseil général lui décerne le même jour un certificat de civisme; le curé Léger était âgé de 38 ans.

M. Auguste Peuffier, fils du chirurgien-maire de Bourgtheroulde, avait obtenu sous l'ancien régime un certain nombre de médailles comme prix remportés dans l'art de l'accouchement et la science de l'anatomie; mais ces médailles avaient été décernées sous le règne de l'esclavage et étaient frappées à l'image du tyran; aussi M. le maire de Bourgtheroulde profite-t-il du passage du citoyen Guimberteau, représentant du peuple près l'armée des côtes de Cherbourg, pour les lui remettre comme don patriotique et pour être « fondues dans le creuset national ». Il demande que notification soit faite de ce don au registre municipal.

La disette continue à sévir dans toute la contrée, les murmures de la population recommencent à se faire entendre. Pour apaiser l'excitation populaire, le conseil général décide le 21 germinal qu'un recensement scrupuleux de tous les grains serait fait dans toute la commune.

Le 4 messidor, le citoyen Pierre-Guillaume Le Baron est nommé instituteur.

A Bourgtheroulde, ainsi que dans la plupart des municipalités, à côté des pouvoirs légalement constitués : municipalité, conseil général, comité de surveillance, se forma une *Société populaire*. Cette société comme partout ailleurs s'arrogea des droits qu'elle ne tenait d'aucune loi, et en arriva bientôt à marcher sur le même pied que la municipalité. Au commencement de brumaire de l'an III nous la voyons faire avec le consentement de cette dernière, le partage décadaire des grains destinés à l'approvisionnement de la commune. Ce partage, d'ailleurs, s'opère à la satisfaction générale.

Jusqu'à cette époque le citoyen maire avait prêté un de ses appartements à la municipalité pour établir le greffe et renfermer les archives. De cet acte obligeant et méritoire, certains particuliers en avaient conclu que la maison du maire était une maison commune, et qu'ils y avaient tous droits. Le maire protesta contre cette interprétation ; d'ailleurs la municipalité n'y avait jamais tenu ses séances qui toutes ont lieu ou dans le temple de la Raison ou dans la maison du citoyen Legros. Cette complaisance était donc mal interprétée par le peuple qui prétendait qu'on voulait surtout l'empêcher de prendre communication des lois ; le maire, pour mettre fin à ce malentendu, demanda que la municipalité choisisse un autre local.

Celle-ci décide alors qu'une salle du ci-devant presbytère sera affectée à l'usage de maison commune (7 frimaire an III).

Le 20 pluviôse, devant l'assemblée municipale, le citoyen Lefrançois, agent de police, chargé des prisonniers de guerre en dépôt en ce lieu, exposé que trente-neuf de ces individus enfermés dans la prison de Bourgtheroulde réclament leur part de pain avec menace de se révolter. L'agent de police déclare « qu'il est impolitique et même du plus grand danger pour le bien général et particulier de laisser ainsi divaguer et ameuter des ennemis reconnus de la République. »

La municipalité ordonne à l'agent de police d'avoir à sommer les prisonniers de rentrer dans leur dépôt. Il est tenu comme responsable de tous les troubles qu'ils pourraient commettre. Le commandant de la garde nationale devra prendre de son côté toutes les mesures que comportera la situation. La municipalité va pourvoir à leur subsistance. Enfin elle blâme l'agent de police qui s'est permis d'accorder une trop grande liberté aux prisonniers, ce qui a facilité l'évasion de six d'entre eux et a occasionné la dévastation de propriétés nationales et particulières. La conséquence de ce blâme est la révocation de l'agent. La municipalité nomme à sa place son frère Ambroise.

Malgré toutes les mesures que prenait la municipalité, la situation était loin de s'améliorer à Bourgtheroulde. Le 18 floréal un de ses membres expose au conseil général : « qu'il était vivement affecté de la pénurie des subsistances à laquelle se trouvaient en ce moment réduits les habitants de ce bourg qu'il voit exposés à toutes les horreurs de la famine. Les cultivateurs ont déclaré que le peu de blé qui leur restait n'était même pas suffisant pour l'exploitation de leur ferme et nourrir leur personnel jusqu'à la récolte. » Le conseil général décide qu'un exposé de la situation sera envoyé au représentant du peuple en mission alors dans le département.

Dans cette supplique le conseil général déclarait que, d'après le recensement fait le 6 germinal, il ne se trouvait dans la commune, tant en blé, farine et pain, que 380 quintaux pour une population de 784 individus et où il existe six grandes auberges qui ne désemplissent point de rouliers et de voyageurs. Bourgtheroulde est en outre un lieu de passage et de logement de troupes auxquelles il est impossible de ne pas donner la *brisée* en arrivant. Il y est consommé journellement 48 quintaux de farine. Enfin depuis ce recensement il s'est écoulé 40 jours qui ont absorbé 320 quintaux, il n'en reste donc plus que 60 quintaux.

Il en résulte que la masse du peuple se trouve en ce moment réduite à toutes les horreurs de la famine. Jusqu'à présent la commune de Bourgtheroulde n'a rien demandé au district, mais dans cette situation le conseil général décide qu'un pressant appel lui sera adressé.

Cet état de détresse d'ailleurs n'était pas particulier à Bourgtheroulde ; les communes environnantes étaient exposées aux mêmes dangers, et partout l'émotion populaire se trouvait surexcitée. A Thuit-Hébert les craintes n'étaient pas moins vives et l'effervescence considérable. Aussi pour ramener le calme et tranquilliser les esprits, le district ordonne-t-il qu'un recensement général de tous les grains et farines se trouvant dans les communes sera fait de nouveau par les soins de la municipalité de Bourgtheroulde qui délégua six de ses membres à ce sujet (17 floréal). Mais ce ne pouvait être qu'un moyen absolument inefficace et destiné seulement à calmer les esprits irréfléchis.

Le 13 prairial un semblable recensement est ordonné à Bourgtheroulde même.

Le 18 prairial comparait devant la municipalité François Leger, prêtre curé de Bourgtheroulde. Il déclare que : « pendant le règne du dernier des tyrans (Robespierre), pendant le gouvernement des hommes de sang, il a été forcé de cesser les fonctions de son ministère ; mais aujourd'hui la justice, la douceur, l'humanité ont succédé au règne de la Terreur, le libre exercice du culte est permis par la loi du 3 ventôse dernier et les temples sont provisoirement rendus aux citoyens pour le libre exercice de leur religion ; il est alors dans l'intention de reprendre ses anciennes fonctions dans l'église de la commune, d'y professer et d'y enseigner la religion catholique, apostolique et romaine. »

Le conseil général, vu le vœu unanime et les réclamation réitérées du peuple à cet effet, autorise le curé Leger à reprendre ses fonctions.

Les habitants de Bourgtheroulde demandent toujours du pain ; et cependant tous les moyens possibles pour s'en procurer avaient été mis en pratique, mais sans donner de résultats efficaces. Néanmoins il fallait vivre. On se fit alors détrousseur de grands chemins ; la garde nationale elle-même s'y prêta volontiers, toutes les voitures traversant le territoire de Bourgtheroulde étaient scrupuleusement fouillées et tous les grains qu'elles pouvaient transporter déposés à la maison commune. Il n'existait plus aucune sécurité pour ceux qui voituraient leurs propres grains ou ceux qui venaient d'en acheter pour leur subsistance dans les communes voisines.

Le 24 fructidor les razzias sont assez nombreuses ; un citoyen de Maromme qui rapportait deux petits boisseaux de blé récoltés sur une terre qu'il possédait au Grostheil, s'en voit dépouillé en traversant Bourgtheroulde ; plusieurs farinier de Rouen, de passage au même bourg, subissent le même sort ; enfin d'autres individus, moins à plaindre, qui venaient en cachette acheter du blé à des cultivateurs de l'endroit ou des environs, lesquels n'avaient pas honte de spéculer sur la misère publique, voient leurs menées découvertes et leurs blés apportés pour les besoins du peuple de Bourgtheroulde en souffrance (1).

A la suite de ces faits, de nouvelles mesures sont prises pour surveiller l'approvisionnement des marchés. Des états détaillés seront demandés aux maires des communes chargés d'approvisionner la halle de Bourgtheroulde de tous les blés et farines existant chez leurs cultivateurs avec une liste nominative de ces derniers. Tous les grains des cultivateurs réfractaires seront confisqués.

Le 7 vendémiaire un grand nombre d'habitants de Bourgtheroulde viennent protester devant la municipalité contre la mise en vente par le district de Pont-Audemer de la *grande ferme du logis*, divisée en sept lots, ainsi que d'une place vide où se tient le *champ de foire* servant d'entrée au premier lot et faisant partie d'un enclos nommé le *parc*. De la manière dont les lots sont faits, l'adjudicataire pourrait en induire que cette place lui appartient, tandis qu'il ne peut y avoir d'autre droit que celui de passage pour entrer ou sortir du parc.

« C'est pourquoi les dits habitants font ce que l'intérêt public leur commande en avertissant la municipalité de l'atteinte qu'on veut porter à leurs droits, notamment à celui de la tenue des quatre foires établies dans ce bourg et à l'emplacement absolument indispensable aux convois militaires qui se font journellement. Enfin ils rappellent que l'émigré Le Cordier de Bigards ayant, à la suite de l'abolition du système féodal, voulu enclore cette place de fossés, ils furent comblés par un arrêté du conseil de la commune. »

---

(1) Registre municipal f° 230, verso.

La municipalité prend en considération cette démarche et décide que toutes diligences seront faites pour sauvegarder les droits de la commune de Bourgtheroulde.

Les patrouilles continuent dans le chef-lieu de canton et amènent chaque jour de nouvelles arrestations de voitures portant des grains et farines; quelques abus de la part de la population se commettent; mais la municipalité se montre sévère à l'égard des coupables qui sont traduits devant elle. D'ailleurs l'approvisionnement de la halle est la constante préoccupation de la municipalité.

Le 1er jour complémentaire de l'an IV, devant Benoist Fourchaut, agent municipal de Bourgtheroulde, comparaît Nicolas Marin Michaut, ministre du culte catholique, domicilié à Rouen, qui fait la déclaration suivante : « Je reconnais que l'universalité des citoyens français est le souverain, et je promets soumission et obéissance aux lois de la République. »

Pendant les années qui suivent aucun fait notable ne vint à se produire à Bourgtheroulde, du moins le registre municipal observe à ce sujet le plus grand silence. A partir de la fin de l'an IV, on n'y trouve plus que quelques procès verbaux faits contre des délinquants aux règlements de police par l'agent national, quelques ordres aux bouchers et boulangers; il en est d'ailleurs ainsi dans toutes nos communes, Bonaparte venait de faire le 18 brumaire : la consigne était sévère et les municipalités venaient de perdre presque toutes leurs libertés.

CHAPITRE II

Bourgtheroulde sous le Consulat et l'Empire

La Constitution de l'an VIII laissait aux municipalités si peu d'autorité qu'aucune manifestation n'était à redouter de leur part. Les conseils municipaux sont réorganisés comme nous les voyons aujourd'hui, sauf le mode de nomination qui appartint aux préfets pendant toute cette période.

Par suite des changements considérables apportés à la division administrative de la France, un assez grand nombre de cantons furent supprimés et une nouvelle répartition des communes fut faite entre ceux maintenus. C'est ainsi que le canton de Bourgtheroulde, de cinq communes dont il se composait, devint ce qu'il est encore aujourd'hui, et cela principalement au détriment de Bourg-Achard qui perdit son titre de chef-lieu.

Une nouvelle municipalité, conséquence de ce nouveau régime, fut installée à Bourgtheroulde ; elle se composait de MM. Michaux, maire, et Neveu, comme adjoint.

Le 20 messidor an VIII, on procède à la réorganisation de la garde nationale. L'assemblée générale a lieu dans le temple décadaire (l'église). Nicolas Brument est élu capitaine, Amable Lefrançois, lieutenant, et Nicolas Lenoble, sous-lieutenant. Le 30 messidor, les compagnies de Bourgtheroulde, Bosc-Roger, Bosc-Normand, Boscherville, Infreville, Saint-Ouen et Thuit-Hébert, réunies, procèdent à la nomination d'un chef de bataillon, d'un adjudant et d'un porte-drapeau. M. Pierre Neveu, de Bourgtheroulde, est élu commandant ; Jacques Sénécal, de Bosc-Roger, adjudant, et Marin Achard, également de Bosc-Roger, porte-drapeau.

Le même jour, les compagnies d'Angoville, Berville, Basville, Theillement, Voiscreville, Saint-Léger, Boissey, Saint-Philbert-sur-Boissey, Saint-Denis-des-Monts, Saint-Denis-du-Boscguerard et Marcouville, réunies à Bourgtheroulde, au temple décadaire, nommaient également leurs officiers. Louis Boniface, de Saint-Denis-des-Monts, a été élu commandant ; Lemeilleur, adjudant ; Louis-Jacques Gagnon, porte-drapeau.

En exécution des ordres du sous-préfet, le maire et l'adjoint de Bourgtheroulde décident qu'il sera célébré le 1er vendémiaire an IX, ainsi d'ailleurs que le premier jour de chaque année, au temple décadaire, une fête commémorative de la fondation de la République, et à laquelle seront invités la garde nationale et tous les citoyens de la commune. Cette fête devait avoir lieu à dix heures du matin. En quoi consista-t-elle ? Nous n'en savons rien, le maire n'en ayant pas dressé de procès-verbal.

A la faveur des troubles de l'époque, certains individus peu scrupuleux, propriétaires riverains du terrain où se tiennent les halles et les foires, ont cru qu'il leur serait facile d'agrandir le leur aux dépens de celui de la commune. Le conseil municipal, appelé à se prononcer sur ces faits, charge M. Pourpoint de présenter un rapport à l'administration supérieure afin qu'elle fasse cesser de pareilles entreprises.

D'autre part, la municipalité fait connaître au conseil que certains abus se commettent dans les foires et marchés. Le conseil décide qu'ils devront être incessamment réprimés ; le maire est chargé de prendre toutes les mesures nécessaires à cet effet (10 vendémiaire an IX).

Le 20 vendémiaire le conseil vote le premier budget de dépenses que nous trouvons mentionné ; il s'élève à la somme de 1,033 livres.

Les vols nocturnes se multiplient aux environs de Bourgtheroulde, la sécurité et la tranquillité des citoyens sont sérieusement menacées. Pour y remédier le conseil ordonne que des patrouilles, accompagnées du maire, de l'adjoint ou d'un membre du conseil municipal seront organisées la nuit.

Le 2 germinal, le conseil vote un nouveau tarif des droits à payer pour le pesage, mesurage et jaugeage des poids et mesures employés dans la commune.

Le 18 brumaire an X il est procédé à une nouvelle élection des officiers de la garde nationale. M. Blève est élu capitaine ; M. Gasse, lieutenant, et M. Lefrançois, sous-lieutenant.

Le 28 messidor an X le conseil vote le budget des recettes et des dépenses pour l'an XI. Les recettes sont prévues pour 490 fr. 60 se décomposant ainsi : centimes additionnels 356 l. 25 ; portion de la contribution sur les fenêtres 31.75 ; produit des patentes 57 fr. ; amendes de police 10 fr. ; produit des biens communaux affermés 33 fr. et reliquat de l'année précédente 2.70.

Les dépenses par contre sont prévues pour 1,393 livres. Cette disproportion est occasionnée par les frais considérables qu'il y a à faire à l'église et au presbytère pour les remettre en état et les doter de tous les objets nécessaires. Le loyer du logement du maître d'école est prévu pour 100 fr.

Pour parfaire cette somme de 1,393 livres, le conseil décide qu'un droit sera prélevé sur toutes les denrées, marchandises et bestiaux qui se vendent aux marchés et foires de Bourgtheroulde. Ce droit serait de cinq centimes par sac de blé, trois centimes par sac de seigle, orge, avoine, vesce, etc.; deux décimes sur chaque étal de la longueur de 1 m. 950, ou 6 pieds, avec proportion, un centime par panier d'œufs, volailles, etc., etc. Ces droits seront perçus doubles les jours de foires.

Un autre moyen d'augmenter les ressources de la commune consisterait à construire de petites boutiques sur une place vague se trouvant entre la voie publique et le cimetière. Ce serait d'ailleurs un moyen d'arriver à fermer le cimetière, ouvert de ce côté, à l'aide d'une barrière. L'ensemble de ces deux sortes de ressources pourrait donner huit à neuf cents francs.

Enfin le maire est autorisé à taxer chaque habitant, ayant des chevaux, d'un quart de toise de caillou par cheval pour subvenir à l'entretien des chemins.

Le 3 nivose an XI, la municipalité procède à l'installation de M. Lefel, ancien curé de Pont-Audemer, nommé curé de Bourgtheroulde. Le nouveau curé prête serment à la Constitution. Le 6 du même mois un inventaire est dressé des effets et du mobilier de l'église. Dans cet inventaire il est parlé d'un vieil orgue « dévasté » dans une tribune; dans le clocher se trouvent une horloge et une cloche.

Au commencement de germinal an XI, M. Peuffier est nommé maire.

Le 21 du même mois, le conseil est appelé à se prononcer sur le paiement à adopter pour les dépenses du culte. Le maire expose à ce sujet que les biens du Trésor ayant été vendus par la Nation, « il ne reste à la commune de Bourgtheroulde d'autres ressources que quelques bâtiments, en totale ruine, dans la masure adjacente au presbytère non vendu. » Ce même presbytère a servi tout à la fois de maison commune, de maison d'administration et enfin de local pour la justice de paix, de ces divers emplois, il en est résulté au bâtiment des dommages importants en tous genres : lambris, pavage, vitrage sont à refaire, les murs ont aussi besoin de grosses réparations. Il en est de même de la sacristie qui avait servi de *maison de sûreté* (singulier emploi !). Les murs du cimetière sont déclos sur une longueur d'environ 10 mètres.

Le conseil décide alors qu'il y a lieu de vendre les bâtiments en ruine qui sont : une grange ayant servi sous la Révolution à fabriquer du salpêtre, un pressoir, un cellier, une écurie, et le produit de la vente sera employé aux réparations à faire au presbytère ; le surplus doit être demandé aux centimes additionnels.

Enfin, le conseil observe que si le nouvel ordre de choses rend le presbytère et la sacristie à leur première destination, il prive par contre le canton d'un local pour la justice de paix, d'une maison de sûreté et d'un endroit pour déposer les archives de ce tribunal. Mais comme il s'agit d'affaires concernant le canton tout entier, le conseil propose de prendre sur les vingt-quatre communes du canton la somme nécessaire pour l'édification des bâtiments devant servir de justice de paix et de maison de sûreté. Bourgtheroulde donnera le terrain.

Le 19 floréal le conseil a à répondre à un questionnaire envoyé par l'administration supérieure et relatif aux dépenses de rétablissement du culte, on demande :

1° A quelle somme doit monter l'augmentation de traitement qu'il convient d'accorder sur les revenus de la commune aux curés, vicaires ou desservants. — Le conseil répond : 500 fr. ;

2° A quelle somme faut-il évaluer les frais d'ameublement et d'entretien ou location des maisons presbytérales. — R. 300 fr. sans comprendre les réparations à faire au presbytère qui s'élèveront au plus bas à 1,000 fr. ;

3° A combien s'élèvera l'achat des objets nécessaires au culte. — R. La location des bancs et des chaises ainsi que les quêtes suffiront ;

4° Enfin, par quels moyens le conseil parviendra-t-on à obtenir l'argent nécessaire aux frais dont il vient d'être parlé. — Le conseil déclare que la commune est déjà surchargée de droits sur les centimes additionnels, elle n'en peut proposer de nouveaux sans vexer les habitants ; mais il a demandé déjà à établir un droit de coutume sur toutes les denrées qui se vendent aux foires et marchés de Bourgtheroulde, ce qui est d'ailleurs établi partout. Il pense que ce nouveau droit avec le produit de la vente des vieux bâtiments suffira.

Le 5 messidor, Louis Carité, ancien militaire, est nommé garde-champêtre.

Le 16 vendémiaire an XII, le conseil, n'ayant pas l'argent nécessaire pour construire une maison de sûreté, décide qu'il sera acheté des planches à bateaux pour doubler les murailles et faire un refend dans le bâtiment servant de corps de garde, lequel bâtiment faisait partie de la halle poissonnière et fut réservé pour la commune lors de l'émigration de l'ex-seigneur et de la vente de ladite halle.

Le 30 germinal, M. Thorin, juge de paix, prête serment comme président du canton. Il s'engage à maintenir l'ordre dans l'assemblée qu'il présidera, à ne permettre qu'elle ne s'occupe d'aucun autre objet que ceux prescrits par la lettre de convocation, de ne tolérer aucune coalition tendant à capter ou gêner les suffrages des citoyens, enfin de ne rien faire par haine ou par faveur, etc.

Tous les fonctionnaires du bourg et du canton prêtent également serment devant le maire de Bourgtheroulde. Nous voyons ainsi défiler : M. Charles de Beaulieu, notaire, puis M. Guillaume Bosquier qui lui succéda dans son étude.

La fête de l'empereur-roi ne donne pas lieu à Bourgtheroulde à de grandes démonstrations : le procès-verbal qui en fut rédigé est des plus succincts d'ailleurs. La fête fut annoncée au son de la cloche, par des affiches et par le curé qui fit les prières accoutumées. Après vêpres la jeunesse se divertit au bruit des instruments ; le soir illuminations générales dans le bourg. Mais pas le plus petit discours à l'assemblée générale.

Malgré les démarches pressantes faites par la municipalité, elle n'a pu encore obtenir que le dernier trésorier de la fabrique rendît ses comptes de 1792, elle demande à être autorisée de le poursuivre, ce qui lui est accordé : l'argent provenant de ce compte sera employé aux réparations de l'Eglise (20 vendémiaire.)

Le calendrier républicain a fait son temps : le grégorien vient par ordre de l'empereur de rentrer en scène. Cette modification complète du calendrier avait été une faute qui avait jeté une perturbation générale et causé une foule d'erreurs dans les relations commerciales ; de notre époque elle serait absolument impossible, à moins d'être adoptée par le monde entier.

Au mois de janvier 1806 les habitants de Bourgtheroulde pétitionnent pour avoir un vicaire. Le conseil, de son côté, « considérant que de temps immémorial il y a eu plusieurs messes à Bourgtheroulde les fêtes et dimanches, et que c'est le moyen de rendre ce bourg plus florissant, déclare qu'il y a lieu d'accorder au prêtre qui remplira les fonctions de vicaire une somme de 300 francs par an. » Il décide en même temps que l'horloge de l'église sera réparée.

Le 1er janvier 1808 une nouvelle municipalité est installée : elle se compose de MM. Jean Louis Neveu, maire, et Thomas Jacques Augustin Prudhomme, adjoint. Tous deux prêtent le serment requis.

Pendant tout le reste de l'empire, aucun fait digne de remarque ne vint à se produire à Bourgtheroulde. Le conseil s'occupe des affaires courantes ; il vote un nouveau tarif pour l'octroi, ordonne des réparations urgentes à faire aux chemins ruraux et vicinaux, etc.

Le cimetière de Bourgtheroulde était alors, comme dans la plupart de nos communes, à l'entour de l'église et si exigu qu'en outre des questions d'hygiène qui militaient en faveur de son déplacement, il devenait de toute urgence d'y procéder le plus tôt possible : c'était une dépense assez lourde qui allait échoir à la commune : une donation vint à propos pour la tirer de ce mauvais pas ; Madame veuve Pourpoint, née Goude, offrit à la fin de l'année 1809 « à la communauté et au général des citoyens de Bourgtheroulde » pour être consacré à cet usage un terrain contenant 34 ares 32 centiares, situé au triège du Pré de la Noe, à la charge de divers services religieux spécifiés dans l'acte de donation. Cette offre généreuse fut acceptée par le conseil municipal dans sa séance du 21 décembre. Immédiatement un devis des travaux à faire fut présenté.

Le 1er janvier 1813 on procède à l'installation d'une nouvelle municipalité, composée de MM. Guillaume Bosquier, maire, et Thomas Jacques Augustin Prudhomme, adjoint.

A la fin de cette même année 1813, le conseil municipal est appelé à délibérer sur une demande du département tendant à obtenir de la commune une portion du champ de foire pour y construire une caserne de gendarmerie. Dans sa séance du 28 novembre le conseil accorda le terrain demandé à prendre sur la place dite le Jardinet, à condition que la portion nécessaire serait prise dans le fond et de manière que la caserne ait face à la grande route, ayant devant elle ce qui restera de la place après cette construction, et que le département établisse à côté de cette caserne un nouveau dépôt de sûreté ; celui existant tombant en ruines.

CHAPITRE III

BOURGTHEROULDE DE 1815 A 1848

Les évènements de 1814 et la restauration des Bourbons ne paraissent avoir donné lieu à aucun évènement important à Bourgtheroulde. La municipalité accepte le nouveau gouvernement et tout reste en l'état.

Au mois de mars 1815, la municipalité organise un corps de pompiers, composé de dix membres, sous la condition expresse qu'il n'y aura pas de distinction de grades ; la seule marque particulière admise sera une médaille du moindre prix dont chaque pompier devra se fournir à ses frais.

Le 23 mai 1815 l'assemblée des citoyens actifs, c'est-à-dire âgés de 25 ans et payant au moins une contribution égale à trois journées de travail, procède à l'élection d'un maire et d'un adjoint, droits que lui avait rendus la charte de 1814. M. Vallée fut élu maire, et M. Lambert, adjoint. Cette nouvelle municipalité est installée et prête serment dans la séance du 20 juin suivant.

Mais son existence devait être bien éphémère, car le 14 juillet de la même année, c'est-à-dire à peine un mois après son installation, elle cédait la place à l'ancienne, et M. Bosquier reprenait ses fonctions de maire. C'était une des conséquences de la nouvelle charte que Louis XVIII, après les Cent-Jours, avait octroyée à son peuple. Le 19 juillet une ordonnance royale nommait M. Grenier maître de poste à Bourgtheroulde (route d'Alençon à Rouen).

Les projets du département pour la construction d'une caserne de gendarmerie sur une portion du champ de foire avaient échoué, et cependant il était nécessaire de trouver aux agents de la sûreté publique un logement convenable. Le maire proposa au mois de septembre 1815 d'acheter à cet effet une grande auberge située dans le milieu du bourg, appartenant à la dame Ygouf et alors occupée par un sieur Carlet, moyennant cinq cents francs de rente annuelle.

Le conseil, dans sa séance du 28 septembre, approuva cette proposition ; mais hélas ! il devait en être encore de celle-ci comme de la précédente.

On sait que la compagnie des pompiers de Bourgtheroulde se composait en tout de dix hommes ; en 1819 on trouva que ce nombre était faible, et dans sa séance du 2 mai, le conseil décida qu'il serait porté à 12. En même temps on donnait à la compagnie un règlement. Des douze pompiers deux auront le grade de sous-officier, celui du grade supérieur aura le commandement. Cette fois encore les pompiers n'auront point d'uniforme, mais pour toute distinction une médaille qui maintenant leur sera donnée par l'administration. La peine de la destitution sera encourue par tout pompier qui aura refusé le service ou exigera une rétribution de la part des incendiés.

De l'examen des comptes de l'année 1818 fait dans la séance du 4 mai, il résultait que les recettes s'étaient élevées à 2,795 fr. 28 et les dépenses à 2,128 fr. 74; ce qui donnait un excédant de recettes de 666 fr. 84.

Le 8 novembre, la compagnie de pompiers étant complètement réorganisée, le maire de Bourgtheroulde nomme comme premier sous-officier M. Jean-François Samson, et comme second, M. Pierre-François Costard.

Au mois de décembre 1820 un incident, d'autant plus curieux qu'il était des plus rares, vint à se produire à Bourgtheroulde. M. Lefel, curé-doyen de la paroisse, ayant donné sa démission, fut remplacé par M. Pierre-Jacques Lacour, nommé par ordonnance royale du 11 novembre. Mais lorsque celui-ci vint pour prendre possession de sa cure, il trouva l'abbé Lefel caserné dans son presbytère et refusant de le quitter. Le maire employa d'abord tous les moyens de conciliation possible, pour décider le curé à faire remise à son successeur des logements communaux; ce fut en vain. M. Bosquier convoqua alors le conseil municipal et le jour de Noël, 25 décembre, lui exposa la situation dans laquelle se trouvait le nouveau doyen de par la résistance illégitime et incompréhensible de l'ancien, les démarches amiables qu'il avait faites, enfin la sommation par exploit d'huissier qu'il s'était trouvé dans la nécessité de lui adresser le 22 décembre. Tout cela avait été inutile, le curé Lefel s'était absolument refusé à déloger de son presbytère.

Un seul moyen restait à employer, traduire l'ex-doyen devant les tribunaux, et c'est cette autorisation qu'il demandait au conseil, qui s'empressa de la lui accorder, « considérant, disait-il, que bien avant de donner sa démission le curé Lefel avait cessé d'exercer ses fonctions et que depuis la nomination de son successeur il n'a aucun droit à se maintenir dans la jouissance de la maison presbytérale. » En outre le curé Lefel devra faire toutes les réparations qui tombent à sa charge.

Il est à croire que le récalcitrant doyen finit par comprendre tout le ridicule de sa conduite et n'attendit pas qu'on usât envers lui des dernières rigueurs: quoi qu'il en soit, nous ne trouvons plus aucune mention de cet incident.

Le 18 mars 1821, le conseil vote un nouveau tarif pour les droits de place aux foires et marchés; ces droits étaient alors affermés 1,100 fr.

Le 1er mai on doit fêter par toute la France la naissance du duc de Bordeaux, et les préfets ordonnent aux municipalités de voter les sommes nécessaires à ces réjouissances. Le conseil municipal de Bourgtheroulde décide d'employer à cette fête publique une somme de 100 fr. « en majeure partie destinée à faire des distributions de secours aux indigents et aux nécessiteux de la commune. »

Après avoir fêté la naissance du jeune prince il s'agit de lui offrir à titre de cadeau le domaine et le château de Chambord. Des souscriptions sont organisées dans toute la France et tous les conseils municipaux appelés à voter leur offrande.

A Bourgtheroulde, le conseil, « considérant qu'en faisant une offrande au nom de la commune, destinée à l'acquisition du domaine de Chambord pour S. A. R, Mgr le duc de Bordeaux, il ne fera qu'accomplir le vœu de ses concitoyens et donner une preuve du zèle et du dévouement de l'entière population de cette commune pour la famille auguste de nos rois » vote la somme de 100 fr.

A cette époque il y avait à Bourgtheroulde deux instituteurs qui tenaient chacun une école mixte. Un de ces instituteurs ayant quitté la commune, le conseil décide le 28 avril 1823 qu'il sera demandé à l'autorité compétente l'envoi à Bourgtheroulde d'une sœur de la Providence pour l'éducation et l'instruction des jeunes filles, l'instituteur aura à l'avenir tous les garçons.

Le 8 février 1826 un assassinat suivi de vol était commis dans la forêt de la Londe. Un clerc de notaire, M. Voisin, après avoir reçu d'importantes sommes dans diverses villes, Paris, Bordeaux, Le Havre, arrivait à Rouen le 6 février et y achetait un cadenas en cuivre pour mettre à sa ceinture et un cadenas ordinaire pour mettre à sa valise. Le 7 il arrivait à La Bouille; le lendemain matin, après avoir loué un cheval à un sieur Boucachard, il quittait cette localité vers 6 heures disant se diriger sur Boissey-le-Châtel et donnant ordre à Boucachard d'aller l'attendre à Bourgtheroulde. Quelques heures plus tard, on trouvait son cadavre à quinze pas de la route, son cheval était à peu de distance paissant dans la forêt. Voisin avait été assassiné et volé ; à trente pas du cadavre, dans la forêt, on trouvait sa bourse en peau de daim, elle avait été coupée et vidée.

Un instant, on soupçonna Boucachard d'être l'auteur de ce crime. Mais il put facilement prouver son innocence. Les investigations de la justice se portèrent alors sur trois individus de réputation détestable : Heurtaux, sa femme et un certain Daguet. Heurtaux fut arrêté le 24 février. Daguet et la femme Heurtaux furent arrêtés peu après.

Heurtaux avait ffeffé un moulin à la Trinité-de-Thouberville, mais, comme il y faisait mal ses affaires, il le loua à un sieur Saval, pour en prendre un autre à Bosc-Roger. Le 8 février, Daguet devait déménager Heurtaux de la Trinité. L'accusation parvint à rétablir toutes les allées et venues de ces trois personnes pendant la nuit qui précéda le crime et leur présence dans la forêt au moment même où il se perpétrait. Enfin une femme de conduite légère, la fille Cabour, qui se trouvait alors dans la forêt en rendez-vous galant, affirma avoir vu Daguet et Heurtaux sortir du bois, saisir Voisin et l'entraîner violemment dans la partie de la forêt où on l'a trouvé mort. Plusieurs bûcherons vinrent encore ajouter aux écrasantes charges qui pesaient sur les accusés.

Après une instruction des plus minutieuses, l'affaire fut portée devant les assises de la Seine-Inférieure. Elle dura six jours, 123 témoins furent entendus. Déclarés coupables, Heurtaux et Daguet furent condamnés à mort le 4 décembre 1826 ; l'arrêt ordonna que l'exécution aurait lieu sur la place publique de Bourgtheroulde. La femme Heurtaux était acquittée.

Pourvoi et recours en grâce ayant été rejetés, Heurtaux et Daguet furent extraits de la prison le 4 février au matin pour être conduits à Bourgtheroulde. Ils y arrivèrent à midi. L'exécution eut lieu à midi trois quarts. L'affluence était considérable, on porte à 10,000 le nombre des personnes que cette exécution avait attirées de toutes les communes environnantes et surtout d'Elbeuf. Voici le récit qu'en fit alors le *Journal de Rouen* :

« Pendant le trajet de Rouen au Bourgtheroulde par le Pont-de-l'Arche, les deux condamnés se sont entretenus avec les gendarmes qui les accompagnaient dans la voiture. Ils ont toujours soutenu leur innocence. Daguet paraissait moins résigné que Heurtaux et quelques larmes se sont échappées de ses yeux lorsqu'en arrivant au Bourgtheroulde et apercevant l'échafaud, on le conduisit à la prison.

« A midi trois quarts ils en sont sortis à pied, accompagnés des dignes ecclésiastiques de Rouen qui leur ont prodigué les secours de la religion. Daguet est monté sur l'échafaud avec assurance. Au moment où il recevait la mort, Heurtaux regardait froidement l'exécution ; ceux qui l'accompagnaient, poussés par un sentiment d'humanité, lui firent détourner la tête. A son tour il parut ; il s'inclina de côté pour voir les débris du corps de son complice dans le panier où il était tombé ; il se redressa, et, s'adressant au peuple qui l'entourait, dit d'une voix assurée : « Mes amis, dites un *Pater* et un *Avé* pour moi, je meurs innocent. » Un instant après il avait cessé de vivre.

« Le plus grand ordre a régné pendant l'exécution qui a fait une vive sensation dans tout le pays dont les habitants ont paru convaincus de la culpabilité des condamnés ».

Cette double exécution fut un merveilleux sujet à l'industrie des camelots. Bientôt les complaintes affluèrent, elles ne sont pas toutes oubliées à 60 ans de distance.

Au mois de février 1826, M. Bosquier, maire, et Prudhomme, adjoint, sont maintenus dans leurs fonctions ; ils prêtent de nouveau serment le 10 février.

Le 28 juin 1826, M. Bahot, contrôleur, rend compte au conseil municipal de son travail de classement du territoire et d'expertise cadastrale de la commune, en même temps que des moyens employés pour parvenir à l'évaluation proportionnelle du revenu imposable des diverses natures de culture. Il a distingué pour les terres labourables 5 classes, pour les labours plantés 3 classes, pour les vergers 3 classes, pour les jardins 2 classes, pour les prés 3 classes, pour les pâtures une classe, pour les bois taillis et futaies une classe, pour les friches et mares une classe.

Il existe dans la commune un moulin à vent. Bourgtheroulde se trouvant rangé dans la catégorie des villes et bourgs, toutes les maisons ont reçu une évaluation proportionnelle aux autres propriétés, en conséquence de leur étendue et de leur proportion commerciale.

La commune de la Londe dans le territoire de laquelle se trouve enclavée la ferme Saint-Nicolas, a fait diverses démarches afin d'obtenir que cette ferme lui soit réunie. Les pouvoirs publics invitèrent alors la commune de Bourgtheroulde à donner son avis. Le 14 septembre 1829 le conseil déclara : « que de tout temps le hameau de Saint-Nicolas a fait partie intégrante de la commune de Bourgtheroulde dont il n'est pas plus éloigné du chef-lieu que de celui de la Londe. Si par des motifs d'ordre administratif, la partie de la forêt royale dans laquelle se trouve enclavé le hameau de Saint-Nicolas a été réuni au territoire de la Londe, ces raisons n'existent point par rapport aux propriétés particulières dont ce hameau se compose. D'ailleurs le vœu des habitants et propriétaires de ce village, parfaitement manifesté, est de maintenir l'état actuel. Dans ces conditions le conseil, à la majorité de six contre un, rejette la réunion projetée.

La Révolution de 1830 n'est signalée à Bourgtheroulde par aucune manifestation : pas de discours, pas de réjouissances publiques, du moins il ne nous en est conservé aucun souvenir.

Le 15 novembre M. Vittecoq (Pierre Jacques Louis) est nommé adjoint, en remplacement de M. Prudhomme.

Avec le roi-citoyen les gardes nationales entrent dans une nouvelle phase de gloire. Une réorganisation complète en est ordonnée, des conseils de discipline sont établis, devant lesquels seront traduits les gardes nationaux qui se refuseraient ou manqueraient à leur service. A Bourgtheroulde, ce conseil fut ainsi composé : MM. Osmont, capitaine, président ; Lambert, lieutenant ; Payen, sous-lieutenant ; Fiaut, sergent ; Audeline, caporal ; Buron, fusillier ; M. Duval fils, sergent-major, remplira les fonctions de rapporteur, et M. Bance, caporal, celles de secrétaire.

Dans sa séance du 31 mai 1831, le conseil municipal, en votant le budget de l'année suivante, avait prévu la construction d'une mairie et voté une somme de 4,000 fr. à ce sujet. Mais le préfet de l'Eure, en rectifiant le budget, n'accorda qu'une somme de 1,400 fr., absolument insuffisante. Il était indispensable, si le conseil tenait à la construction de cet édifice, pourtant absolument nécessaire, de trouver de nouvelles ressources. D'ailleurs la commune a en caisse une somme de 2,400 fr. portée au budget aux dépenses imprévues et restée entièrement disponible. Il reste en outre un boni sur les dépenses de l'exercice 1831-1832, qui porte le fonds de caisse à 3,001 fr. 32.

Le conseil décide alors de prendre sur cette somme ce qui est nécessaire pour parvenir à la construction décidée. Enfin « considérant qu'une partie des habitants de Bourgtheroulde, ayant intérêt à ce que le vieux bâtiment, à usage de prison, soit enlevé de l'emplacement sur lequel il se trouve, plusieurs d'entre eux sont disposés à faire des charriages et corvées pour la nouvelle construction et il en résulterait soit une diminution de la dépense, soit des économies qui viendraient en décharge des frais ; il décide que cette construction sera traitée de gré à gré sans avoir recours à l'adjudication. »

Cette délibération fut approuvée par l'autorité préfectorale et le conseil, dans sa séance du 19 juin 1832, nommait une commission chargée de la surveillance des travaux.

Le 28 juillet, le conseil décide que, pour la célébration des fêtes anniversaires des *trois grandes journées*, il sera fait une distribution de pain aux pauvres et malades de Bourgtheroulde jusqu'à concurrence de 50 fr. ; il « regrette que la situation financière de la commune ne lui permette pas de proposer une dépense plus considérable. » Aucune mention n'est faite de réjouissances publiques et d'illuminations. Dans la même séance le conseil vote une somme de 176 fr. pour sa part à fournir dans l'achat du drapeau du bataillon de la garde nationale dont le chef-lieu est à Bourgtheroulde, ce qui, avec les frais de nouvelle organisation du bataillon, a nécessité une dépense de 844 fr. Le surplus de la somme sera fourni par les autres communes de Bosc-Roger, Saint-Ouen de la Londe, Berville, Bosbénard-Crescy.

« Des quatre foires qui se tenaient alors à Bourgtheroulde, deux tombaient à des époques et des jours peu avantageux pour la commune et les marchands qui les fréquentaient; l'une, celle du 10 août, dite Saint-Laurent, se trouvait en moisson ; l'autre, celle du 28 novembre, dite Sainte-Catherine, avait une terrible rivale en la foire de Pont-de-l'Arche qui se tenait le même jour. Pour ces raisons, le conseil municipal est d'avis unanime, et c'est d'ailleurs le vœu de la presque totalité des habitants, qu'il y aurait avantage et utilité pour la commune de Bourgtheroulde à ce que la foire du 10 août soit retardée et fixée au 30 du même mois et que celle de Sainte-Catherine fût avancée de deux jours et se tint le 23 (9 février 1833).

Dans cette même séance un membre du conseil signale une prétention de l'administration des domaines qui est une violation des droits de la commune. Cette administration veut se faire payer la valeur des terrains excédant la largeur de la grande route royale qui traverse Bourgtheroulde, concédés par l'administration des ponts et chaussées à ceux des propriétaires riverains qui font bâtir et construire sur le bord de cette route. Ce n'est point, selon lui, l'Etat qui est propriétaire de ces terrains, mais la commune et c'est à celle-ci que les gens qui veulent faire bâtir doivent payer. Il demande donc que la municipalité réclame au gouvernement les sommes qu'il a indûment perçues.

Le conseil partagea cette opinion. « Il est certain, dit-il, dans ses considérants, qu'avant l'établissement de la route royale de Rouen à Bordeaux, la partie de la commune qui constitue le bourg et est traversée par cette grande route avait la même largeur qu'elle a encore aujourd'hui dans les points qui n'ont pas été retrécis par les alignements donnés depuis cette confection, et qu'il résulte de cet état de chose bien constant que la commune de Bourgtheroulde a fourni dans cette partie du bourg l'emplacement de la grande route sans que l'Etat en ait payé la valeur.

» S'il est vrai que l'Etat est propriétaire de toutes les routes ainsi que de toutes les portions de territoire qui ne sont pas propriété privée, ce droit ne peut s'étendre, dans l'espèce, aux portions de terrains qui excèdent et dépassent de l'un comme de l'autre côté l'emplacement de la grande route. En outre il est constant que, de temps immémorial, et surtout depuis la confection de cette route, la commune a été en possession et jouissance paisible, publique et non interrompue des terrains dont il s'agit par la perception non contestée sur ces terrains des droits de place et d'étalage aux foires et marchés. Quant aux portions de terrain provenant de la ci-devant prison et de l'ancienne halle au poisson, le gouvernement payant aux particuliers le terrain nécessaire à la grande route là où elle n'avait pas la largeur nécessaire, doit agir de même envers la commune. »

Le 30 avril le conseil municipal adopte le tracé indiqué au plan de la route projetée de Bourgtheroulde à Elbeuf en ce qui concerne son passage sur le territoire de Bourgtheroulde.

Dans sa séance du 4 janvier 1834, le maire de Bourgtheroulde fait connaître au conseil que M. le marquis de la Londe, propriétaire de la halle boucherie qui existe en cette commune, est disposé à mettre cette halle en vente. « Il peut être avantageux à la commune d'en faire l'acquisition. » Il est d'ailleurs fait observer qu'il ne s'agit que de la halle boucherie proprement dite, rebâtie depuis quelques années et couverte en ardoises, la portion de l'ancienne halle couverte en tuiles et enclose est réservée par M. le marquis de la Londe : le prix d'achat serait de 5,000 fr.

Le conseil partage l'avis de l'administration municipale ; car il est évident que si cette halle, très fréquentée de tout temps par les bouchers, n'existait pas ou qu'elle fût supprimée il y aurait nécessité pour la commune d'en établir une. Enfin pour subvenir à cette acquisition, le conseil décide l'aliénation de plusieurs parcelles de terrain dont une fait partie de l'ancien cimetière qui ne sert plus de sépulture depuis le mois d'octobre 1812.

Bourgtheroulde n'avait pas de maison d'école et il avait été payé jusqu'alors à l'instituteur une indemnité de logement ; mais la loi de 1833 prescrit aux communes qu'elles aient à fournir elles mêmes à l'instituteur un logement et un local convenables. Dans la séance du 21 janvier, un membre propose au conseil de disposer à cet effet d'un bâtiment à usage de bûcher et écurie qui se trouve dans le fond de la cour-masure du presbytère le long de la propriété de

M. Galot, d'une portion de cette même cour-masure, à partir du pilier vers le couchant et de la grande porte qui se trouve sur le chemin de Bourg-Achard, allant rejoindre un peu obliquement le mur du jardin ; enfin d'une portion du jardin du presbytère le long de la propriété Galot.

Le curé-doyen se sert peu du bâtiment dont il s'agit dans lequel, à très peu de frais, on peut installer pour l'instituteur une classe de grandeur suffisante, une cuisine, deux chambres et une cave. Il sera construit au doyen, en remplacement de ce bâtiment, un hangar dans ce qui restera de la cour.

Le conseil adopte cette proposition et vote les mesures nécessaires à sa réalisation.

Conformément à la délibération qu'on a lue plus haut, une ordonnance royale du 23 septembre 1834 fixe au 23 novembre la foire Sainte-Catherine ; il n'est nullement question de la foire Saint-Laurent.

Le 7 janvier 1838, le conseil municipal qui, précédemment, avait réduit de 130 à 00 fr. l'indemnité de logement accordée à M. Buisson, instituteur, revient sur sa décision et la maintient à 130 francs.

Lors du renouvellement du conseil municipal de Bourgtheroulde, M. Bosquier, maire, avait décliné le mandat de conseiller municipal auquel l'avaient appelé les électeurs ; ce refus indiquait chez le maire de Bourgtheroulde une autre détermination. En effet, le 12 juillet 1838, une nouvelle municipalité est installée : M. Puchot (Louis-Pierre-Philippe) est maire ; l'ancien adjoint, M. Vittecoq, conserve ses fonctions.

Aussitôt installé, M. Puchot fit faire un inventaire des archives de la mairie ; parmi les pièces dont on peut regretter la disparition figure un registre relatif au séjour des Prussiens en 1815.

Le 3 novembre, le maire de Bourgtheroulde propose au conseil de voter des remerciements à M. Bosquier, ancien maire, « et lui
« exprimer le regret que le conseil ressentait de ce que des causes
« qu'il ne lui est pas permis de pénétrer l'eussent empêché de
« siéger avec lui. »

Le conseil, « se souvenant de la juste et bienveillante adminis-
« tration de son ancien maire, surtout dans les années orageuses
« de 1814 et de 1815 comme aussi pendant toute sa gestion, recon-
« naissant enfin les sacrifices qu'il a faits pendant ces temps
« calamiteux pour maintenir la paix dans la commune, lui en
« exprime toute sa gratitude et invite le maire à lui transmettre
« copie de cet acte de reconnaissance qu'il a fait transcrire sur le
« registre des délibérations. »

Le 4 mai 1836, le conseil municipal persiste dans son intention d'acquérir la halle boucherie au nom de la commune. Le 9 juin, il émet un vœu défavorable à la création d'un marché à Grosthell, marché qui ne pourrait subsister qu'aux dépens de celui de Bourgtheroulde. Le 20 janvier 1837, il autorise le maire à passer acte avec le gouvernement pour la cession à ce dernier de la mare communale de la Bretèque, nécessaire au passage de la route de Bourgtheroulde à Gournay.

Le 29 janvier, M. Lejard est installé curé-doyen de Bourgtheroulde.

Bourgtheroulde s'associe aux fêtes célébrées à l'occasion du mariage du duc d'Orléans : distribution de pain aux indigents, la garde nationale en grande tenue est passée en revue par le maire, assisté du conseil municipal ; des salves d'artillerie sont tirées le samedi 17 juin, veille de la fête, et le jour, 18 juin ; les habitants pavoisent et illuminent leurs maisons, ainsi que le sont les monuments publics ; enfin bal à la chute du jour aux fra. de la commune.

Le 10 février 1838, le conseil municipal estimant que « depuis la confection de la nouvelle route de Bourgtheroulde à Gournay et lorsque les chemins vicinaux seront établis, la facilité des communications permettra aux cultivateurs d'aller librement soit à Elbeuf, soit au Neubourg vendre le produit de leurs récoltes ; le bourg de Bourgtheroulde qui, par expérience, ressent déjà le désavantage que la facilité de cette nouvelle route lui coûte, éprouvera une perte assurée pour son marché. »

Pour parer à ces inconvénients « le conseil croit qu'il est dans l'intérêt des habitants d'exiger deux nouvelles foires dans la commune afin de l'aider à supporter les dépenses que lui cause sa position topographique par rapport au logement très fréquent des troupes et au passage continuel des mendiants et indigents. »

L'une de ces foires se tiendrait le 28 mars et la seconde le 28 mai.

La foire Saint-Laurent qui, dans l'origine, se tenait le 10 août, avait été reportée, ainsi qu'on l'avait demandé, au 30 du même mois; mais cette date n'ayant pas répondu aux espérances du conseil, il voudrait que cette foire fut définitivement fixée au 2 août de chaque année. Le maire est chargé de faire toutes les démarches nécessaires pour ces deux projets.

Après avoir fêté le mariage du duc d'Orléans, Bourgtheroulde allait fêter la naissance de son fils, le comte de Paris. Le conseil croit que « le meilleur moyen de célébrer avec honneur la naissance de son A. R. est de venir au secours de l'humanité souffrante ; » des secours seront donc distribués aux malheureux. La garde nationale, la gendarmerie et tous les fonctionnaires publics se rendront à l'église pour y entendre le *Te Deum*.

On a vu que la situation de Bourgtheroulde, en ce qui concerne les passages de troupes, s'était peu améliorée.

En 1838, on ne voit plus les scènes scandaleuses de soldats n'obéissant qu'à leur caprice et se livrant à toutes leurs fantaisies aux dépens des malheureux habitants, ni les iniques trafics des syndics militaires de l'ancien régime. Les billets de logement sont délivrés avec impartialité; mais les mouvements continuels, les changements constants de garnison n'en restent pas moins un lourd fardeau pour tous ceux qui y sont assujettis. Dans la séance du 10 février, le conseil, espérant que l'administration supérieure ne se refuserait pas à alléger leurs charges dans la mesure possible, invita le maire à faire auprès du préfet de l'Eure toutes les démarches nécessaires pour obtenir qu'au moins les corps de troupes de passage ne fassent plus séjour à Bourgtheroulde, d'autant plus que la distance de Rouen n'est que de 6 lieues. Le maire de Bourgtheroulde devra aussi faire remarquer que la commune a toujours logé des militaires qui, de Rouen, allaient à Alençon et retour, mais elle ne logeait pas ceux qui allaient à Caen ou en revenaient, d'autant plus qu'il y a une route neuve et que la route de Rouen à Caen par Pont-Audemer est plus courte que par le Bourgtheroulde.

Le 11 septembre 1838, M. Delacour est nommé instituteur primaire en remplacement de M. Buisson, démissionnaire.

La demande formée l'année précédente de deux nouvelles foires a été rejetée par le conseil général du département, attendu que la commune était trop petite pour avoir six foires.

A différentes reprises le conseil municipal de Bourgtheroulde avait demandé le pavage d'un bout de la route départementale de Bourgtheroulde à Gournay, dans la traverse du bourg; les ingénieurs trouvèrent la chose inutile et comme ne constituant qu'une demande de luxe. Dans sa séance du 10 mai 1839, le conseil protesta contre cette interprétation. « Pourquoi cette route, dit-il, est elle plus étroite de deux mètres à son entrée dans le bourg que dans toute son étendue. C'est ce rétrécissement qui force les voitures à passer continuellement sur la même voie; c'est ce passage continuel qui dégrade la route et entretient une boue permanente; c'est cette dégradation qui exigera des dépenses continuelles, et c'était pour y parer que le conseil, d'accord avec l'ingénieur de Pont-Audemer, avait reconnu ce pavage nécessaire ».

Le conseil tient également à se justifier du reproche qui lui est adressé d'avoir contribué à faire augmenter le chiffre des indemnités. La construction de cette route a tout au contraire porté plutôt préjudice à la commune en ce sens qu'elle y a perdu une mare qui lui était très utile, « d'autant plus qu'il est presque impossible de trouver dans son enceinte un terrain propre à conserver l'eau ». En outre une partie de sa halle boucherie a dû être abattue, ce qui lui a suscité pour les réparations et la reconstruction d'assez grandes dépenses, qui ont absorbé l'indemnité accordée. Enfin le conseil profite de cette circonstance pour se plaindre de l'abandon dans lequel l'administration supérieure délaisse cette commune; toutes les fois qu'il fait une réclamation, ses demandes sont rejetées : est-ce à cause de son éloignement du chef-lieu? Quoi qu'il en soit, il ne peut que persévérer dans ses résolutions, et renouveler sa demande de pavage.

Le 8 septembre 1839 a lieu à Bourgtheroulde un concours agricole. Le 22 février 1840, autorisation est accordée à Mme Vve Gasse et à M. Vittecoq de franchir deux rentes : l'une de 6 fr., l'autre de 5 fr., dues à la fabrique de l'église.

L'hiver de 1830-1840 avait été rigoureux ; les travaux longtemps suspendus et la chèreté du pain avaient engendré un état de misère auquel il était urgent de remédier. L'administration supérieure proposa alors de créer des ateliers de charité pour donner du travail aux indigents valides qui en manquent et de voter des sommes pour secourir à domicile les indigents malades ou incapables de travailler.

Le conseil municipal de Bourgtheroulde appelé à délibérer sur cet propositions constate d'abord que tous les individus appartenans à la classe pauvre et capables de travailler sont en ce moment occupés ; il n'y a donc pas lieu de créer un atelier de charité à Bourgtheroulde. Quant aux autres malades ou infirmes, des secours leur seront donnés ; et comme la commune n'a pas les ressources nécessaires, le conseil décide l'organisation d'une loterie à leur profit. Enfin il fait remarquer que les pauvres qui mendient à Bourgtheroulde ne sont pas seulement ceux de la commune, mais de toutes les communes voisines et surtout les voyageurs indigents qui suivent la grande route. De par ces derniers, il parait impossible au conseil municipal de parvenir à l'extinction de la mendicité ; pour ceux des communes voisines, une réunion cantonale pourrait avoir lieu pour conférer à leur égard, (15 mars 1840).

Le 6 février 1841 le conseil renouvelle sa demande de création de deux nouvelles foires, l'une le 25 mars, l'autre le dernier samedi de mai.

Le 8 mai, M. Vittecoq, adjoint, faisant fonction de maire, rend ses comptes de l'exercices 1840. Les recettes se sont élevées à 9,773 fr. 06 et les dépenses à 5,223 fr. 29, d'où un excédant de recettes de 4,549 fr. 77. Sur cette somme il y a lieu de tenir compte de 3,778 fr. 74 pour dépenses prévues ou non-ordonnancées ; l'excéden en caisse se réduit donc à 760 fr. 97.

Les années 1842 et 1843 ne présentent aucun fait digne de remarque ; le conseil vote le budget, s'occupe des réparations à faire aux chemins vicinaux et ruraux et des moyens à employer pour créer les ressources nécessaires.

Le 4 novembre 1843 M. Villecoq, adjoint, est nommé maire de Bourgtheroulde; il a pour adjoint M. Perrinelle. La nouvelle municipalité n'est installée que le 30 mars suivant.

Au mois d'avril 1844, la commune est mise en demeure d'avoir à construire une maison d'école. Mais le conseil estimant qu'il n'a pas en ce moment les ressources nécessaires à cette construction demande un délai de deux ans. A cette époque la commune d'Angoville, qui avait encore son autonomie communale, était réunie pour l'instruction à Bourgtheroulde et contribuait dans les dépenses de cette catégorie pour une somme de 80 francs.

Le 8 mai, le conseil émet le vœu que les communes de Saint-Ouen de la Londe et de Bosc-Roger, alors desservies par le bureau de poste d'Elbeuf, soient réunies à celui de Bourgtheroulde.

L'année 1846 ne nous offre rien de particulier, le conseil n'a à s'occuper que des affaires courantes : formation des budgets, entretien des chemins, etc.

Le 30 janvier 1847, le maire de Bourgtheroulde fait au conseil un navrant tableau de la situation de la classe malheureuse : « Le prix élevé du blé, dit-il, réduit les pauvres et indigents de la commune à une très grande misère, les simples journaliers qui se trouvent chargés de famille et qui n'ont pour ressource que le produit de leur travail, se trouvent dans l'impossibilité absolue de pourvoir à la subsistance et aux besoins de leur famille. Bien que les secours de la charité publique ayant été et soient abondants, ces mêmes secours se trouvent insuffisants pour soulager suffisamment toutes les infortunes et satisfaire à leurs besoins. Il y a dans Bourgtheroulde vingt-cinq nécessiteux pauvres, indigents, vieillards et enfants qui ne peuvent se livrer à aucune espèce de travail; il y a aussi dix chefs de famille dans la classe ouvrière qui ne gagnent pas, à beaucoup près, assez pour leur subsistance, et celle de leurs femmes et de leurs enfants.

« Dans cet état de misère, on doit s'empresser de secourir tous ces malheureux et aviser aux moyens d'augmenter et de continuer les distributions de pain qui leur sont faites chaque semaine par les soins des habitants aisés. »

Le maire de Bourgtheroulde propose de prélever sur les fonds que le budget de la commune a disponibles une somme de 1,000 fr. pour être employée en secours et en travaux utiles. Il pense que cette mesure sera bien accueillie par l'autorité supérieure qui, comme l'autorité municipale, « est intéressée au soulagement des malheureux ».

Le conseil ratifie cette proposition à l'unanimité et sollicite « de ses vœux les plus ardents » son approbation par l'autorité compétente.

Le sous-Préfet de Pont-Audemer, tout en approuvant en principe ces vues humanitaires, crut devoir faire certaines réflexions sur l'emploi de la somme. Le conseil municipal de Bourgtheroulde en reconnut le bien fondé et le 8 février il décidait que sur cette somme de 1,000 fr., 800 fr. seraient prélevés pour être employés à un atelier de charité dont les travaux comprendraient : extraction de caillou pour la réparation des chemins de la commune, empierrement des places publiques, du champ de foire, à l'entour de l'église, terrassements pour les dites réparations ainsi que pour le nivellement de la place de l'ancien cimetière, entre l'église et le chemin de Bourg-Achard.

Le 8 février, le maire de Bourgtheroulde prenait un arrêté défendant la mendicité, sur toute l'étendue du territoire de la commune, à tout individu valide ou non qui n'y est pas domicilié. Même défense était faite aux individus valides. Ne venait-on pas de créer des travaux pour les occuper. La mendicité en réunion était aussi absolument interdite, à moins que ce ne soit l'homme et la femme, père, mère et enfants, etc. Défense était faite aux pauvres de Bourgtheroulde d'aller mendier sur d'autres communes.

Le département venait de mettre en projet de construction la route départementale n° 24 de Bourgtheroulde à la Mailleraye par Bourg-Achard ; une partie de la place publique et communale de Bourgtheroulde se trouvait comprise dans la direction donnée à cette nouvelle voie, mais, à la surprise générale, l'expert du gouvernement déclare qu'il ne serait pas procédé à son estimation, attendu que la commune n'avait aucune indemnité à recevoir. Le conseil municipal, dans sa séance du 8 mai, protesta contre cette interprétation de la loi, « attendu que les communes comme les particuliers ne peuvent être expropriées sans avoir été indemnisées ». Toutefois, le conseil fut moins heureux dans l'appréciation qu'il émit sur les services que pourrait rendre la nouvelle route. Suivant lui, « elle ne devait procurer à la commune aucun avantage, et en admettant qu'il y en eût, ils seraient compensés par les inconvénients et les charges particulières aux communes que les grandes routes traversent ».

Quel mauvais prophète était alors le conseil de Bourgtheroulde ! Il ne prévoyait ni le chemin de fer, ni le grand mouvement commercial qui devait en résulter pour toute la contrée. Il se confinait dans les vieilles idées que nous avons vu souvent exprimer avant 1789 : l'avenir devait lui en démontrer toute la fausseté.

Le 29 décembre, le conseil, tout en reconnaissant l'utilité d'une salle d'asile dans la commune, déclare ne pouvoir en demander l'établissement immédiat faute des ressources nécessaires.

On a vu précédemment qu'en 1834, Bourgtheroulde étant privé de maisons d'écoles, le conseil avait décidé de les construire dans une partie de la cour presbytérale. Ce projet avait reçu l'approbation de l'administration et des plans allaient lui être soumis, lorsque, par suite de l'ouverture de nouvelles voies de communication, on reconnut qu'il serait possible de trouver un emplacement plus convenable qui aurait le double avantage de ne pas morceler la cour du presbytère et d'être mieux aéré. Des démarches furent faites dans ce but, mais toujours sans succès, pendant l'année 1847.

A la fin de cette même année, une portion de terrain située sur le bord de la route de Bourg-Achard étant mise en vente fut acquise par MM. Vittecoq, Poulard et Gruel pour être rétrocédée à la commune. Le 9 février 1848, le conseil approuva ce qui venait d'être fait dans l'intérêt de Bourgtheroulde qui, grâce à cette acquisition, aurait ainsi un bel emplacement pour ses deux écoles, mais encore une place publique destinée aux foires et marchés, « celle existant alors étant reconnue trop petite et présenter de véritables dangers pour la sûreté publique ». Il chargeait l'administration municipale de faire tout le nécessaire afin d'arriver dans le plus bref délai à la réalisation de ce projet ; enfin de recommander la commune à la bienveillance de l'administration supérieure.

Quinze jours plus tard le gouvernement de juillet était renversé et la République proclamée.

CHAPITRE IV

BOURGTHEROULDE DE 1848 A 1870

Un des premiers actes du nouveau pouvoir fut de donner une nouvelle organisation aux municipalités en conformité des principes que venait de proclamer le gouvernement. Les anciens conseils furent dissous et des conseils provisoires, avec des administrations provisoires, en attendant de nouvelles élections, furent constitués par les soins des administrateurs des départements. Les administrateurs provisoires de Bourgtheroulde étaient MM. Bouquet, Hoquigny et Heudebran.

Le 6 mai, le conseil provisoire, voulant une plus égale répartition que celle alors existant entre tous les habitants des avantages résultant des foires et marchés, et considérant que les premières sont toutes et entièrement reportées sur une seule partie du bourg, malgré les réclamations, souvent renouvelées, de l'autre partie lésée, décide : 1° que le marché aux porcs à lait qui se tient tous les samedis sur la place du Jardinet, se tiendra à l'avenir auprès et en de çà de la route du Neubourg, à côté de la route d'Alençon ; 2° dans toutes les foires, les chevaux qui se vendaient en deçà du bourg sur la route d'Alençon, (place étroite et où l'encombrement a souvent occasionné des accidents), seront vendus à l'avenir sur la route de Rouen à Alençon, à commencer au-dessous de l'hôtel de la Gendarmerie (place infiniment avantageuse par sa largeur et où l'encombrement sera impossible).

Le 26 juin, le conseil provisoire décide l'acquisition d'un terrain pour servir à l'agrandissement de la Mare-Anger.

Le 30 juillet, les nouveaux conseils municipaux sont élus, et 23 août, ils procèdent à la nomination des municipalités. M. Vittecoq est réélu maire de Bourgtheroulde, avec M. Mameaux pour adjoint.

Le 9 septembre, le conseil renouvelle une demande faite en 1838, concernant l'établissement de deux nouvelles foires à Bourgtheroulde. Cette demande, à cause des oppositions qui vinrent à se produire, ne fut pas alors accueillie ; mais le conseil est d'avis que les raisons qui militaient alors en faveur de cette création subsistent toujours ; il demande donc qu'il soit établi, à Bourgtheroulde, deux foires nouvelles, se tenant l'une le 25 mars, l'autre le 28 mai.

Le 8 novembre, le conseil et les plus haut imposés sont réunis pour se concerter sur les moyens à prendre, à l'effet de venir en aide à la classe malheureuse de la commune, et arriver, s'il est possible, à l'extinction de la mendicité.

L'assemblée reconnaît que cette extinction est fort désirable, mais elle craint qu'elle n'ait « des conséquences fâcheuses, surtout au milieu des campagnes, en provoquant des agglomérations nombreuses de personnes désœuvrées » ; elle est malheureusement trop souvent, dit-elle encore, « un encouragement à la paresse et une cause de démoralisation », mais elle déclare néanmoins « que tout le monde doit s'imposer les plus grands sacrifices pour remédier à un aussi grand mal ».

Elle décide alors que des souscriptions particulières seront faites dans la commune pour fournir à domicile, à ses pauvres, tous les secours nécessaires et les mettre à l'abri de la mendicité ; elle sollicite à ce sujet le concours du département.

L'acquisition de terrain faite par MM. Vittecoq, Poulard et Gruel, à l'effet de rétrocession à la commune pour la construction d'une maison d'école, donne lieu à diverses réclamations d'habitants de Bourgtheroulde. Une pétition, couverte de 20 signatures, protestant contre cette acquisition dans laquelle on verrait un motif de spéculation, est remise au conseil, qui, dans sa séance du 24 janvier 1849, considère mal fondés les griefs invoqués par les pétitionnaires et approuve l'acquisition faite. Le 24 mars et le 4 août, l'affaire revient de nouveau devant le conseil qui déclare persister dans sa première délibération. Néanmoins, cette affaire causa une certaine effervescence dans la commune de Bourgtheroulde. Toutefois, le conseil obtint définitivement gain de cause et les travaux de construction des maisons d'école furent mis en adjudication au commencement de mai 1850.

Les deux prisons de Bourgtheroulde sont malsaines et mal aérées ; elles ne sont point pourvues de lit de camp, et il est de toute nécessité d'obtenir au moins deux douzaines de couvertures pour couvrir les prisonniers et un lit de camp. Le conseil les demande au département (10 août 1850).

La compagnie de pompiers est de nouveau en complète désorganisation ; le 19 mars 1851, 10 membres donnent leur démission, basée sur « des désagréments et des insultes qui leur auraient été faits par un de leurs collègues ». Ce collègue pourtant aurait dû être d'un caractère beaucoup plus pacifique, car son service à la compagnie ne se comptait guère autrement que par des absences. En tête des démissionnaires se trouvaient MM. Poulard, sous-lieutenant et conseiller municipal ; Auvare, sergent ; Cauchois et Mullot, caporaux.

Le conseil municipal, saisi de ce différend, estima que les motifs allégués par les pompiers démissionnaires « sont loin d'être dénués de toute vraisemblance », le pompier visé est en effet une cause de trouble pour la compagnie, et il en sera expulsé, ce qui permettra aux démissionnaires de rester à leur poste (11 avril).

Le 7 octobre, le conseil nomme, conformément à la loi du 13 juin 1851 (art. 21), la moitié des membres qui devaient composer le conseil de recensement. Ce conseil était formé de 12 membres pris parmi les gardes nationaux, dont six nommés par le préfet et six par le conseil municipal. Le conseil de recensement de Bourgtheroulde fut installé le 21 novembre.

Par suite de la démission de M. Delarue, instituteur primaire, le conseil municipal, « considérant que toutes les communes environnantes ont des instituteurs laïques, que la commune de Bourgtheroulde a toujours eu des instituteurs laïques ; que les habitudes sont ainsi contractées, et malgré les précieux avantages que pouvait offrir un instituteur engagé dans une congrégation religieuse, est d'avis à l'unanimité qu'il soit nommé un instituteur laïque. » On sait qu'alors la loi Falloux régissait l'instruction primaire (21 avril 1852).

Le 15 mai 1852, le conseil est consulté à l'effet de savoir s'il consentirait à supporter une partie de la dépense nécessaire au pavage de la route départementale dans la traverse du bourg de Bourgtheroulde, dépense évaluée à 2,400 fr. Le conseil municipal reconnaît la grande utilité de ce travail, mais déclare ne pouvoir en rien y contribuer par suite du défaut de ressources.

On a vu que l'administration provisoire de Bourgtheroulde avait, au mois de mai 1848, changé l'emplacement du marché aux porcs à lait et du marché aux chevaux. Mais ce qui fait souvent le bonheur des uns fait le malheur des autres, et, de même qu'en 1848 il y avait des pétitionnaires pour le changement, il y en eut en 1852 pour le rétablissement de l'ancien état de choses. Aussi le conseil, dans sa séance du 6 novembre, décida-t-il que de la délibération du 6 mai 1848 serait considérée comme nulle en ce qui concernait l'emplacement des foires et marchés. Le marché aux porcs à lait se tiendra à l'avenir sur la place du Jardinet, la foire aux chevaux du jour de l'an aura lieu dans le haut du bourg sur les deux côtés de la route de Rouen à Alençon, comme par le passé ; la veille et l'avant-veille de ce jour et les autres jours de foires, les chevaux seront exposés en vente dans le bas du bourg sur la place du Jardinet. La poissonnerie se tiendra à l'avenir depuis la route de Bourg-Achard devant la maison Galot, emplacement primitif.

Au registre municipal de Bourgtheroulde, fait assez curieux et même rare, nulle mention est faite de la proclamation de l'Empire. Pas de réunion de conseil, pas trace de prestation de serment de l'administration municipale, ni du conseil. C'est la première fois que nous remarquons un pareil silence. Et pourtant à Bourgtheroulde on devait être aussi enthousiaste que partout ailleurs.

Le 8 février 1853, le conseil décide l'achat, pour la somme de 310 francs, d'un terrain situé à Bourgtheroulde, contenant 4 ares 23 centiares, longeant la route de la Mailleraye, appartenant à MM. Vittecoq, Gruel et Poulard, et destiné à faire une place publique. Il y eut encore quelques oppositions, mais le conseil passa outre, (séance du 9 mai.)

L'avènement de l'Empire avait — ou du moins on doit le croire ainsi puisque aucune preuve du contraire n'existe — laissé indifférent le conseil de Bourgtheroulde, mais le mariage de Napoléon avec la comtesse de Montijo eut le don de réveiller ses sentiments endormis, et dans cette même séance du 8 février il adressait aux nouveaux époux une adresse des plus chaleureuses.

« En choisissant l'Impératrice en dehors des familles couronnées, disait-il, et en ne consultant, comme vous l'avez dit si noblement, que les impulsions de votre cœur, vous avez montré une fois de plus à la France que vous étiez digne des réclamations populaires qui vous avaient décerné la couronne.

» En élevant au trône une princesse aussi remarquable par sa beauté que par ses vertus, vous goûterez les douces joies de la famille et vous consoliderez à jamais une dynastie qui nous promet d'espérer pour nous et pour nos enfants de longs jours de prospérité et de bonheur. »

Le 26 février le conseil municipal prête enfin serment, avec le maire et l'adjoint, au nouveau gouvernement.

Le 3 septembre le conseil est appelé à donner son avis sur le tracé de la ligne de Serquigny à Rouen : Deux directions sont proposées ; l'une par la plaine du Neubourg et passant par le Bec-Hellouin et Tourville-la-Campagne ; l'autre traversant le Roumois, par Glos et Berville. Le conseil de Bourgtheroulde se prononça comme on le conçoit pour le second tracé. Par les nombreux considérants émis en faveur de cette décision, on voit qu'il y avait alors à Bourgtheroulde un service public sur la Bouille partant 4 fois par jour, un service sur Elbeuf avec aussi 4 départs, que Bourgtheroulde était en outre traversé par des voitures de service public venant de Caen, d'Alençon, de Bernay, de Trouville, Brionne, Bourg-Achard, Routot, Montfort, etc.

Par suite des variations importantes qu'éprouve le prix du blé d'un marché à l'autre, le maire de Bourgtheroulde décide que la taxe du pain qui avait lieu tous les quinze jours sera fixée dorénavant toutes les semaines (1er octobre).

Le 7 novembre le conseil est saisi d'une lettre du préfet du département concernant les mesures à prendre afin d'atténuer la cherté du pain ; ces mesures consistaient notamment à « fixer un maximum de taxe au-dessus duquel le prix du pain bis blanc et du pain bis ne pourra s'élever pour les consommateurs. »

Mais le conseil ne se montre pas favorable à cette idée. « Il n'est pas d'usage, dit-il, d'avoir dans la commune deux sortes de pain, et le pain bis qui pourrait être fait n'aurait aucune chance de débit, cet emploi du maximum de la taxe donnerait lieu d'ailleurs à de nombreux différends avec les boulangers. »

Le conseil constate que jusqu'alors il n'est parvenu à l'autorité municipale aucune demande de secours ; les ouvriers ont toujours été occupés ; ils ont pu suffire à leurs besoins et à ceux de leurs familles.

Toutefois, les travaux de la campagne, devant être interrompus par l'hiver, et la cherté du pain continuant, le conseil décide qu'une souscription sera faite dans la commune pour subvenir aux besoins des nécessiteux.

Un crédit de 4 millions étant mis à la disposition du ministère de l'intérieur pour venir en aide aux communes qui créeront des ressources dans le but de venir en aide et procurer du travail aux classes ouvrières indigentes, le conseil demande qu'il soit fait divers terrassements sur les chemins vicinaux et une extraction de caillou ; il vote les ressources nécessaires auxquelles viendra se joindre la subvention de l'État (15 décembre).

Le 26 septembre 1854, le conseil est d'avis qu'il y a lieu d'établir à Bourgtheroulde une société de secours mutuels pour la classe ouvrière ; elle pourra admettre une ou plusieurs communes voisines qui voudraient se joindre à elle.

Le 26 janvier 1855, le conseil vote une somme de 750 fr. destinée à venir en aide à la classe ouvrière en lui donnant du travail. Cette somme sera fournie pour 600 fr. par une souscription publique dans la commune ; le surplus sera pris sur les dépenses imprévues du budget.

La salle de la mairie et celle de la justice de paix sont dans un délabrement complet. De promptes réparations sont urgentes. La prison n'est pas dans un meilleur état. Le conseil, dans sa séance du 10 mai, décide que tous les travaux nécessaires seront faits, et vote les ressources qui doivent y faire face.

Le 25 octobre le conseil est appelé à prendre toutes les mesures nécessaires pour compenser le prix des denrées alimentaires, devenu très élevé par la cherté des subsistances. Le maire pense qu'une quantité de 220 kilog. de pain par semaine est nécessaire pour la nourriture de 103 personnes composant 36 familles nécessiteuses. Le pain valant 54 centimes et celui à payer par le consommateur nécessiteux étant de 40, il y a de ce fait une différence de 14 cent. à parfaire, ce qui nécessitera une dépense de 1,200 fr. Les plus haut imposés sont convoqués afin de voter une imposition extraordinaire pour couvrir cette dépense.

Le 4 novembre, cette réunion eut lieu ; l'assemblée accepta la proposition du conseil et demanda que les cotes au-dessous de 10 fr. ne soient pas comprises dans cet impôt.

La naissance du prince impérial donne de nouveau au conseil municipal de Bourgtheroulde l'occasion de manifester ses sentiments à l'empereur. Après lui avoir présenté ses félicitations, il ajoute :

« C'est pour tous un bonheur bien grand que la naissance d'un prince, d'un héritier de l'empire, pour continuer l'œuvre si digne, si bienfaisante, si glorieuse de son père, et assurer non-seulement à la France, mais encore au monde entier, un nouveau gage de sécurité et de confiance. »

C'est le seul fait à relever pendant le cours de cette année.

Le 24 avril 1857, Bourgtheroulde vote une subvention de 300 fr. pour aider la ville d'Évreux dans l'organisation des fêtes qu'elle donnera au mois de mai, à l'occasion du concours régional.

Les réparations à faire à la prison suscitent un différend entre le département et la commune de Bourgtheroulde. Cette prison a été construite aux frais du premier sur un terrain appartenant à la seconde, et le département voudrait bien assujettir la commune à payer les frais d'entretien qui deviennent onéreux. Il est vrai que, pendant 28 ans, la commune a accepté ce fardeau; mais aujourd'hui elle le trouve trop lourd et voudrait s'en décharger. Aussi le maire propose-t-il au conseil de demander au préfet d'accorder à la commune un capital suffisant une fois payé et de lui faire l'abandon de ce bâtiment ; il y aurait avantage pour le département qui ne serait plus obligé à son entretien. La commune, en en acceptant la propriété, prendrait l'obligation de l'entretenir et de le conserver à son usage.

Le maire fait en outre observer que le bâtiment est contigu à la mairie, dont on a le projet de pourvoir à la réédification ; quant à la salle d'asile, elle ne peut se faire qu'en reconstruisant la prison, de manière à donner à l'édifice un état de commodité indispensable et un aspect correct et régulier.

Le conseil accepta la proposition du maire, laissant au préfet le soin d'apprécier le montant de l'indemnité à accorder à la commune (12 mai 1857).

Le 4 octobre le conseil accepte le don d'une somme de 500 fr. fait par M. Arsène Faustin-Leloutre au bureau de bienfaisance à la seule charge de 3 messes basses par an. Cette somme devra être placée en rentes 3 0/0 sur l'État français.

Le 17 janvier 1858, le conseil municipal vote une adresse de félicitations à l'empereur à la suite de l'attentat d'Orsini.

Le projet de construction d'une salle d'asile est repris de nouveau et de nouveau soumis au conseil ; la construction des maisons d'école en avait seule retardé l'exécution. Ces constructions étant alors complètement terminées, le maire propose d'établir cet asile en même temps que la mairie et la prison, pour tout y être réuni et ne faire qu'un seul corps de bâtiment.

Le conseil approuva cette proposition : « Considérant, dit-il, que l'appartement à usage de mairie n'avait pas reçu originairement cette destination, qu'il servait de salle d'étude pour les garçons et que le mauvais état de ce bâtiment ne permet plus d'y tenir les réunions.

» Considérant que celui servant de prison et de logement du concierge réclame chaque année de nombreuses réparations et qu'il est nécessaire de le reconstruire. Il y aurait alors avantage de réaliser le projet depuis longtemps médité de bâtir une salle d'asile en même temps que la mairie et la prison. La commune est d'ailleurs entièrement libérée de la construction des maisons d'école et le budget prochain présentera un excédant de recettes satisfaisant. »

Le maire est chargé de faire toutes les diligences nécessaires à ce sujet (8 février 1858).

Le 20 avril le conseil ratifie les travaux faits par la fabrique de l'église aux voûtes du chœur, au commencement de 1859, les plans et devis n'ayant à cette époque reçu aucune approbation ; ces travaux s'élevaient à 1,543 fr. 59.

Le 28 avril le maire soumet au conseil les plans et devis des constructions votées dans la séance du 8 février et dressés par M. Laquerrière, architecte à Elbeuf : ils s'élèvent à 25,238 fr. 00, déduction faite des anciens bâtiments à démolir, édifiés sur le terrain qui doit servir à la nouvelle construction. La commune peut disposer de 9,358 fr. 25. Il lui reste à trouver le surplus.

Le conseil approuve les devis et les plans, décide de faire un emprunt à la caisse des Dépôts et Consignations, et de s'imposer extraordinairement pour en opérer le remboursement.

Le 6 mai suivant, le conseil et les plus haut imposés réunis votaient une imposition de 14 centimes sur les quatre contributions directes pendant sept ans. Cette imposition devait produire 9,716 fr.

Le même jour le conseil demande, conformément au vœu exprimé par de nombreux cultivateurs et bouchers, que le marché aux bestiaux établi à Bourgtheroulde le samedi, soit désormais reporté au jeudi de chaque semaine.

De nouvelles réparations sont devenues de toute nécessité à l'église ;

après le chœur, c'est la nef ; tout est à refaire dans cet édifice, que nous voyons tomber en ruine depuis quatre cents ans. En ce moment c'est le plafond, la charpente de la grande nef et les murs extérieurs, à peu près tout enfin. D'après les plans et devis de l'architecte M. Laquerrière, c'est une dépense de 8,680 fr. à ajouter à tant d'autres. Et la fabrique de l'église déclare n'avoir aucune ressource. La commune est dans la même situation. Une loterie a été organisée à ce sujet. Elle a produit 3,000 fr. Le conseil offre encore 500 fr. qui joints aux 500 fr. donnés par la fabrique et au produit de la loterie arriveront à couvrir la moitié de la dépense. Le maire sollicitera du gouvernement le surplus.

Le 12 février 1859, M. Lecerf est nommé adjoint au maire de Bourgtheroulde, il prête serment le 23 du même mois.

Le 6 mai, le conseil nomme, conformément à une circulaire préfectorale du 18 avril, une commission d'assainissement des logements insalubres.

A l'occasion de la paix de Villafranca qui venait de terminer si brillamment la campagne d'Italie, les conseillers municipaux de Bourgtheroulde envoient une nouvelle adresse à l'Empereur.

Après avoir manifesté leur reconnaissance et prouvé une fois de plus « combien ils sont jaloux et fiers de voir leur pays triompher des plus grands obstacles, s'enrichir sous votre commandement et votre généreux courage de gloire et de trophées », ils ajoutent :

« Si pendant la guerre, la France était certaine d'obtenir des succès, elle était néanmoins inquiète pour la personne de Votre Majesté, qui, au milieu des combats, bravait les plus grands dangers; mais la Providence qui veille sans cesse sur des jours si précieux nous la rendra couverte de lauriers. »

Le 18 janvier 1860, le maire de Bourgtheroulde publiait un nouveau règlement concernant la police municipale.

Les plans et devis des réparations à faire à l'église n'ayant pas été acceptés dans leur intégrité par l'autorité supérieure, à cause du défaut de ressources de la commune, ces travaux ont dû être scindés en deux parties et, sur l'avis de l'architecte diocésain, de nouveaux plans sont présentés au conseil qui les approuve (8 mai.)

Le 9 novembre le conseil vote l'acquisition d'une parcelle de terrain appartenant à Mme Benard-Vallée et à ses enfants, à l'effet d'agrandir le champ de foire devenu insuffisant.

Les travaux de l'église sont toujours en suspens. Le préfet déclare ne pouvoir accorder à Bourgtheroulde le secours qu'il sollicite ; il voudrait que la commune s'imposât encore à 6 centimes en outre des 14 en cours de perception. La commune refuse et décide qu'une partie plus importante des travaux seront ajournés. (20 novembre.)

Le 8 mai 1861, le conseil municipal accepte le legs fait au bureau de bienfaisance par M. Jean-Nicolas Tassel, de la somme de 2,000 fr. à placer en rentes sur l'Etat.

A cette époque, la commune de Bourgtheroulde demandait, de concert avec celle d'Infreville, le classement et l'agrandissement du chemin de la Poterie. L'agent voyer cantonal concluait au rejet de cette demande faite par la commune d'Infreville, à cause du rapprochement de ce chemin de la route impériale. D'un autre côté Mme Grenier, propriétaire riveraine, « ne veut pas voir détruire sa belle rangée d'arbres de haute futaie ». Mais le conseil municipal de Bourgtheroulde trouva ces raisons peu sérieuses et persista dans sa demande (8 août 1861).

Les années suivantes ne nous offrent que peu de faits intéressants. Le conseil décide l'établissement d'une bibliothèque scolaire (9 août 1862) approuve l'établissement des stations désignées sur la ligne de Serquigny (11 octobre), vote, avec le concours des plus imposés, un impôt extraordinaire de 14 centimes pendant 6 ans, ce qui produira 8.400 fr., pour couvrir l'acquisition des maisons se trouvant sur le champ de foire, afin de dégager entièrement la place publique. Cette acquisition pourra s'élever à 20,000 fr. La construction de la mairie, avec justice de paix et prison, présenterait en outre une dépense de 31,000 fr. (10 mai 1863).

Le 15 août de cette même année 1863, on pose la première pierre du nouvel Hôtel-de-Ville de Bourgtheroulde. Pour conserver le souvenir de cette cérémonie, il a été placé sous cette première pierre qui sert d'embase à la première colonne de droite en entrant sur le péristyle, une boîte en bois recouverte d'une seconde en plomb, contenant une plaque en cuivre rouge sur laquelle est gravée l'inscription suivante :

L'an 1863, le 15 août, Napoléon III régnant.

Préfet : M. Janvier de la Motte ; Sous-Préfet : M. Lezaud.

A été posée sous cette pierre cette inscription sous la présidence de M. Vittecoq, maire de cette commune, en présence de M. Lecerf, adjoint et de MM. les conseillers municipaux :

Poulard, Duval, Lambert, Védie, Hoquigny, Legrix, Lesage et Gasse.

MM. Laquerrières frères, architectes. — Delaunay, entrepreneur.

Le 11 novembre, le conseil renouvelle le vœu qu'il soit créé, à Bourgtheroulde, une société de secours mutuels ; mais il constate avec regret que les habitants de la commune ne paraissent pas disposés à en faire partie.

Le conseil municipal de Bourgtheroulde qui proclamait bien haut que la commune était sans ressources et pour cette cause ne pouvait entreprendre les travaux urgents à faire à l'église, en trouve tout à coup pour faire montre d'une générosité extraordinaire à l'égard de la ville d'Evreux qui veut organiser de grandes fêtes, à l'occasion du concours régional et de la visite de l'empereur. Sans aucune hésitation il vote ainsi 1,500 fr. à prendre sur les fonds libres de l'exercice en cours.

La question de la prison revient de nouveau en discussion. La construction en est terminée, mais la commune voudrait que le département en supportât seul les charges, ou tout au moins la plus grande partie. Le conseil sollicite, à ce sujet, du préfet, une allocation de 7,500 fr., représentant le prix de construction de la prison (18 mai 1864).

Le 5 juillet, le conseil accepte diverses modifications apportées au devis de l'Hôtel-de-Ville.

Le 15 décembre, sur la proposition du maire, le conseil reconnaît qu'il serait de toute utilité que Bourgtheroulde soit relié télégraphiquement à Pont-Audemer. Il vote à ce sujet une somme de 400 francs.

Le 7 février 1865, le conseil demande la création de deux nouvelles foires à Bourgtheroulde, devant se tenir, l'une le dernier samedi de février, l'autre le premier samedi d'octobre.

Voici que commence la grande querelle relative à la dénomination de la gare de Thuit-Hébert. Tout d'abord on l'avait désignée sous le nom qui prévalut d'ailleurs par la suite — de *Bourgtheroulde-Thuit-Hébert*. — Mais dans une lettre au préfet de l'Eure, le maire de Thuit-Hébert protesta contre cette dénomination ; il demandait que le nom de Bourgtheroulde fût supprimé pour être reporté à celui de la gare dite de la Londe. Le maire de Thuit-Hébert se basait sur ce fait que la compagnie de l'Ouest avait établi ses correspondances sur la gare de la Londe.

Le conseil de Bourgtheroulde déclarait n'être absolument pour rien dans ce fait de la compagnie qui n'avait eu en vue que son intérêt particulier ; pour lui toutes ses préférences étaient pour la gare de Thuit-Hébert où d'ailleurs il s'est créé un service particulier pour les voyageurs et les marchandises ; en conséquence, et pour d'autres motifs consignés dans sa délibération, il demandait à ce que le nom de Bourgtheroulde soit maintenu à la gare de Thuit-Hébert.

On sait que la compagnie dut abandonner son service sur la Londe pour desservir la gare de *Bourgtheroulde-Thuit-Hébert*. Ce n'était que toute justice (28 novembre 1865).

Le 13 mai 1866, on inaugurait le nouvel Hôtel-de-Ville, en présence de MM. Janvier de la Motte, préfet de l'Eure ; Claudon, sous-préfet de Pont-Audemer, Lefebvre-Durufflé, sénateur, conseiller général, Lezaud, secrétaire général de la préfecture, le comte de Luchapt, conseiller d'arrondissement, M. de Chaumont de Quitry, M. de St-Paër, juge de paix, tous les maires du canton et les membres du conseil municipal de Bourgtheroulde.

Après la bénédiction de l'Hôtel-de-Ville par M. l'abbé Martel, curé-doyen, le préfet de l'Eure remit à M. Vittecoq, maire de Bourgtheroulde, la croix de chevalier de la Légion d'honneur.

La vieille mairie, devenue sans emploi, fut mise en démolition au mois de février 1867.

Le 9 février de cette même année, le conseil décidait que vu la grande humidité du cimetière, il devrait être transféré à un autre endroit ; il renouvelait en même temps sa demande de création de deux nouvelles foires.

L'odieux attentat dirigé contre l'Empereur de Russie pendant sa visite à l'exposition universelle de Paris a soulevé une réprobation générale. Le conseil municipal de Bourgtheroulde envoie à ce sujet une adresse à l'empereur.

Les grands travaux qui ont préoccupé depuis plusieurs années la municipalité et le conseil de Bourgtheroulde sont ou terminés ou en cours d'exécution. Dans la séance du 8 septembre 1867, le maire fait au conseil un exposé de la situation de la commune après tous ces travaux ; il passe en revue tout ce qui a été fait dans les dix premières années et se félicite des résultats obtenus ; la place publique agrandie, l'Hôtel-de-Ville terminé, des écoles construites, l'église convenablement réparée ; la commune dotée de mares publiques et d'un abreuvoir, l'établissement d'une ligne télégraphique, l'acquisition d'une nouvelle pompe à incendie et la réorganisation de la compagnie de sapeurs-pompiers, etc.

La municipalité de Bourgtheroulde et les divers conseils qui l'ont secondée n'ont, comme on le voit, rien négligé pour donner à leur pays tout ce qui lui était utile et nécessaire, et certes ils ont bien mérité la reconnaissance de leurs concitoyens.

Les années 1868 et 1869 ne donnent lieu à aucune affaire importante. Le conseil n'a guère à s'occuper que des affaires ordinaires. On procède à la rectification de la mare Anger. On décide le remplacement de l'ancien armement des sapeurs-pompiers (4 juin 1868), on met en vente les vieilles maisons à démolir sur la place du Champ-de-Foire, etc. M. Vedie, nommé adjoint au maire de Bourgtheroulde, est installé le 20 mai 1869.

Le 8 novembre, le conseil décide que, conformément à une précédente délibération, le cimetière serait, à cause de sa grande humidité et du danger qui en résulte pour la santé publique, transféré sur un terrain élevé et d'un accès facile, aboutissant à la route de Bourgtheroulde à Brionne et appartenant à MM. Marais et Hermier.

Le 3 février 1870, le conseil vote le tarif à appliquer aux concessions dans le nouveau cimetière. Le même jour, le conseil donne son adhésion à la réunion de Boscherville à Bourgtheroulde pour l'instruction primaire.

Le 16 mai, le conseil demande qu'il soit créé à Bourgtheroulde une succursale de caisse d'épargne.

Le 5 août, il donne un avis favorable à l'établissement d'une société de secours mutuels dont la création est tentée par un sieur Leprestre, agent d'assurances.

Le 17 septembre, la taxe officielle du pain est rétablie, la liberté laissée aux boulangers n'ayant pas produit les résultats attendus. On pourrait en dire de même de nos jours.

Le 27 septembre, le conseil vote 2,000 fr. pour l'équipement de la garde nationale et une somme de 1,133 fr. pour occuper les ouvriers nécessiteux.

CHAPITRE V

La Guerre de 1870. — L'Invasion. — Le Combat du 4 janvier 1871.

Le désastre de Sedan venait d'achever la ruine de l'Empire et le 4 septembre le gouvernement républicain était proclamé à Paris.

Le 5 octobre, une nouvelle municipalité était installée à Bourgtheroulde avec M. Bouquet comme maire. M. Védie conservait ses fonctions d'adjoint. Le 25 octobre, le conseil municipal est appelé à voter la somme nécessaire à l'équipement et à l'armement de la garde nationale sédentaire ; mais les ressources lui font complètement défaut et il lui est impossible de s'imposer de plus lourds sacrifices : il ne peut donc rien voter. Toutefois, le 2 novembre, il consent à ce qu'une somme de 400 fr. soit prélevée sur les 2,000 fr. qu'il a votés le 27 septembre et en particulier sur les 1,200 francs affectés spécialement à l'armement pour servir au paiement des armes achetées par le gouvernement et destinées à la garde nationale sédentaire.

Le 14 novembre, le conseil, sur la proposition de M. Vittecoq, et conformément aux observations présentées par M. le maire, ordonne qu'il sera fait une répartition de la somme de 1,133 fr., votée le 27 septembre dernier, entre divers travaux, de manière à occuper tous les ouvriers nécessiteux et sans travail de la commune.

Le 20 novembre, le maire de Bourgtheroulde expose au conseil qu'en vertu du décret du 22 octobre et de la lettre préfectorale du 10 novembre, il a, sous sa responsabilité personnelle, proposé pour servir à l'acquittement du contingent à payer par la commune pour l'équipement, l'armement et la solde des gardes nationaux mobilisés, divers fonds restés sans emploi au budget communal ; il donne les motifs qui lui font choisir ce mode de libération et qui évite aux habitants une imposition extraordinaire de 34 centimes payable immédiatement, ce qui, dans les circonstances malheureuses du moment, aurait été une charge pénible pour beaucoup.

Le conseil, à l'unanimité, reconnaît le bienfait de cette proposition et vote pour la mettre à exécution la somme de 3,812 fr. à prendre sur divers fonds.

Le conseil vote en outre une somme de 200 fr. pour le service de la garde nationale.

Le 5 décembre, la nouvelle se répandait à Bourgtheroulde que Rouen venait de se rendre. Il n'y avait plus aucun doute : c'était l'occupation, c'était la guerre avec son horrible cortège, pour tout le plateau du Roumois.

Ce fut le 8 décembre que, pour la première fois, les Prussiens, au nombre de 27 cavaliers, firent leur apparition à Bourgtheroulde. Le bourg ne pouvait faire ou tenter aucune défense, laquelle n'aurait pu amener d'ailleurs que de terribles représailles et d'incalculables malheurs. Ces vingt-sept cavaliers, après avoir en tous sens exploré le pays, mirent pied à terre chez le maire et lui intimèrent l'ordre formel d'avoir à avertir immédiatement tous les habitants qu'ils aient à apporter à la mairie toutes les armes, sans distinction aucune, qu'ils avaient en leur possession. Chacun s'empressa d'obéir.

Pendant ce temps, les Prussiens continuaient leur besogne ; dans les deux bureaux de tabacs, ils s'emparaient de tout ce qu'ils purent trouver, saisissaient les correspondances à la poste, enclouaient la boîte aux lettres et démontaient le télégraphe ; tout cela ne fut l'affaire que de quelques instants, et, après s'être fait copieusement restaurer chez le maire, ils partaient pour Bourg-Achard emportant, dans une voiture qu'ils avaient réquisitionnée, les armes qu'on leur avait livrées et qu'ils détruisirent à leur arrivée.

Quelques jours de tranquillité succédèrent à cette première visite, que les habitants de Bourgtheroulde avaient déjà presque oubliée, lorsque le 15 décembre arrivèrent dans ce petit bourg 4,000 hommes et 300 chevaux, le tout à loger, chauffer et *bien nourrir*. C'était beaucoup trop pour un endroit où il n'y avait alors que 650 habitants ; malgré tout le zèle et l'activité déployés par l'administration municipale, il fallut avoir recours aux communes voisines pour se procurer immédiatement le pain, la viande et les fourrages nécessaires à l'alimentation de ces troupes.

Cependant ce n'étaient là que les prémices de l'occupation ; l'avenir réservait bien d'autres malheurs, bien d'autres calamités à ce pauvre bourg. Dès le lendemain matin, 16 décembre, tout un corps d'armée était annoncé, et bientôt on voyait défiler dans Bourgtheroulde 18,000 hommes destinés à envahir Brionne et ses environs. Mais à peine les premières lignes avaient-elles atteint St-Martin-de-Boscherville qu'elles rencontraient une certaine résistance. Assez mal renseigné sans doute sur les forces françaises qu'il avait devant lui, le général prussien jugea prudent d'arrêter sa marche en avant et décida la retraite sur Bourgtheroulde, retraite qui eut lieu l'après-midi même. C'est alors que commencèrent, pour ce pays, toutes les horreurs et toutes les misères de l'occupation allemande. Le parc d'artillerie et un nombre considérable de soldats, n'ayant pu trouver de logement, encombraient la place publique où était établi un campement. Sous prétexte de rechercher les armes qui pouvaient encore y être cachées, les Prussiens fouillaient les maisons et répandaient partout l'épouvante. Les menaces les plus terribles étaient à chaque instant mises en jeu.

Tout d'ailleurs était prétexte à récriminations de la part de nos vainqueurs contre les malheureux habitants ; on n'a que le choix de l'exemple. Ainsi un père de famille qui, après avoir donné tout ce qu'il avait d'eau-de-vie chez lui, la veille, à cent cinquante Prussiens qui assiégeaient sa maison, ne pouvant plus rien livrer à ceux du lendemain, se voit menacé d'être fusillé, parce qu'un soldat a trouvé chez lui le jouet de son enfant, un pauvre petit fusil neuf, mais sans chien ; d'autres sont battus parce que, ayant logé et nourri la veille 30, 40 ou 50 hommes, lesquels ont mangé jusqu'au pain destiné à leurs enfants, ils ne peuvent plus rien donner à ceux encore plus nombreux qui se précipitent sans cesse chez eux ; enfin le brave curé de Bourgtheroulde est menacé à son tour parce que des soldats prussiens ont aperçu deux têtes les regardant par les lucarnes du clocher et que, suivant eux, ces deux têtes ne pouvaient être que des francs-tireurs cachés ici, grâce à la complaisance du prêtre. Les canons sont braqués sur l'église, prêts à tirer et à abattre le clocher, le curé est sommé d'ouvrir toutes les portes de l'édifice et doit précéder les Prussiens qui montent à la tour où ils ne trouvent que l'horloger du pays et un de ses amis qui avaient si malencontreusement choisi cet endroit pour en faire leur observatoire.

Le soir de ce même jour, Bourgtheroulde fut entouré de barricades et plusieurs batteries d'artillerie étaient postées dans la plaine. On prévoyait sans doute une attaque de la part des Français, mais cette attaque n'eut point lieu ; Bourgtheroulde n'en resta pas moins enfermé pendant cinq jours et privé de toutes communications avec le dehors.

Les 15 et 16 décembre, les troupes prussiennes, occupant Bourgtheroulde, étaient placées sous le commandement du colonel de Legat, du troisième des grenadiers ; le docteur Oppler était le chirurgien-major du régiment. Du 17 au 21 décembre, le baron de Hüllessem, colonel du 41ᵉ d'infanterie prussienne, commandait, il avait pour adjudant le lieutenant Fischler.

Pendant ces quatre derniers jours, de nombreuses et pressantes démarches étaient faites auprès du colonel allemand par un membre de la municipalité afin d'obtenir une diminution de charges pour le pauvre bourg qui n'en pouvait mais. Le 21 décembre on apprit enfin que les Allemands allaient évacuer le pays pour se replier sur Grand-Couronne et Rouen ; mais avant de partir, ils exigèrent de la municipalité qu'elle prît l'engagement formel de ne recevoir et de ne tolérer sur son territoire aucune compagnie de francs-tireurs. Bourgtheroulde n'aurait plus alors à souffrir que des patrouilles prussiennes, car les Allemands déclaraient toujours le considérer comme pays conquis et le traiter comme tel. L'engagement était gros de périls, mais il n'y avait pas à hésiter, il fut pris, et Bourgtheroulde fut évacué.

La tranquillité régnait depuis dans le malheureux pays épuisé, lorsque le 25 décembre, à la chute du jour, une vive fusillade éclate tout à coup. C'étaient des francs-tireurs cachés derrière l'église qui venaient de faire feu sur cinq cavaliers prussiens arrivant à l'entrée du bourg. Ces derniers tournèrent bride immédiatement et s'enfuirent à toute vitesse. De leur côté les francs-tireurs, croyant voir partout des ennemis, se répandirent dans le pays en continuant leur fusillade, et firent si bien qu'ils tuèrent un des leurs, ce qui dénote suffisamment l'état d'esprit dans lequel ils se trouvaient.

Le surlendemain, 27, les francs-tireurs installés à Bourgtheroulde recommencèrent leur fusillade contre la première patrouille prussienne qui se présenta, mais cette fois un soldat prussien, atteint d'une balle qui lui fractura la cuisse, resta au pouvoir des francs-tireurs.

Ce fut à la suite de ces escarmouches qu'arriva à Bourgtheroulde d'abord un bataillon de mobiles, puis deux. Le général Roy, commandant les mobiles de l'Eure et du Calvados, parvint à refouler les Prussiens sur Grand-Couronne après les combats de Moulineaux des 30 et 31 décembre. Il put alors prendre possession des positions de Robert-le-Diable et du Pavillon dominant ainsi Elbeuf et Orival, positions qui pour tout autre devaient être inexpugnables, et établit son quartier général à Bourgtheroulde.

Bourgtheroulde se crut alors à jamais délivré des Prussiens ; les charges pourtant étaient toujours considérables, car il fallait subvenir chaque jour à l'alimentation d'une troupe nombreuse, sans intendance, sans vivres, sans argent et dépourvue à ce sujet de toute organisation bien sérieuse ; mais on supportait tout patriotiquement, chacun faisant de son côté les plus grands efforts.

Hélas ! la joie des habitants de Bourgtheroulde devait être de courte durée, et les malheurs qu'ils avaient déjà connus, n'étaient rien à côté de ceux qu'ils allaient éprouver ; le 4 janvier 1871 allait être pour eux un des jours les plus néfastes de cette malheureuse campagne. L'ennemi s'emparait des positions inexpugnables du Pavillon et de la Maison-Brûlée, forçait les Français à battre en retraite et bientôt rentrait en vainqueur dans Bourgtheroulde.

Voici tout d'abord le récit que fait M. Rollin dans sa *Guerre dans l'Ouest* de cette triste épopée :

« Le général Roy, resté sans aucune communication avec le colonel Thomas (de l'Ardèche), il eût été sans doute enlevé lui-même par les bataillons du colonel de Busse si un épais brouillard n'avait pas dérobé à l'ennemi la faiblesse numérique de ses adversaires. »

» Le général Roy n'avait avec lui que deux bataillons de mobiles, un peloton de chasseurs et quelques francs-tireurs. Toutefois il ne voulut point céder le terrain sans combattre. Il détacha quatre compagnies du 1er bataillon des mobiles de l'Eure, sur la route d'Elbeuf, deux autres sur celle de Bourg-Achard, et, laissant une réserve au Bourgtheroulde, *il se porta lui-même* avec ce qui lui restait à la rencontre de l'ennemi.

» Un peu avant dix heures, les premiers tirailleurs prussiens débouchèrent sur la lisière de la forêt de la Londe et il s'engagea de ce côté une courte mais vive fusillade. Les francs-tireurs de la 2e compagnie du Calvados, dont le chef fut tué dès les premiers coups, puis quelques compagnies de mobiles jetées à la hâte le long des fossés arrêtèrent un instant l'avant-garde du colonel de Busse, mais bientôt assaillis de tous côtés par une grêle de balles, les nôtres furent refoulés jusque dans le Bourgtheroulde. *Là, le général Roy donna le signal* de la retraite, et le commandant Guillaume du 1er bataillon de l'Eure fut chargé de la couvrir.

» Une faible arrière-garde, composée d'une quarantaine de mobiles de l'Eure, s'embusqua derrière l'église, fit bravement tête aux

Prussiens qui débouchaient par les routes de Rouen et d'Elbeuf et les tint) quelque temps en respect. Grâce à la résistance énergique de cette poignée d'hommes et à la faveur du brouillard qui, en ce moment, redoublait d'intensité, le reste de la colonne put se retirer sur Brionne sans être poursuivi ni inquiété. »

Quoi qu'il nous en coûte, nous devons, avant de nous étendre plus longuement sur les diverses péripéties de ce combat, rectifier certaines erreurs de ce récit. M. Rolin fait jouer au général un rôle qu'il n'a pas tenu. Il n'est pas vrai qu' « *il se porta lui-même* » à la rencontre de l'ennemi, de même qu'il ne put donner le signal de la retraite par cette raison qu'il n'assistait pas à la bataille. La conduite du général fut tout autre qu'héroïque : on va en juger.

Dès quatre heures du matin les habitants sont réveillés par une vive fusillade que d'instant en instant on juge se rapprochant. Bientôt une estafette, puis deux, puis trois arrivent prévenir le général, logé, comme nous l'avons dit, dans Bourgtheroulde même, que les Prussiens, profitant de l'épais brouillard qui enveloppait toute la contrée, avaient forcé nos positions, au moment même où nos troupes, sans défiance, dormaient, et s'avançaient sur Bourgtheroulde à marche forcée. Le général Roy était couché ; il s'y trouvait bien sans doute ; il y resta, se contentant de donner quelques ordres sans importance.

Cependant l'anxiété était grande dans le bourg ; tout le monde craignait un bombardement, la terreur et l'affolement s'emparèrent des habitants et la plupart s'enfuirent ; ceux, en très petit nombre, qui restèrent, se cachèrent les uns dans leurs caves, les autres où ils pouvaient.

Après la fusillade du matin, le canon se mettait de la partie et l'ennemi se rapprochait de plus en plus ; les estafettes arrivaient plus pressantes que jamais : « Général, disaient-elles, nous sommes écrasés, venez vite ! » Mais le général ne bougeait pas. « Ne vous inquiétez pas, répondait-il à ses hôtes qui lui renouvelaient les instances des soldats français, c'est ici (et il montrait la place publique), c'est ici que je veux les battre et les écraser ; laissez-les venir ».

Mais tout à coup, d'une des fenêtres du logis occupé par le général Roy, on aperçoit tout un peloton de Prussiens qui arrivaient en courant et en criant. « Général, dit-on alors au commandant des troupes françaises, si vous voulez écraser les Prussiens, il en est temps, les voyez-vous ! Il est même trop tard et si vous ne voulez pas être fait prisonnier il faut vous sauver le plus vite. » Le général Roy qui s'était enfin levé, reconnut bientôt la triste réalité et s'empressa de suivre le conseil qui venait de lui être donné, abandonnant tous ses papiers, ses cartes et ses rapports dans un désordre complet, et on n'eut que le temps de tout jeter dans le feu pour ne pas les voir tomber entre les mains des vainqueurs. Cinq minutes plus tard, le commandant de l'armée ennemie se présentait à l'ancien quartier du général français, et, le croyant encore présent, le déclarait prisonnier de guerre. Malgré ce qu'on lui en dit, il ne pouvait croire à son départ, et ne se rendit à l'évidence qu'après une perquisition minutieuse. Dans la chambre du général Roy, où flambaient encore tous ses papiers, il se contenta de dire avec un certain air de joviale satisfaction « Moi coucherai dans le lit du général français, ce soir ».

On connaît la légende ; nous venons de raconter l'histoire. Que pensera-t-on maintenant de la conduite du général Roy. Ce sont avec des héroïsmes semblables, bâtis à peu de frais et sans périls, qu'on conduisait nos soldats de désastre en désastre dans ces derniers temps de cette malheureuse campagne. Mais reprenons le cours de notre récit.

Pendant que le gros de l'armée française, démoralisée, on le comprend, s'enfuyait sur Brionne, quelques braves étaient fermement décidés à lutter encore et à prolonger la résistance jusqu'au bout. C'est ainsi qu'une trentaine de mobiles des 1er et 3e bataillons de l'Eure, « vraies épaves de ce premier et rapide sinistre, disait plus tard le colonel Goujon, ralliés par cinq de leurs officiers derrière l'église, se disposent à disputer chèrement à l'ennemi la route suivie par la colonne de retraite ».

Et pourtant l'ennemi, bien supérieur en nombre, les fusillait presque à bout portant, sans oser les aborder corps à corps, sans pouvoir lasser leur ténacité héroïque. « Ceux-là, dit encore le colonel Goujon, tinrent haut et ferme, dans cette funeste circonstance, le drapeau de la France.

» C'est, en effet, un suprême effort qu'on exige de leur patriotisme : Assurer au prix de leur vie le salut de cette armée qui s'éloigne. Ils comprennent toute la sévère portée de cet ordre, de cette sentence, et leur réponse est telle qu'elle ne laisse aucun doute sur les dispositions de leur patriotisme. Dans son éloquence triviale, elle est sublime : « Allons y gaîment, » s'écrie un sergent, et l'entrain devient tel que les officiers doivent modérer le tir, exiger la prudence et calmer les plus ardents.

» Cependant l'ennemi, retranché au nord de la place, occupe aussi la halle située en face de l'église, et ses feux convergents, particulièrement le feu oblique qu'il dirige de ce dernier point, rétrécissent singulièrement l'espace occupé par notre poignée d'hommes. C'est à vingt mètres qu'on se fusille. »

Un semblable combat ne pouvait se prolonger indéfiniment, le garde Renom tombe le premier foudroyé par deux balles, l'une qui lui fracasse la tête va frapper en pleine poitrine le capitaine de la Brière, demeuré à découvert depuis les débuts de l'engagement pour mieux diriger et rectifier le tir de ses hommes. Cette mort paralyse un instant le courage de nos vaillants soldats. Mais bientôt, sur les paroles encourageantes d'un officier, le feu reprend de plus belle, « Les balles ne tuent jamais que le voisin, avait-il dit, presque gaîment. Au même instant, le clairon Brière tombe à son tour, frappé d'une balle au ventre. » Bien visé, s'écrie le courageux soldat. Il mourut seulement au bout de trois jours d'une douloureuse agonie, chargeant l'abbé Odieuvre, l'intrépide aumônier, de transmettre à sa famille ses derniers adieux et, comme relique, sa montre écrasée par la balle qui l'avait frappé.

Le garde Ledoigt a la jambe brisée, il s'agenouille à l'angle de l'église et continue à tirer jusqu'à ce qu'une nouvelle balle l'étende sur ses compagnons. Ledoigt voulait venger ses deux frères morts comme lui au champ d'honneur. Enfin deux mobiles sont frappés à la tête en débouchant sur la route de Bourg-Achard : leurs corps encombrant la route et gênant les tireurs, sont entraînés dans un clos voisin et laissés là pour morts. Recueillis au péril de sa vie par un homme courageux ils sont ranimés et transportés dans une charrette sur la route de Brionne.

Une plus longue résistance était impossible, Bourgtheroulde était complètement perdu ; mais la retraite de l'armée française était assurée.

Dans cette néfaste journée tout le monde — moins le général — avait fait son devoir. Le capitaine Pascal avait été tué à l'entrée du bourg et les francs-tireurs du Calvados, après avoir transporté son corps dans la mairie, allèrent reprendre leur poste de combat. Le garde Jobin est tué à bout portant au moment où il recharge son arme. Le capitaine Sainte-Foix, abattu par une balle qu'il reçoit au talon, se retranche dans une masure ; il y est attaqué, il riposte ; frappé de deux coups de baïonnettes, il est fait prisonnier et emmené en captivité.

Plus loin, le capitaine Petit, traversé de trois balles, s'évanouissait dans un des fossés de la route ; traîné sous un pont, il est soustrait par une main secourable au sort de ses braves compagnons de l'Ardèche et des Landes, trouvés décapités et mutilés derrière le passage des vainqueurs.

Et que d'actes d'héroïsmes inconnus et par conséquent perdus à jamais dans l'oubli !

Les Prussiens, maîtres de Bourgtheroulde, en firent un véritable camp retranché. Sûrs de ne plus être inquiétés, ils donnèrent alors libre cours à leur soif de vengeance. Le maire, M. Bouquet, fut emmené prisonnier à Grand-Couronne et enfermé dans le confessionnal de l'église, — singulière prison, on en conviendra — où il eut à subir toutes sortes de mauvais traitements. Toutes les maisons furent fouillées de fond en comble et le mobilier des absents pillé et détruit. La mairie, dans laquelle une ambulance avait été établie, fut envahie et les malades et blessés français qui s'y trouvaient, faits prisonniers. Des tas considérables de cartouches, des sacs de mobiles, des oriflammes furent entassés sur la place publique et brûlés. Pendant plus d'une heure ce fut une pétarade continuelle et telle que, dans tous les environs de Bourgtheroulde, on crut à un nouveau combat. Enfin, pour compléter leurs actes de vandalisme, les Allemands mirent le feu à divers endroits ; toutefois une seule maison brûla entièrement, les autres incendies purent être maîtrisés.

Décrire la situation, tant morale que matérielle, des quelques habitants qui étaient restés fidèles à leur poste est chose impossible. L'administration municipale ne perdit pas néanmoins son sang-froid. Le maire prisonnier, l'adjoint, M. Gruel, fit tout ce qu'il était humainement possible pour épargner à ses malheureux concitoyens une partie des désastres que les Prussiens prétendaient infliger à Bourgtheroulde. Sans cesse sur la brèche, il veillait à tout, s'enquerrait de tout, et grâce à son énergie et à son sang-froid, parvenait enfin à arracher une à une, à nos implacables vainqueurs, quelques concessions à leur programme de vengeance. D'ailleurs dans cette malheureuse époque de l'occupation, maire, adjoint et conseil municipal, tout le monde fit noblement son devoir à Bourgtheroulde.

A partir de cette fatale journée du 4 janvier, Bourgtheroulde fut séquestré, barricadé pendant deux mois, sans aucune communication avec le dehors. Le pauvre bourg fut accablé de réquisitions de toute sorte qui le ruinèrent. Chaque jour c'étaient de nouvelles exigences, accompagnées de terribles menaces, réquisitions sur réquisitions ; Bourgtheroulde était complètement ruiné, ce qui n'empêcha pas les Allemands de vouloir imposer encore au malheureux pays leur fameux impôt de capitation. L'administration municipale résista là encore énergiquement et ne donna rien.

Pendant les deux longs mois que dura cette occupation les quelques habitants restés dans le bourg manquèrent constamment de tout. Ils eurent, en outre, à souffrir toutes les vexations, les insultes, les injures de cette soldatesque barbare qui semblait prendre un malin plaisir à les persécuter. Se plaignait-on aux officiers. « Que voulez-vous, répondaient-ils, c'est la guerre. » Ignorant ce qui se passait au-dehors, sans nouvelles possibles des siens, l'anxiété morale et la crainte venaient encore augmenter les tourments de chacun. Dans les premiers jours de mars, on apprit enfin la conclusion de la paix ; le 7, les troupes prussiennes évacuaient Bourgtheroulde ; un immense soupir de soulagement s'échappa de toutes les poitrines : c'était donc la délivrance.

Pour en finir avec cette triste époque, voici quels furent les différents chefs allemands qui commandèrent à Bourgtheroulde, du 4 janvier au 7 mars 1871 :

Du 4 au 6 janvier, de Busse, colonel ; de Lichmeling, premier lieutenant.

Du 13 au 23 janvier, Tvoée, premier lieutenant au 43e d'infanterie.

Du 24 janvier au 2 février, comte de Parotorpfh, lieutenant au 2e régiment ; de Storch, lieutenant de hussards.

Du 2 au 7 février, Gutknecht, lieutenant.

Du 7 au 12 février von Trapp, commandant de bataillon de tirailleurs au 3e régiment hanséatique de l'infanterie n° 76, von Dassel, adjudant.

Du 12 au 18 février, Bœhm, colonel du régiment 76 ; von Brandis, aide-major.

Du 18 au 20 février, Kaumann, lieutenant.

Du 21 février au 7 mars, un premier lieutenant dont nous n'avons pu déchiffrer le nom.

CHAPITRE VI

Bourgtheroulde depuis 1871 jusqu'à nos jours

La paix est signée, tout le plateau du Roumois, comme la rive gauche de la Seine, est évacué ; il faut alors réparer les désastres. Certes, la tâche sera dure et difficile, mais le patriotisme de la municipalité de Bourgtheroulde n'y faillira pas encore.

A Bourgtheroulde comme partout ailleurs, on commence par payer les dettes plus pressées. Le 10 février le conseil expose que

www.ingramcontent.com/pod-product-compliance
Lightning Source LLC
Chambersburg PA
CBHW051902160426
43198CB00012B/1717